平安中国

公共安全治理

崔和平◎著

国家行政学院出版社
NATIONAL ACADEMY OF GOVERNANCE PRESS
·北京·

图书在版编目（CIP）数据

平安中国：公共安全治理／崔和平著．—北京：
国家行政学院出版社，2022.5
ISBN 978-7-5150-2588-9

Ⅰ.①平…　Ⅱ.①崔…　Ⅲ.①公共安全－安全管理－
研究－中国　Ⅳ.①D630.8

中国版本图书馆 CIP 数据核字（2021）第 263105 号
国作登字：2020－A－01181073

书　　名　平安中国——公共安全治理
PINGAN ZHONGGUO —— GONGGONG ANQUAN ZHILI
作　　者　崔和平　著
责任编辑　李瑞琪　王　莹
出版发行　国家行政学院出版社
（北京市海淀区长春桥路 6 号　100089）
综 合 办　（010）68928903
发 行 部　（010）68928866
经　　销　新华书店
印　　刷　北京盛通印刷股份有限公司
版　　次　2022 年 5 月北京第 1 版
印　　次　2022 年 5 月北京第 1 次印刷
开　　本　170 毫米×240 毫米　16 开
印　　张　17.75
字　　数　279 千字
定　　价　56.00 元

目录
CONTENTS

第一章　公共安全治理初探　/1

一、生命无价　/2

二、何谓紧急救援　/4

三、生命拯救的几个重要环节　/7

四、生命拯救和善后处理的“7天效应理论”　/12

第二章　紧急救援活动的组织　/17

一、公共安全事故、事件的基本特征　/18

二、紧急救援的决策与指挥　/18

三、紧急救援活动中的政府角色　/26

第三章　伤亡事故的善后处理　/35

一、善后处理原则　/37

二、遇难者家属安抚　/47

三、善后谈判　/53

第四章　国际紧急救援合作与服务　/70

一、国际紧急救援　/71

二、国际紧急救援合作模式　/72

三、发展国际紧急救援服务产业　/76

第五章　公共事件的舆情管理　/83

一、信息化时代的新挑战　/84
二、羊群效应　/86
三、舆情管理的重要性　/92
四、宣传工作的常态化管理　/98
五、公共事件的信息发布　/101
六、新闻发布会的组织策划　/104
七、媒体沟通的行为艺术　/118
八、语言是社会治理的软实力　/124

第六章　公共安全管理　/130

一、关注北纬30°　/131
二、预防管理与应急管理　/134
三、风险控制与应急响应　/138
四、风险评估、风险审计和应急预案　/143
五、安全管理总体保障计划设计　/155

第七章　新加坡公共安全体系建设　/161

一、公共安全环境　/163
二、全面防卫　/165
三、民防部队　/178
四、社会动员　/186
五、平安新加坡　/190

第八章　平安中国体系建设　/195

一、全民预防体系　/197

二、社会管理体系 /199
三、技术产业体系 /201
四、安全服务体系的三种服务模式 /205
五、创新企业治理模式 /213

附 录 案例回顾 /215

案例一 空难——紧急救援（1992年） /215
案例二 北京建国门枪击事件（1994年） /227
案例三 拯救新加坡游客（1996年） /231
案例四 新加坡航空公司两起空难（1997年、2000年） /234
案例五 复兴航空公司台湾空难事件（2015年） /267

后 记 /272

第一章 公共安全治理初探

重点概述

本章从推进国家治理体系和治理能力现代化的国策引入公共安全治理的基本认识、概念、理论，揭示一些公共安全事故、事件发生的规律性现象，介绍紧急救援工作中最基本的专业常识和指导思想，也梳理和总结了一些具有共性的经验和方法。这些内容无论是对各级党政领导人、行政管理部门公务员，还是对专业救援人员都是十分重要的基础知识。当然，这也为从事公共安全管理研究的学者、专家提供了可供参考、交流和互鉴的学术观点和实践经验。

本章特别提出了对“科学”与“真理”关系的讨论。这是以科学发展观的认识论探讨我国公共安全治理体系建设的基本观点，从而实现解放思想、勇于创新、开拓进取、面向未来的宏伟目标。同时，以科学的态度认识、思考、研究、分析、判断、评价我国公共安全治理体系也是本书写作的初衷。

一、生命无价

2019年岁尾，正当家家户户准备辞旧迎新时，不知何时、不知从哪儿飘来的“浮尘”悄悄弥漫在素有九省通衢之称的大都市武汉，一场“世纪瘟疫”无声无息地迅速蔓延开来。正沉浸于节日祥和、合家团聚、喜庆欢乐氛围里的人们被这突如其来的疫情搞蒙了，一时间紧张、茫然、恐慌的公众情绪笼罩了这座古老的江城。

从发现第一例病毒感染者到大面积人传人的疫情迅速传播，凶恶的病毒严重威胁着人们的健康，无情地吞噬着人们的生命。短短几周时间，武汉市许多家庭因此支离破碎，数万人受到病毒的感染，其中不乏全家人匆匆告别人寰……人们在恐惧中进入了六十年一轮回的庚子年。一时间，黄鹤楼阁空荡荡，大江百舸静无息。面对大规模突发公共卫生事件，中国政府迅速、果断开启封城防控措施，4万多名全国医务工作者大举援鄂行动，一场没有硝烟的抗击疫情战役首先在中国武汉这座古老的城市打响了。

神秘的新型冠状病毒肺炎疫情迅速在全球蔓延，人类的健康与生命承受着这场特大疫情带来的严重威胁。全球数亿人感染，几百万人死亡，堪称人类史上的“世纪瘟疫”，其惨烈和破坏程度不亚于史上任何一场残酷的战争。引发疫情的疾病被世界卫生组织命名为“2019冠状病毒病”（COVID－19），中国国家卫生健康委对其命名为“新型冠状病毒肺炎”，简称“新冠肺炎”①。由此人们才开始意识到凶恶的病毒传播不分国界、不分种族、国籍、信仰、肤色。人们此时才感觉到彼此相依的命运从未有过如此的紧密，跨越一切藩篱联手抗疫才是唯一自救的正道。在浩瀚无垠的宇宙空间，地球显得是那样的渺小，人类的生命是如此的脆弱。然而人类也仅有一个赖以生存的地球，在这个星球上最宝贵的当属人类的生命，生命无价！

然而，突发公共卫生事件仅仅是一种对人们健康和生命构成威胁的灾

① 2020年2月8日，中国国家卫生健康委将“新型冠状病毒感染的肺炎”暂命名为“新型冠状病毒肺炎”，简称“新冠肺炎”；英文名称为“Novel Coronavirus Pneumonia”，简称“NCP”。2020年2月11日，世界卫生组织将新型冠状病毒感染的肺炎命名为“COVID－19”。

难，人类在生产、生活中还要面对更多形式的安全威胁。

公共安全是社会和公民从事和进行正常的生活、工作、学习、娱乐和交往所需要的没有受到伤害威胁且长期稳定的外部环境和公共秩序。

公共安全管理，则是指国家行政机关为了维护社会的公共安全秩序，保障公民合法权益，以及为社会各项活动的正常进行而行使的各种行政活动，是实现以安全为目的对人们的行为实施有效的措施、协调、约束或规范的组织活动过程。

公共安全管理概念中包含了应急管理与预防管理两个种概念。应急管理是非常态下应对突发公共安全事故、事件所采取的反应策略。预防管理是常态下对安全隐患所实施风险控制的干预策略。两项管理共同构成了公共安全管理的整体内涵。

公共安全治理则是在涉及国家、社会和公众安全的所有相关领域健全、变革、改造和整治的过程，以实现管理力的提升，建立起更加全面、完整、有效的公共安全管理模式。涉及公共安全治理的领域十分广泛，既有制度、法律、政策等方面的公权强化与规范，也有涉及社会组织、公民个人的管理与行为约束。公共安全治理体系建设是一项长期的系统工程，社会的治理体系不仅要遵循人类自身的自然法则，更要以发展的前瞻性视野认识社会。因此，治理体系建设不仅要对现有体制、机制、法制做出必要的改进、加强和完善，也要与时俱进提出超前的布局与规划。公共安全治理是以政府为主导，各类社会组织与公众参与的行动。

“推进国家治理体系和治理能力现代化”是国家面对当前复杂多变的国内外环境而制定的国策，是一项长期、全面和细致的系统性改革举措。这项工作要求围绕着总体国家安全观所涉及的所有领域，都要深入发现、研究、探讨风险所在和需要改进完善的具体内容，有针对性地补短板、强弱项。国家总体安全观是构建平安中国的宏观战略思想，涵盖了政治安全、国土安全、军事安全、经济安全、文化安全、社会安全、科技安全、信息安全、生态安全、资源安全以及核安全等各个领域。

随着中国社会的发展和对外开放步伐的加快，一些长期以来形成习惯、传统的社会管理手段和方法难以适应新形势下的要求。尤其是在应对突发公共安全事件、调试国际关系、化解社会矛盾等诸多突出热点问题中，都急需转变传统的思维方式，以新认识、新视角、新思维检讨现行的做法，拾遗补阙，以适应人类命运共同体的国际化、信息化环境新格局，实现国家和社会治理能力的现代化，从而实现具有国际影响力和可持续发展的平安中国。

本书作者以亲身经历和社会实践经验就互联网时代的信息传播、公共事件的救援和善后处理、公共安全文化与公众教育、新加坡公共安全管理经验以及平安中国建设的几个主题做出分析、研究、论述。这些仅仅是公共安全治理体系建设的部分而非全部，但也是最具普遍性的问题，旨在揭示社会管理公众中最常遇到的具体问题和对微观事物的思考和改进。

二、何谓紧急救援

构建平安中国的基础条件是构建完整的公共安全治理体系，这是国家从宏观层面做出的战略部署，具有长远性、广泛性、一体性的基本特征，需要全社会统筹规划和全面发展。

在微观层面，则要着眼于各领域、各类涉及公共安全的事故、事件、灾难、灾害发生时对人们生命和财产安全的保护，这就涉及十分具体的突发事件紧急救援行动，属于公共安全管理范畴。

事故、事件导致灾害、灾难发生，当人们的生命安全和财产安全受到威胁而自身力量又无法抵御时，最迫切的需要是脱离险境，并渴望得到及时的帮助，紧急救援则成为当务之急。

如果说公共安全治理体系建设是战略层面的整治，那么公共安全管理则是战术层面的措施。以下各节就公共安全管理的主要环节和内容展开论述。

首先我们认识一下，什么是紧急救援。紧急救援就是当人们（个体或群体）在社会活动中遇到自身力量所不可抗力的困难或危险时，得到他人或社会给予的救助和支援，是以从困境或危险中得以解脱为目的的特殊行为。所谓特殊行为就是指快速的、打破常规的、行之有效的拯救行动。

“紧急救援”这个词汇源自英语“emergency rescue”，大约是从 20 世纪 80 年代引入的。词义有别于我们以往熟悉的“急救”概念。“救援”和“急救”两个词的内涵不同，词语逻辑是包含和包含于的关系。“急救”的概念往往特指医学意义上对生命的紧急抢救。而“救援”不仅是对生命的抢救，而且还包含了更丰富的内涵。因此，“救援”与“急救”词汇之间的概念关系是属种关系，属概念包含种概念，种概念包含于属概念。

随着国家对公共安全管理工作的重视与加强，“应急救援”一词成为当下热词。“应急救援”一词的提法，本人认为有待商榷，似乎“紧急救援”更加恰当，紧急救援是应急管理工作中最重要的内容之一。

首先分析 3 个关键词：

紧急：形容词，词义是需要立即行动，刻不容缓，特指时间的紧迫性。

应急：动词，词义是满足紧急需要，应付紧急情况。

救援：动词，词义是拯救援助。

“应急救援”是一个“动词 + 动词”的动宾词组。但是“满足紧急需要”和“应付紧急情况”，救援不是其唯一的内容，“救援”不能体现“应急”的全部内涵。“应急”修饰“救援”使得词组外延显得过大，因此“应急救援”两个同是动词组成的词组用于表述救援行动，逻辑概念欠周延。

相比之下，“紧急救援”是一个“形容词 + 动词”的主谓词组，概念外延较小，仅仅特指时间紧迫性的救援，突出且符合救援尤其是对生命拯救行动的特征描述，严谨、准确。生命拯救活动具有时间紧迫、目的明确且单纯的行为特征，用形容词修饰动词具有加深词义的作用，似乎“紧急救援”更加符合概念准确、逻辑周延的语法规范。

据此分析，用“紧急救援”替代“应急救援”的表达似乎更加规范。词语逻辑的严谨性对我们的日常工作具有直接的影响。不过汉语的语言结构比较复杂，一些约定俗成的表达方式也是屡见不鲜，不可一味强求。

不过以上两个词是学习和研究公共安全管理理论使用频度最高的基础概念，而且对我们后文的认识形成和对问题的分析、思考、论证、结论都有着一定的影响，所以有必要进行区别。例如，现在不少的领导讲话和媒体文章高频出现“公共安全与应急管理”，这存在着“公共安全”“应急管理”两个本是属种关系的概念被并列表达的逻辑错误。在这个词语中并列关系的“与”字似乎用从属关系“的”替代后，语义更为周延。

一百多年前，爱因斯坦先后提出了“狭义相对论”和“广义相对论”。他指出任何一个物体的重量（质量）都能引起时空的扭曲，产生引力。这一理论挑战了牛顿提出的“万有引力定律”和“三大运动定律”，解释了牛顿定律无法解释的自然现象。爱因斯坦认为物体的质量使时空扭曲，产生引力。而牛顿判断时间和空间是绝对不变的。两位伟大的物理学家互相对立的理论孰是孰非？必须注意爱因斯坦的理论是对高速运动下自然现象的验证，而牛顿则是对静止状态下自然界现象的观察。“相对论”并非取代“牛顿力学”，二者之间不存在绝对真理，只是遵循特定条件下的相对正确。

由此可见，科学与真理的概念属性是完全不同的。科学是感性的经验与理性的逻辑融合。科学是不断变化的，而真理带有绝对、完美和本质的认识，是无条件的正确，具有永恒的意义。科学具有质疑、批判、反驳、推翻已有认识和提出新观点的精神，且仅是有条件的正确和阶段性的结论。

思维的最大误区是把科学结论作为不容置疑的真理，从而成为创新、创造的障碍。“公共危机管理学”是一门新颖的前沿学科，是在社会实践与认识过程中不断完善、改进、创新的社会科学。无论是概念、理论、政策、制度、标准、条例，都是阶段性的结论，而且需要人们树立起不断修正乃至推翻的科学发展观。

今天世界各国都面临着自然灾害、疾病灾害、事故灾害、战争及非传统安全威胁等公共安全领域的挑战。在社会发展关系上，这些不确定的安全风险又无不与国家工业化发展有着千丝万缕的紧密联系。中国自20世纪80年代逐步进入经济高速发展期，对外开放政策又导致大量外国资本、技术、产业如洪流般涌入中国。持续四十多年的经济增长，至今仍然显现着经久不衰的蓬勃活力，不仅创造了人类经济发展史的奇迹，也改写了政治经济学、宏观经济学这类教科书中国家经济发展的周期性定律。经济发展取得的成就，国家实力的增强，强国地位的奠定，无疑为中华民族的历史增添了浓墨重彩的辉煌篇章。

然而，国家工业化和城市化的发展势必也在国际关系、环境保护、公共卫生、社会安全、防范非传统安全威胁及战争风险等方面提出了更加严峻和紧迫的课题。

中国的工业化发展在自然生态、社会生态、国际关系生态等方面都人为地改变了历史的传统格局。旧的格局被打破或被改变，新的格局尚未完善或建立，自然就失去了各类生态平衡。面对愈演愈烈的灾害威胁，更应该思考如何摆脱原始的财富积累方式，即过分追逐低成本的经济利润，而削弱了对人民的生命保障。利润背后的高昂代价就是生命。从这一角度看，加快推进我国社会治理体系和社会治理能力现代化更加迫在眉睫。

从社会学角度分析，似乎可以认为，中国工业化的高速发展所带来的必然结果就是事故概率提高。这是毋庸置疑的现实。把过去传统的工作方式和靠经验决策的习惯转变为现代管理的工作意识和靠客观标准指导决策的科学发展观是政府、企业面临的最艰巨的思想转变。随之留给中国社会学者的命题就是对工业化发展与自然生态、人文生态、政治生态平衡关系的深入研究与思考，从而为打造更加和谐和可持续发展的环境提供理论基础和指导思想。

三、生命拯救的几个重要环节

在对生命的拯救过程中，还有一个非常重要的基础知识需要掌握，就是生命拯救的几个重要环节。这是急救医学的基本知识，也需要从事公共安全管理工作的非医学专业人员有所了解。

（一）现场救援——行动、拯救、处置

公共安全事故、事件发生时的现场施救通常是由专业救援力量在接到报警后赶赴现场展开救援活动。救援活动的重点有两项，一是生命拯救，二是险情控制或排除。

无论是地震、洪水、泥石流等自然灾害，还是火灾、爆炸、坍塌等事故灾难，公共安全事故发生后，在生命拯救活动中，我们注意到当地救援

队伍通常都是把伤员抬上救护车或可利用的运输工具将伤员送到医院开展医疗救治。这些做法往往都忽略了第一时间对伤员的现场处置，由于救治不及时伤员在运送途中或刚刚抵达医院时就已经死亡。

对伤员的抢救，第一现场的处置十分重要，其中包括事故发生时救援行动的快速反应，对伤员生命体征的检查和及时处置。最基本的生命体征有六项：神志、血压、体温、脉搏、呼吸、血氧饱和度。生命体征的基本维护措施包括：洗消、清创、止血、包扎、固定、保温、防护、心肺复苏等。

目前我国在院前急救和公众自救、互救方面还有许多工作亟待进一步改进和完善。尤其是在一些大城市的医院，我们看到大楼宏伟壮观，现代化的大型医疗设备一应俱全，一所三级甲等医院的建设耗资巨大。然而仔细观察这些医院的救护车和院前急救设备就会令人大跌眼镜。就现场救援的装备而言，我国各地医院和城市急救中心使用的医疗救护车基本上都属于传统的伤病员运输车辆，缺少适合现场生命拯救的特种医疗车，特别是没有适合在群伤事故现场开展多伤员救治的多功能医疗车。这也给我国特种专用车产业传达了一个需求信息。

目前一些发达国家十分重视并发展院前急救事业，他们会给医疗救援队装备可以在现场同时处理、运送8至12位伤员的医疗救护车。这种车辆配备了发电机、医用水、医用氧气、无影灯、照明设备、洗消装置、手术台、医疗器械和药品柜等救援基础设备，俨然是一个小型移动医院。这种车辆特别适合城市、矿山、工程现场、战场和其他抢险救灾、群死群伤事故现场的救援活动。在中国大中城市、工业和矿山密集地区至少应该配备这种类型的医疗救护车。这种车辆的优点是机动性强、占位少、功能多，既可运送多位伤员，亦可做救援人员和装备的运输工具。尤其是对火灾、爆炸、生化、放射物事故现场的伤员和群聚性、烈性传染病的感染者可以做到第一现场的隔离处置，以阻断转运过程中的扩散、传播和感染风险。

工欲善其事，必先利其器。院前急救器材的改进也是需要十分重视的一项工作。例如，用于骨伤固定保护的液压牵引器，新型材料制作的胸托、颈托，适合航空、水面、场地使用的吊篮担架，适用于严重创伤患者的塑形担架，适合传染病患者的负压担架，适用于重症伤病员搬移的铲式担架，适合水上救援的气垫漂浮担架，适合远程医疗护送的婴儿培养箱，适合高寒救援的人体保温薄膜，适合现场急救的便携式除颤器、手动/自动呼吸器、手动/电动吸痰器、微型血氧测试仪，爬楼担架，便捷式遗体推车，等等。现在大多数医院还没有足够重视将实用、新型的现场急救器材列入院前急救的装备目录，从而提高和改进现场医疗救护能力。

同时，对救援人员的基本技能和使用先进技术装备的训练不足，尤其是对非医护人员现场互救、自救技能的普及培训更缺乏。在我国通常这项工作是各地红十字会的职责。要重视标准化和等级训练教材的规范和颁布，特别是救援人员的体能、盲辨力、耗氧量、耐久力、方向感、眩晕感、反应力、心理素质等方面的测试标准和训练教程亟待完善，这是目前我国在急救医学教育与训练方面的短板。

总之，在公共安全事故、事件发生时第一时间、第一现场的紧急救援活动，第一要务就是生命拯救，而生命拯救最重要的环节就是第一时间、第一现场采取迅速、专业且行之有效的紧急救援措施。

（二）在途转运——监护、维持、观察

生命拯救的第二个重要环节就是在途转运，这是将经过现场处置后的伤员转运至医院的一个重要环节。主要工作要求是对伤员实施严格的生命体征监护、维持和观察，采取严格的抗失血、抗感染、抗休克措施，一旦途中发现异常，就要在动态环境中对伤员进行抢救，不同运载工具的设施、环境、条件、行驶状态大不相同，因此抢救难度和可操作性也各异。

伤病员转运通常会采取三种方式，即陆路转运、水路转运、航空转运。其中陆路车辆转运是最基本的伤病员运送形式。

陆路转运，首先要评估路况和车况，如高速公路、普通公路、山路、雨雪路、城市拥堵路、乡村沙石土路等。不同质量的道路会对扬尘、颠簸、车速产生直接影响。此外陆路伤病员转运环境十分复杂，例如雷雨、暴雪、狂风、酷暑、严寒、噪声、车辆阻塞等。环境影响又会导致伤病员情绪烦躁、长途疲劳，还面临时间延误、车内尘埃污染、重症在途抢救空间局限性等问题。

水路转运，使用船只作为运载工具对伤病员实施护送登陆的过程。通

常是在江、河、湖、海进行水上救援并护送获救伤病员，利用水路船只进行伤病员转运。最常见的情况是在海上作业平台和大型船舶上的伤病员紧急离台（船）转运救护，水上事故遇险人员打捞以及利用江河航运水路运送伤病员等。

水上运送伤病员最大的特点是船舶受风浪的影响会产生颠簸，稳定性差。水上航行也会受到瞬息万变的气象和环境条件影响，例如风向、风暴、海浪、暴雨、潮汐、浅滩、暗礁、航道等，在条件不良的航行状态下（特别是小艇），船上急救设施条件差，稳定性差，安全风险大，护送难度极高。

航空转运，一般分为飞机和直升机转运，飞机适合远距离甚至跨国的伤病员运送，普通直升机适合距离在500—800公里的伤病员转运或运送医疗人员迅速抵达救援现场。航空转运受特殊条件限制较强，例如飞行器调配、航空管制、场站技术条件、地面导航和保障能力、气象条件、海拔高度以及直升机在非常态区域或远程航行的中途加油、盲飞、盲降等。在飞机密封舱内负压状态下进行伤病员转运必须掌握特殊的医学知识和经验，救援人员最好受过航空医学方面的专业训练。尤其对颅脑损伤，心脏、肺等器官衰竭的伤病员进行护送特别要考虑飞机起飞和降落这两个重要环节，做好抢救准备。这是因为飞机起降过程舱内压差变化较大，如遇强气流会剧烈颠簸，飞机的急速拉升和骤降，对颅脑损伤患者影响较大。这是一个十分危险的时刻，而此时救援人员也都处于安全带的束缚下，行动受限。这就需要预先的周全设计，在机舱内伤病员的安放位置上做好充分准备，要包括危重症伤病员的全程实时生命体征监护设备和医疗器具的设置。航空转运伤病员，救援人员特别要熟悉机舱内的条件和严格的限制。例如：一般客机内备用的氧气瓶非常少，而且容量很小，而普通医用氧气瓶和氧气袋是严格禁止登机的，长途转运伤病员需要特制的大容量航空氧气瓶，且大容量航空氧气瓶事先需要得到严格安全检查和批准才能登机。机内电源系统可能与医疗设备的电压、插头标准不一致，无法使用，所以一切用电设备的充电装置和电池备份都要提前做好充分准备。一旦在紧急情况下电动医疗设备发生故障（例如电池耗尽、插接件损毁、技术故障等）最好同时准备手动装备，如手动吸痰器、手动呼吸器、手动血压计、汞柱体温表等。当伤病员在转运途中发生生命体征恶化的情况，还要做好飞行状态下在机舱内实施有菌环境的人工麻醉、心肺复苏、人工呼吸、气管切开等特别治疗和外科手术。除此之外，也要预先做好机场安检、验证、登机方式等流程计划和特殊安排。只有事先了解机型才知道怎样顺利将担架抬入机门进入机舱，怎样安置担架，拆除合理数量座椅，与其他旅客隔离，准备特殊餐饮和机上用品等细节。要事先协调和安排好救护车进入机场，场内升降车、现场边检、安检、卫检（三检）以及医疗设备登机等事项。

（三）院内治疗——诊断、治疗、康复

伤员被转运到医院就开始了院内治疗阶段。组织综合会诊的医疗团队、大型医疗检查设备、良好的手术环境、重症抢救和监护治疗能力、充足的药品和血液等都是院内治疗的基本条件。如果医院内设施比较完备，医务人员比较充足，医疗资源比较充沛，现场抢救和在途转运就有了更好的条件。主要的流程首先是对伤员的全面系统检查、诊断（有时需要会诊），然后就是进入相应的医疗救治和护理阶段，直至伤病员康复痊愈。

公共安全事故、事件发生的群伤患者治疗对许多医院而言都是很大的挑战，尤其对一些条件相对薄弱的二级以下医疗机构更是如此。最常见的问题包括：医护人员短缺（特别是在夜间或节假日）、缺乏急救经验、一时找不到医疗救治费用担保或结算人、超出医院接诊能力、专科及检查设备不全、血液及药品储备不足、与伤员家属及有关机构的协调能力差、涉外医疗的语言障碍、特殊医疗（中毒、烧伤、传染病、生物或化学物质伤害、放射性物质感染等）的专业能力不足等。

因此在有条件的城市和地区，选择抢救伤员的医疗机构不仅是考虑就近送医原则，而且还要考虑医院的综合能力，以避免或减少转诊带来的贻误风险。

在一些大城市要熟悉哪些医院具有群伤抢救经验和实力。例如在北京，北京协和医院、中日友好医院、北京安贞医院、北京同仁医院都是较早开展重大公共安全事故、事件医疗救援的医疗机构，积累了较为丰富的经验，综合实力较强。除此之外，驻京军队医院普遍具有群伤医疗救治能力。

在重大群死群伤公共安全事故、事件发生时，如果当地有军队医院是最佳选择。由于军队医院的特殊性，他们往往具有地方医院所没有的绝对优势，例如快速集结、行动能力特别强。无论节假日或夜间，都能做到医护人员召之即来。这些医院基本都能够做到救人为先，不因医疗费用的延误支付而延误抢救时间。军队医院的警通部队也能够在人力和运力上给予必要的支持。军队医院属于按照实战标准编制的医疗系统，紧急情况下，上下级医院、周边友邻医院可以相互支援，资源共享。驻地部队的战士们都是医院的安全血库，尤其是遇到紧急大量采血和稀有血型的供血需求一般都能安全、快捷响应。救护车和运输车辆装备较为充足。创伤、烧伤、骨伤外科救治优势明显。尤其是在一些远离大城市的偏远地区，军队医院在紧急救援活动中的重要作用会更加突出。

因此，建议各地政府平时就要在公共安全管理工作中详细掌握属地军队医疗资源的分布情况，建立联络机制，构成应对突发公共安全事件的紧急救援网络体系。

本书附录中的第一案例详细介绍了紧急救援行动中医疗机构的选择事项。

四、生命拯救和善后处理的“7 天效应理论”

公共安全事故、事件发生后的第一个 7 天是生命拯救最关键的时期，尤其是前 3 天更为重要，通常也称为生命拯救的“黄金 72 小时”。根据以往的经验，无论事故规模大小，无论事故何种类型，搜寻和拯救遇险人员的救援活动大致都是 7 天。这 7 天是事故处置的第一阶段，亦称为“事故发生期”，随后进入第二个阶段“事故善后期”。

事故、事件发生的第一周往往也是紧急救援工作最紧张的阶段，更是需要社会各界全力协同配合的时期，公共关系和协调工作就格外重要。因此我们有必要掌握一些规律性的基本知识，亦称重大事故、事件生命救援的“7 天效应理论”。

“7 天效应理论”揭示了重大公共安全事故、事件发生后第一周所涉及的 10 个风险期。

1. 生命自然存活的最大希望期。当人遇险，在保证能够呼吸的前提下，即便没有水和食品，生命维持期一般在 7 天左右。当然，由于体质差异和环境因素影响也常有例外或奇迹发生。

2007 年 8 月 18 日晚 10 时许，北京市房山区史家营乡金鸡台村一非法采煤点发生塌冒事故，来自内蒙古赤峰市的一对兄弟被困井下。8 月 19 日晚，北京市政府组织北京市矿山抢险队抵达现场进行施救。然而事故发生已超过 24 小时未发现幸存者迹象且现场地形复杂，有关部门决定停止搜救活动。20 日下午，救援队撤离现场，并向家属宣布两位矿工死亡。活不见人，死不见尸，遇险矿工家属悲痛欲绝。他们每天都到事故现场摆上供品、烧上冥币悲伤地祭奠着自己的亲人。也许是由于亲人们每天锲而不舍的守望、号哭和呼唤，第五天两位矿工居然采取井下自救方式挖洞出井，奇迹般地活下来了！

这个真实的案例给政府和救援组织留下的不仅仅是一次教训，更是非常宝贵的经验，7 天是生命自然存活最大希望的时期，一定不能轻言放弃。

2. 利益相关者博弈的最敏感期。重大安全事故发生后会产生很多利益相关者之间的博弈。利益相关者包括遇险人员、伤员、遇难者亲属、受影响的群众、救援人员、政府、非政府组织、保险公司、蒙受损失的各类人员或组织、付出代价的机构以及承担责任的组织或个人等。

利益与责任，风险与挑战，权力与地位，问责与推诿，付出与代价，家庭与社会，舆论与公众等关系，都会在这一周内产生激烈的博弈，各种复杂的矛盾会交织在一起。

3. 生命拯救行动最宝贵的时期。事故发生后的第一周是最具有实际救援意义的时间段，生命拯救的效果就取决于这一段时间的行动。经验表明无论是哪一种类型的事故、事件、灾难、灾害发生，涉及群死群伤的大规模救援活动基本上都是在一周内完成，亦称为“生命拯救期”。这就是为什么“5・12”汶川大地震、“4・14”玉树大地震、“4・20”雅安大地震等诸多大型灾害过后的第七天全国各地降半旗、鸣笛向灾害遇难者致哀，同时也标志着“生命拯救期”基本结束。

4. 社会公众与舆论的高度关注期。重大公共安全事故、事件刚发生时往往也是社会公众最为关注的时期，一般情况下舆情发酵期就是在第一周，舆情达到最高峰。各类误导的信息在这段时间最易引发公众恐慌和秩序混乱，各类媒体的报道、分析、评论乃至斥责、批评、声讨不绝于耳，是政府进行社会管理工作压力最大的风险期。

5. 遇难者亲属最悲痛的时期。在公共安全事故、事件发生后的第一周，遇难者亲属往往很难接受失去亲人的现实，他们此时精神受到极大打击，极易情绪焦躁，失去理性。这段时间他们最需要的是精神安抚，而非物质安慰。因此，在这一周里有关部门要注意尽量避免主动与遇难者亲属谈及赔偿或补偿等涉及钱财的话题，应更多从精神抚慰方面给予关怀和帮助。

6. 社会力量协调困难期。根据以往的经验，公共安全事故、事件发生时打通救援活动的技术环节并非最困难，而第一周内的社会动员、资源协调和募集才最困难，包括医疗抢救、通信保障、交通运输、物资筹集、人员组织、社会动员、信息发布、媒体关系、司法调查、紧急疏散、戒严管制等诸多方面的统筹兼顾和有效协调。这是世界各国都要面对的一个具有共性且最大的救援难题。

7. 事故调查取证的关键期。重大公共安全事故、事件发生后，司法调查取证工作是与紧急救援活动应该同步展开的一个重要环节，但往往会被忽视。因为随着救援活动的展开，一些事故现场会被破坏，重要证据会因此消失。一些重要的当事人可能会因抢救无效而死亡，失去线索。许多现场目击者会离散，因而很难再获取目击证人的帮助。这些对于事故原因分析和责任判定都是重大的损失。因此，要完善相关制度，如重大公共安全事故、事件的司法调查无须等待特别指示，司法部门主动履职依法及时、主动介入，行使独立调查权。

在判断事故原因方面，通常会从意外事故和责任事故两个方面去思考。然而，在调查结果没有完成前任何人都不能忽略或轻易排除第三种可能性，即人为的破坏事件。因此调查取证成为事故原因判定的最重要工作。

8. 领导者承担责任的风险期。意外事故的发生往往不以我们的主观意志为转移，而我们能控制的是事故发生后有没有快速反应的能力，有没有采取行之有效的紧急救援措施，有没有秉承国际认同的原则妥善处理好善后，有没有以一种开放的心态及时、透明地向社会公布情况。这些标志着救援意识是否成熟。尤其是政府主要领导人往往不是事故、事件发生的直接行为责任人，但是在事故、事件发生后，如应急表现欠佳则需承担起不可推卸的组织或个人履职责任。

我们看到一种现象，无论是何种事故发生，最终被追究责任的一定都会有政府领导人或行政管理部门的负责人，似乎这种“问责”的意义更多在于平民心。另一种观念下，法律对意外事故的发生总是被动的，“法”也好，“规”也罢，并非万能平天下，其最大的实际意义只能是抚慰罹难者家属的心灵创伤，并无助于防止另一次“意外事故”换了时间、地点、方式再次发生。在“问责”的同时谁又会检讨“政绩”考核对责任人的心理影响？由此，我们看到的是周而复始的“问责”与事故的频发，但始终没有能够从根本上遏制一幕幕令人痛心的惨剧发生。

9. 控制事态发展的主动期。公共安全事故、事件发生的第一周一定要加强事态管控，尤其是针对公共传染病疫情，以及生物、化学、核物质泄漏事故。一旦病毒或危险物质造成扩散和污染将会导致局面难以控制，造成巨大的社会破坏力。主动控制事态发展一方面是指对事故本身的次生、衍生破坏力风险做出及时、有效、严格的预判和评估，另一方面也要注意对舆情的动态关注和及时引导，不能因此失去话语权、公信力。否则也会因事故、事件的发生而产生具有极大破坏力的社会灾难。

10. 救援人员健康的蜕变期。公共安全事故、事件发生时，关心和呵护救援人员的健康和安全也是特别重要的工作环节。救援活动开始的第一天，救援人员就进入了高度紧张的状态，随着时间的推移会产生精神高度亢奋、体力过度透支、营养严重失衡的症状。救援人员由于目睹群死群伤的惨烈现场，精神高度紧张、刺激，往往会在第三天开始表现出心理和生理的不良反应，情绪波动、性格暴躁、言不由衷、行为控制力减弱等。第五天后症状会更加明显，甚至可能会产生脱水、狂躁、幻觉、恐惧、抑郁、情绪失控等精神紊乱性并发症状，严重时可能会导致精神完全崩溃甚至自残、自杀。这类事件屡见不鲜，其中包括处理遗体工作的刑侦、尸检、殡葬等方面的工作人员。

作为救援指挥员要以科学的态度组织救援活动，例如，当人力资源充足时，可以组建行动梯队或行动小组，分批轮换上阵，当人员紧缺时，善于抓住瞬间机会让救援人员休整、补养、治疗，做到张弛有序。救援结束后，不要忽略对救援人员的休息、体检、医疗和心理辅导等康复工作，尤其是尽量创造条件让他们能够与亲属相处，这些措施都能够有效地使救援人员恢复健康状态。

为了有效控制风险，防范次生或衍生事故的发生，从事紧急救援工作的人员一定要对“7 天效应理论”有深入的理解，以科学、专业的态度组织、开展各种紧急救援活动。

第二章 紧急救援活动的组织

重点概述

本章重点分析了公共安全事故、事件的基本特征和公共安全管理过程中的一些基本理论和常用概念。这些专业知识无论是对各级政府领导干部，还是对企业负责人都是至关重要的。

本章内容还涉及政府在公共事件发生时的角色与责任这一较为敏感的话题。特别提出在紧急救援活动中，政府领导人应该做重大决策的责任者和救援活动的保障者，而非现场生命拯救活动的指挥者。文中对目前我国在公共安全事件的决策机制中尚存在的一些问题做了探讨，这对不断完善我国公共安全治理体系，提升治理能力具有积极的意义。

这一章还详细介绍了一名合格的专业化救援指挥人员所应该具备的基本素质和必要条件，并且较为系统地介绍了救援指挥人员所要操守的职业精神和行为规范。详细介绍了紧急救援活动在信息、决策、行动过程中的内容、步骤、流程、措施等知识。其中许多分析、经验、策略、方法都来自我长期的工作实践。

一、公共安全事故、事件的基本特征

紧急救援活动的组织是公共安全管理层面重要的内容之一，是组织的领导者和职能管理部门负责人必须要具备的基本知识。

无论哪一类公共安全事故、事件的发生都具有 4 个共性的基本特征，这就是突发性、无序性、差异性、变化性。

绝大多数的事故、事件在发生前往往没有丝毫征兆，人们事先毫无感知，事故突然发生。当不明原因的事故、事件发生时，人们往往对进一步的发展势态缺乏感知，现场的公众行为会处于无序、盲动的混乱状态。对诸多事故案例分析的结果显示，即便是同一类事故发生，每一次的具体情况也是千差万别，每一个事故之间都具有不同程度的差异化特点，几乎没有完全一样的事故再现、重复或复制。许多情况下事故发生的初始状态可能会表现十分轻微而被人忽视，例如，一起火灾开始可能仅是一股浓烟，而救援不及时、措施不得当，一会儿就可能会变成吞噬生命的熊熊火焰。事故具有瞬息万变的变化性。

应对突发公共安全事故、事件发生最及时、最有效、最能减少损失的做法莫过于现场公众能够在第一时间采取正确的措施、快速反应紧急避险、组织自救互救。因为公共安全事故、事件发生时，任何专业的救援力量都不可能第一时间赶到现场开展生命拯救，而最有效的措施莫过于现场的公众能够以正确的方法立即开展自救、互救和避险。

二、紧急救援的决策与指挥

公共安全事故、事件发生时，无论是担负社会安全管理责任的政府行政管理部门还是专业救援组织都面对着紧急救援行动的决策与指挥问题，决策直接影响着指挥和行动的效果。决策效果主要体现在是否能够及时控制事态、有效降低破坏力、努力减小事故损失、正确引导舆论、避免社会恐慌等方面。

需要我们倍加关注和研究的问题不仅是如何与紧急救援相关机构进行

力量整合，更重要的是如何建立起最有效的指挥协调机制，以及决策者与专家如何厘清并履行各自的职责、相互关系、授权。实践证明我国在面对突发公共事件的紧急救援活动中，最大的障碍和问题往往不是技术环节，而是决策机制和指挥系统。在紧急情况下要能够对紧急救援活动的指挥员授予决策和指挥权，这是权力与责任对等的神圣使命，从而保证救援活动的快速反应和有效行动，也是对事态发展最有效的控制措施和对生命拯救效果的体现。

任何事故、事件发生后都会有两个工作阶段，一是事故发生期，二是事故善后期。事故发生期主要应保证三个环节的工作有序开展。一是组织自救，施救要及时，疏散要迅速，隔离要严密，控制要有效。二是立即报告，根据制度规定必须在第一时间向上级组织报告，向属地警方报告，向救援机构报告，向相关家属通报。三是信息发布，向媒体通报事故情况要及时，接待采访要耐心，对外发言要主动，关注网络舆情要密切。

随着事故现场的紧急救援活动陆续展开，指挥员和救援团队就成为行动的核心。这就要求指挥员能够做到临危不惧，沉着冷静，有序不乱，果断决策。这时指挥员一定要保持头脑清醒，始终知道抓住哪些工作重点。

（一）紧急决策与常规决策的差别

事故发生期的指挥决策特别重要。然而，紧急决策与常规决策有着许多不同，这对习惯于常规决策的各级领导者无疑是一次严峻的挑战。我们对比分析一下两种决策的差别，以便能够做好超越传统管理思维的心理准备。

1. 时效性。紧急决策时效性强，而常规决策时间充裕。在日常工作中，对一些重要问题进行决策时，领导者往往有较充裕的时间思考、酝酿、调研、讨论、咨询；而紧急事件发生时，完全不会有这样的过程和机会，领导者要当机立断，立即做出判断和决策。

2. 资源。紧急决策时往往面对资源匮乏，而常规决策时有时间调动资源，使之较为充沛。公共安全事故、事件发生时无论是现场抢险还是生命拯救都需要方方面面的力量和资源保障，而在紧急情况下救援所需要的资源并非能够立即拥有，关键的原因就是时间的紧迫；而常规决策不受时间的影响，能够从容地协调、组织、调动、储备、运输所需要的资源。

3. 信息。紧急决策时往往信息不对称，而常规决策时信息较为完整。公共安全事故、事件发生瞬间信息影响着决策，决策影响着行动，行动决定着后果。时间、地点、原因、事态、破坏力、次生和衍生风险、现场生命威胁度、周边人员的撤离疏散等大量信息都是各级组织的决策者为了准确研判迫切需要掌握的。然而，公共安全事故、事件发生时不可能瞬间准确获取所需的全部信息，只有救援活动和调查工作展开后才能渐渐地掌握越来越多和越来越准确的信息；而常规决策则有充分的时间预先掌握准确和完整的信息，然后再从容做出决策。

4. 后果。紧急决策后果或然率高，而常规决策后果必然率高。受上述决策要素的影响不难看出紧急决策的后果或然率非常高，如愿以偿则皆大欢喜，但也有可能决策失误，其后果往往事与愿违、后悔莫及。相比之下，常规决策的失误风险概率就小得多。常规决策往往是在掌握了完整、准确的信息下，经过充分酝酿、评估、比较、论证和准备后而做出深思熟虑的判断和决定。

5. 程序。紧急决策属于非常态的行为，必须采取非程序化操作；而常规决策属于常态化的工作，可以遵循程序化工作模式。组织的领导者在日常工作决策中遵守着严格的工作程序，重要决策还要根据权限向上级组织汇报和请示，而且决策的授权权限也有着明确的制度制约。然而在突发事故、事件时，这些制度和程序往往都会被打乱，为了减小灾害损失和充分保障生命安全，属地领导人必须当机立断，快速反应，及时行动。这种情况下就会导致制度、纪律、授权、职责、上下级关系等诸多矛盾和管理冲突发生。

6. 行动。紧急决策无规律借鉴，由于突发公共安全事故、事件发生时存在着差异性和无序性特征，紧急救援活动的决策往往缺乏可借鉴或可遵循的经验，一旦决策出现偏差或失误很难纠正或没有机会再次尝试。但是，常规决策在执行中若发现问题、偏差或失误时则可以总结经验教训，对决策做出及时修正或重新尝试行动。

7. 判断。判断是决策者对事故危险性的认识、感觉和预估，是决策前最基本的意识。突发事件的判断需要决策者具有丰富的经验、专业的知识、敏锐的直觉、果敢的判断。常规决策则可以在决策前组织工作团队，借助智库，借助科技工具，严谨论证，充分调研，模拟决策方案。这里特别要提到一个广义的“专家”概念，以往人们对专家的定义是在某一专业领域具有专业知识、技能和经验，并且被普遍认可的专业人士；而这里所讲的专家，除了具有以上特征的人士外，还包括熟知事故现场环境、具有丰富实践经验的群众。他们在长期生活或生产实践中积累了丰富的体验和经验、有效的方法和窍门，他们的建议往往也充满着智慧和可行性，切不可忽略。领导者要有从群众中汲取智慧的意识。

2004 年 6 月 6 日上午，某市远郊县一起煤矿巷道坍塌事件，导致 10 位矿工被困井下，地面矿工焦急地向矿长建议立即向坍塌位置打入多支钢管，而矿长却说谁也不许乱动，已经向上级报告，上级指示要等市政府领导和专家到现场指挥救援活动。事发地点距离市区 90 多公里，4 个多小时后，市领导和政府应急办组织的各路专家经过长途跋涉，陆续赶到现场，此前井下还不时传出生命迹象，此后已渐渐无声无息。经过 100 多个小时的全力搜救，最终从矿井内抬出的是 10 具尸体，井下遇险矿工全部遇难。

这个案例再一次向我们提出了值得深思的问题：地面矿工在事发第一时间提出的救援建议为什么没有得到重视和采纳？这些矿工每天都在井下作业，对矿井下的环境非常熟悉，而且发生这样的事故，他们知道首先要做的事情是迅速解决井下通风透气的问题，保证井下待救矿工的呼吸，而并非是挖掘。假设矿长能够采纳矿工们的建议，在政府领导和专业救援力量尚未抵达现场时抓紧解决井下通气的问题，同样是 4 天的救援活动，或许会有幸存者获救，然而为了等待专家现场指挥救援，几个小时的“黄金时间”被白白浪费掉了。这是一次十分沉痛的教训，也是救援活动的失败。紧急救援的成功标志是对生命拯救的效果，哪怕只有一个人幸存也是救援活动的收获，绝非是为了挖掘出完整的矿工遗体。在紧急救援活动中我们切不可忽视群众的经验和智慧，他们也是当之无愧的专家！

8. 风险。紧急决策风险大，而常规决策风险小。鉴于以上比较，紧急决策往往存在着许多不确定因素，决策后果不可逆，对于决策者来说决策的责任风险非常大，相比之下常规决策的风险会小很多。这就是面对公共安全事故、事件发生时组织领导者必须要思考的问题，以便做好承担任何后果的心理准备。这也是对领导干部工作能力、心理素质和个人价值观的一次严峻考验。

综上所述，面对突发公共安全事故、事件发生时，领导者必须立即转变心态，树立非常态的决策思维，生命至上，不能再被常规的工作习惯、工作程序、管理制度所桎梏。同时在制度设计上也要充分考虑到突发公共安全事故、事件的决策授权，以区别于常规决策的制度管理。

（二）紧急救援应具备的指挥能力

在涉及生命安全的紧急救援活动中，最重要的是要有一位出色的总指挥。他应具备良好的综合素质，其中包括6方面的能力。

1. 掌握信息能力。信息是指挥决策的重要依据，重视收集、获取、利用信息情报是一位成熟指挥员的最基本素质所在。在公共安全事故、事件发生时，能够在短时间内获取信息并依此做出判断是救援指挥的第一要务。重点搜集的信息包括：什么时间、在哪里、发生了什么事情、什么原因、人员伤亡情况、地理环境、事故破坏力、是否存在次生的灾害风险和现场是否有危险品，此外还有一个重要的信息就是此时的舆情。

随后就是在以上信息的支撑下做出突发事件、紧急事件、危机事件的性质判断。这一点非常重要，许多从事安全管理的领导干部对这类常用概念往往认识模糊，一定要准确理解和熟记。

“突发事件”的概念是指在时间和空间不可预知时发生的事件。这一概念的特征是：事前并不知道什么时间、什么地点，且毫无征兆或未发现异常迹象而突然发生。例如地震、爆炸、火灾、公共卫生事件（中毒、辐射、传染病）等。

“紧急事件”强调对事件的快速反应和处理的紧迫性。这类事件唯一的辨识标准是：事故、事件发生时现场是否构成对生命安全的威胁。例如，一个施工工地现场建筑物突然坍塌，首先要判断事故现场是否有人。如果有人在现场，并受到了伤害或者构成了伤害威胁，则可以判断为紧急事件。如果事故工地没有人员在现场，就不必判断为紧急事件，无论规模大小。

“危机事件”具有高度不确定性和高度危险性，表现新异并难以被感知，有时具有次生和衍生破坏性。这一概念特指事故、事件发生后，引发了次生和衍生的具有破坏力和影响力的事件，而且具有持久、范围广、破坏力大的特征。例如，新冠肺炎疫情对世界造成广泛而持久的影响，持续造成对人类生命和健康的威胁，每个国家都在经济、金融、医疗、就业、旅游、贸易、供应链等众多领域受到严重打击，这就属于重大国际公共危机事件。

突发事件、紧急事件、危机事件 3 个概念内涵不同，它们之间的逻辑关系是交叉关系且互为或然关系。也就是说，突发事件不一定就是紧急事件或必然导致危机事件；紧急事件也不一定就是突发事件或会导致危机事件；多数的危机事件不具有突发性或紧急性特征；而突发事件或紧急事件也有可能会导致危机事件的发生，危机事件可能会是突发事件或紧急事件所引发的衍生事件。

还有几个常用概念也是要有所区分和准确领悟的。

事故——意外发生且造成损失的事情或灾祸。

事件——有一定社会意义或影响的大事情。

灾害——天灾造成的损害，一般指大自然发生的具有破坏力的危害，例如泥石流、虫害、洪涝、雨雪、冰冻、瘟疫等。

灾难——灾祸造成的苦难，一般指自然或人为造成严重损失的重大事态，例如大地震、大海啸、战争、核泄漏、恐怖袭击等。

公共安全——在公众场合没有对人们或社会构成的威胁、伤害、危险、损失的公共环境。

指挥员根据现场采集的信息做出准确性质判断十分重要。在判断过程中，指挥员一定要准确掌握每一个常用概念的内涵，依据所掌握的客观信息做出理性判断。具有一种概念特征就做出一种事故性质判断，具有两种概念特征就做出两种事故性质描述，三者兼有就做出三种事故的完整表述。这些概念判断在指挥员做出紧急救援决策、向上级组织领导汇报、对媒体发布信息时都是至关重要的。如果所发生的事情不构成社会意义或重大影响就称作“事故”，反之则称作“事件”。

如果概念理解出现错误或偏差，在向上级汇报、媒体披露时描述不准确，则会误导各级领导对所发生事情的判断，同时也会误导舆论，后果不堪设想，责任十分重大。错误判断对决策的影响主要有两种：一种导致决策不足，主要表现在缺乏对事件严重性的认识，面对事故、事件行动反应迟缓、资源和救援力量调配不足、应对策略失误、采取措施不当。另一种导致决策过度，主要表现在过度评估事件的严重性，造成公众恐慌、资源耗费、兴师动众以及非必要的社会动员等不良后果。

在舆论引导方面，错误的性质判断经媒体传播后会误导公众，使公众面对重大事件仍掉以轻心，或因一般事故过度恐慌。

综上所述，公共安全事故、事件发生时，信息情报收集和对事件性质判断是直接影响紧急救援活动的两个基本决策要素。

2. 快速反应能力。紧急救援活动往往是针对突发公共安全事故、事件而展开的，指挥员的快速反应能力在某种程度上决定了救援行动的效果。尤其是在生命面临威胁的紧急情况下，指挥员在现场切不可优柔寡断，不敢决策；或者是层层请示，等待不在现场的上级决策，只上报不行动，只执行不决策，忽视了紧急救援行动对时间的紧迫要求，甚至延误最佳救援时机，导致事态扩大。

紧急救援活动的指挥员应该具有决策和行动指挥的责任担当意识和机敏的快速反应能力，采取灵活机动的战略战术，当机立断，果敢行动。正确的做法是立即采取行动，有效控制局面；同时向上级组织报告，两项工作同等重要，同时进行。在遇到生命威胁等特别紧急的情况下，秉承行动优先的原则，允许报告滞后，甚至是先行动再报告。

3. 有效控制能力。指挥员根据救援现场采取的伤员救护、人员疏散、救援人员安全保障、制定行动策略、现场有效指挥等措施都会对防止事态扩大、减少人员伤亡、降低灾害损失起到至关重要的决定性作用。指挥员实施有效控制的主要保障因素包括：平时授权到位，战时无须事事请示；与上级组织保持畅通的通信联络；救援指挥员是事故现场唯一的行动指令发布者，严禁越级指挥或者多头发号施令，救援人员必须做到令行禁止。

4. 整合资源能力。人力和物质资源是紧急救援活动的基础力量，尤其是在第一时间的现场救援活动。如何因地制宜、就地调动、利用一切所需要的资源是指挥员重要的能力表现之一。这包括对现场有参战能力人员的动员和组织、对任务和指令的发布、对现场可利用资源的调动和掌控、对物质资源的有效调动、对上级组织清晰表述具体保障需求等。

5. 舆论引导能力。善于及时、主动发布涉及公共安全事故、事件的信息，在不超越授权的前提下，知道多少发布多少，滚动发布，尊重公众知情权和媒体采访权。

工作原则是与其别人说不如自己说，与其被动说不如主动说，与其外行说不如内行说，主动驾驭公共安全事故、事件信息传播的主导权，先声夺人。对社会传播的不实信息要及时予以纠正和辟谣，并有针对性地发布权威信息。

6. 专业指挥能力。紧急救援活动的指挥员力求专业化，主要体现在指挥员的个人专业知识和专业经验两个方面。公共安全事故、事件的紧急救援活动指挥员既要有公共基础知识，也要有针对不同类型事故、事件的专业知识。一位合格的专业化指挥员要系统接受专业教育与训练，并且还需要具有丰富的工作经历、经验背景。

（三）紧急救援的指挥系统

公共安全的事故、事件发生时，人们往往想到的是拨打报警电话等待专业救援力量到现场实施救援。从事故发生到专业救援力量抵达现场，会有一段十分宝贵的“黄金时间”，往往被人们忽视，而生命拯救最重要的就是第一时间的快速反应，及时施救。这就要求事发属地的行政管理部门和事发单位能够抓住“黄金时间”开展自救、互救行动。尤其是安全风险较高的地区或企业、部门在平时就要注重培养本组织的综合知识型的指挥人才并建立具有快速反应能力的指挥控制系统。

最有效的救援指挥及控制方式之一是选择最佳的指挥位置。现在各地逐步建立起技术先进的突发公共事件综合指挥系统，拥有现代化的固定、移动实时现场信息采集系统和有线、无线传输视频、音频通信及互联网系统。但是对于生命拯救的指挥员，最佳位置应该是在事发现场，靠前指挥。因为任何最先进的技术也无法替代指挥员在现场的直觉、感受和反应。现场瞬息万变的知觉、视觉、听觉、嗅觉等感知都会对指挥员的认识、分析、判断、灵感、决策产生潜移默化且多维的直接影响。此外，紧急救援活动的总指挥在平时就必须拥有充分授权，从而才能在事发时进行快速的反应、有效的组织、正确的指挥和有效的控制。

紧急救援活动的指挥系统主要包括如下部分。

1. 指挥团队。这是救援活动的重要核心，也是一个人数不多但高效率的团队。主要人员有被授权的总指挥，他是现场救援活动唯一可以直接发出行动指令的最高指挥官；此外还有两位重要的成员，他们是总指挥的“作战参谋”，一位参谋必须是技术专家，另一位参谋必须是法律专家。这两位参谋可以视情况由多人担任，他们的职责是为总指挥的决策和指挥行动随时提出专业评估和建议，降低决策失误的风险。

2. 协调部门。这是救援活动中的行动组织和管理部门，任务繁重且艰巨，其职责包括：根据指挥员的指令开展救援行动，调配一线救援力量，做好支援保障工作；协调组织内部和外部各种复杂关系，紧急集结或疏散公众；组织协同行动；等等。

3. 信息管理。主要包括 3 个方面的职责：一是采集事故、事件的实时信息，分析情报；二是管理救援指挥系统的指令信息，做到及时上情下达，下情上达，指令畅通；三是管理舆情工作，包括密切关注舆情动态、发布信息、主动与媒体沟通等工作。

4. 通信保障。这在紧急救援活动是特别重要的环节，组织内部、外部，上级、下级，前线、后方，通信系统的畅通与否直接影响救援活动的成败。

5. 物流保障。这是一项对紧急救援活动影响至关重要的工作，直接影响到救援活动的战斗力、有效性和可持续性，其中包括装备、物资、储备、运输、调配、筹集、供应以及一线救援人员的健康、安全、给养维护等。

紧急救援活动展开后，很多协同作战的组织也会行动起来，在指挥部的统一指挥下各司其职，发挥作用，其中包括医疗、消防、运输、警戒、疏导和志愿者等，做到有序不乱。

三、紧急救援活动中的政府角色

一些重大公共安全事故、事件发生时，往往会引起各级政府领导人的高度重视，他们往往也会及时赶赴事故现场视察和指导救援活动。

2007年7月29日上午8时40分许，受连日暴雨影响，河南省陕县支建煤矿发生淹井事故，69位矿工被困井下。事故发生后，国务院主管部门和河南省多位主要领导人立即赶赴事故现场指导救援活动。8月1日中午，69位被困矿工全部安全升井获救，无一人死亡，抢险救援工作取得成功。

在这次成功的救援活动中有一个细节值得注意。事故发生后随着救援活动的展开，领导们考虑到受困矿工的给养问题。一位省领导提出了通过通风管道向井下输送新鲜牛奶的建议，并通过连接井下的电话通知矿工们用安全帽接牛奶，并嘱咐他们尽量多喝一些。

7月30日20时，救援现场取得令人振奋的消息，通过压风管道向被困人员输送牛奶的方案获得成功，被困的69位矿工已经喝到了从地面输送到井下的新鲜牛奶。7月31日10时50分，地面救援人员再次向被困人员输送了175公斤牛奶。此后井下矿工通过电话向地面请求："千万不要再送牛奶了，我们都吃饱了！"事后得知井下很多矿工生平从未喝过牛奶，大量饮用后发生严重腹泻，狭小的井下空间充满了恶臭。8月1日早6时，地面人员通过压风管道向井下被困人员输送白面汤60公斤，并继续保持向井下稳定供风、供养，地上地下通信畅通，受困人员情绪稳定。

这一案例向我们提出了一个关于救援专业化的问题。领导提出解决井下受困矿工的给养问题无可非议，并根据自己的生活经验认为牛奶是很好的液体营养品，可以通过管道输送到井下。然而这位领导却忽略了矿工的生活习惯，这些矿工中很多人生平从未喝过牛奶，会引发肠胃不适症甚至会因腹泻脱水导致虚脱。虽然后面改为输送面粉汤，也仅是权宜之计。

专业的做法应该是由营养师调配适用的口服营养液，输送给井下矿工饮用。口服营养液不仅能够补充人体所需要的水和营养成分，改善肠道症状，补充热量和蛋白质，调节免疫功能，还可以平衡体内电解质，避免呕吐、腹泻、脱水以及神经、心脏、肌肉损伤等伤害。多年来一些研究机构也相继研发和生产出种类繁多的口服营养液，适用于各类需求。紧急救援活动中遇险受困人员所需要的口服营养液应该纳入我国各地抢险救灾、救援物资研发、生产和储备工作的必备品中。

根据以上案例分析，我们应该意识到在公共安全事故、事件发生时政府领导人的角色应该是做出重要决策的责任者和救援行动的保障者，而非生命拯救现场的指挥者，切忌非专业指挥。

重大公共安全事故发生后的生命拯救的“黄金时间”内，各级政府领导人赶到现场无疑会给正在指挥救援活动的指挥人员带来极大的心理负担和精神压力。指挥人员不仅要组织救援活动，而且还要跟随在政府领导人左右，随时汇报情况，聆听指示，领会领导意图。如果这位领导人没有救援经验和专业知识，仅凭个人的感觉做出判断或决策，其权威性又不容抗拒，后果可想而知。甚至有时还会遇到一波波纷至沓来的各级领导，指挥员疲于一次次的重复汇报和听取指示，他宝贵的时间却没有用在现场指挥岗位上。尤其是当各级领导们意见不一致时，指挥员更会感到不知所措，不知该执行谁的指令。

调查显示，每当遇到各级领导人指令不一致时，现场救援指挥员的原则是“谁官大就听谁的”，这就产生了极大的决策风险。一旦决策失误，原本一个偶发的意外事故由于领导人做出的错误指示导致行动失误，很可能会转变为政府决策失误责任，甚至质变成为政治事件、社会事件乃至国际事件。这还不包括各级领导人到现场后，接待、保卫、健康、饮食、交通、住宿等服务保障的成本和代价。

鉴于此，各级政府领导人需要认真思考的问题是政府在生命拯救活动中的主要角色和职能是什么？

我认为在生命拯救活动的第一时间，现场的生命救援应该由专家指挥，而非听从政府的行政领导指挥。政府领导人此时特别要注意“五种避免”，即避免非专业指挥、避免干扰救援活动、避免资源耗费、避免风险质变、避免善意违法。此时政府组织和领导人应该主动发挥“五力”，即反应力、保障力、协调力、决策力、公信力。政府的角色应是全局性重大行动的决策者，例如：预期研判灾害、发布临时性管制、发布戒严、封锁现场、疏散公众、征用物资、发布社会动员、发出警报、发布灾害信息等。政府也是救援活动的保障者，为救援活动提供现场救援所需的人力、运输、物资、通信、医疗等方面的支持。这是因为现场救援指挥员在救援活动中需要大量的资源支持，可是往往无权调动，这就需要发挥政府的公权优势，开展社会动员，协调各方关系，统筹各种资源，及时、充分满足和保障现场救援活动的需要。

公共安全事故、事件发生时，政府主要领导人应该出现的位置是综合指挥中心，因为那里汇集了各方面的综合信息，不仅是事故现场的信息。这有利于领导人与各有关部门根据事态和各方情况做出会商，超前趋势研判，宏观把控形势。同时根据救援需要，有效协调各方资源和力量，满足和保障救援活动顺利进行。对社会动员、临时管制、紧急疏散等重大行动计划做出权威决策，尽量避免因到现场对救援活动产生不必要的干扰。

澳大利亚近年来屡遭大规模森林火灾，损失惨痛。我注意到有一次澳大利亚总理到现场视察，并发出抢险救灾指令。这在我国人民眼中可能是义不容辞的行为，完全体现了政府领导人的高度重视，愿意靠前指挥，鼓舞士气！但是，在澳大利亚却有不同的声音强烈指责总理行为不当。理由是总理是国家领导人而不是灭火专家，不应该到现场去发号施令，而应该彻夜坐在办公室里关注并接收现场指挥员的支援请求。总理在这种情况下应该扮演救援活动的保障者，而非指挥员。

公共安全事故、事件发生时，政府应急管理系统的快速反应至关重要。反应力弱必然会使得行动迟缓，延误时机，导致事态扩大。这些不足更多表现在对舆情的管理方面。2015 年 8 月 12 日 23 时 30 分许，发生在天津市滨海新区的火灾爆炸事件曾一度引起当地公众的恐慌，消息首先是通过自媒体迅速传播，很快引起毗邻地区、全国各地乃至世界各国的关注。关于这起特别重大的公共安全事件的发展势态，网络上实时传出真假难辨的信息，充斥着人们的眼球。此时广大公众迫切希望听到官方发布的权威声音，然而迟至事件发生 14 个小时后，天津市滨海新区政府才召开了第一次新闻发布会，又因在答记者问环节会场发生混乱，不得已中断了现场电视直播信号，从而招致更加强烈的舆论批评。

在紧急救援行动中最重要且最困难的还不是专业性的技术问题，而是统筹和协调的问题，这是一个世界的共性难题。紧急情况下各类资源的拥有者不一定都会积极响应政府的号召，主要是出于自身的损失、代价、责任、风险等各种利益因素考虑。

在世界很多危机管理专家眼中，中国在这方面做得非常出色。中国发生一系列重大公共安全事件或灾难时，能做到一方有难，八方支援。中央一声号令全国动员，倾全国之力投入抢险救灾；一地灾害，异地点对点支援，迅速恢复重建。这些行之有效的措施和行动都展现在世界面前，这是中国的社会制度所体现出的优势，令很多海外研究中国问题的专家、学者们感到惊讶和羡慕不已。一位美国业界知名专家曾经对我说：“你们经常到美国来学习危机管理经验，学到的仅仅是怎样编制繁文缛节的预案而已，而中国无可比拟的社会动员力是我们十分羡慕且做不到的，危机事件发生时，那才是最重要的呀！”

在紧急情况下，政府领导人的决策力对紧急救援活动的影响十分重要。在重大事故、事件发生时决策迟缓往往成为一大现象。究其原因，事故、事件越大就越是不敢贸然决策，不能擅自决定，不可草率拍板，而是出于稳妥考虑层层上报，请求上级决策，甚至报至中央，由国家最高领导人决策。中央得到报告后也要对现场事故、事件的情况进行了解、分析、研判，最后提出指导意见或做出指示。有时这个过程还可能会多次反复、补充、质询，当中央决策做出后再逐级传达到事发当地，灾情早已经时过境迁了，现场灾情已经发生变化，事态已经蔓延，并且造成了更大的损失。

危机中永远伴随的就是机会。在涉及公众生命安全的事故、事件发生时，公众往往会在恐慌中对政府充满期待。这份期待包含着政府提供对灾害信息的告知、采取行之有效的紧急救援措施、及时的引导疏散避险、妥善的医疗救治、周到的生活安置以及灾后恢复和善后的处理等等。处理得当，公众受益，一场灾难可能会大幅度提升政府的公信力，有效改善政府与群众的关系。处理失误则会引起公众不满，导致关系紧张，公信缺失，甚至还会引起次生的社会矛盾与冲突，严重影响社会和谐稳定。

2015 年发生的天津滨海新区的“8・12”火灾爆炸事件中，当地政府当天就采取了紧急疏散周边群众的措施，建立起临时安置点。医疗、物资、募捐、志愿者等组织活动及时展开，使受灾群众得到了稳妥、周到的照顾。为了让群众能够早一些返回居家住所，政府决定立即为每一户受损家庭进行房屋修缮。然而，这一善举却被群众认为是最终的损失赔偿方案，有人走上街头举牌游行，表达强烈的不满。为什么良好的初心会被群众误会呢？究其原因是沟通出了问题。当地有关部门忽略了向群众说明房屋修缮仅是为了让大家能够尽快回家，而非事故损失的赔偿。这次事故所造成群众损失该谁赔偿需要依据调查结果，依法做出责任认定，房屋修缮与赔偿根本就是风马牛不相及的两回事。如果这些沟通工作能够及时做到位，得到群众的充分理解，完全会是另一种局面，将有利于改善政府与群众的关系，彰显政府对群众的关怀，进而提升政府公信力。

曾经突如其来的新冠肺炎疫情在人们毫无准备的情况下迅速席卷了世界。在我国，人类百年历史从未遇到过的重大公共卫生事件考验着各地党政领导。尤其是在经历了 77 天武汉疫情防控战“疫”后，疫情在我国基本受到控制，社会生活和经济活动逐步得到恢复。不料 2020 年冬季又一波疫情在一些地区卷土重来，尤其是英国首先公布的新型变异病毒随着入境者和进口货物传入我国，使得防疫工作瞬间变得十分复杂和紧迫。

我注意到河北省、吉林省、黑龙江省等地在应对疫情、阻止病毒蔓延的行动中，各级医务人员、社区工作者、警务人员、社会组织、国家机关工作人员在各级党政部门的领导下开展了大规模的筛查检测、医疗救治、社会动员、公众教育、生活保障、阻断传染源等活动，对疫情防控效果起到了十分重要的作用。

但是，也要看到面对史无前例的全球性特别重大公共卫生事件，各地普遍缺乏经验和准备，一些急功近利的做法导致事与愿违，引发社会公众的强烈不满和恐慌，个别地方甚至发生自杀、群体抵制、网络诉求、治安事件等情况。发生这种情况绝非仅是中国的社会问题，更是世界各国都要面对的社会管理问题，有些国家更是有过之而无不及。大规模公共卫生事件发生时的种种新问题，考验着各级党政部门的社会管理能力和测试着社会关系状态。

为了有效、迅速阻断传染源，各地采取了多种形式的措施。例如：筑起路障阻断公路交通、封堵单元楼门、当众捆绑违规群众、滥用警力实施强制、网络禁声、瞒报谎报疫情等。这种只追求效果、不拘形式的做法虽然能够迅速奏效，但是对社会关系的破坏力极大，修复成本极高，甚至由此产生的一些严重后果几乎无法修复。这些情况各级党政领导干部不能不高度警惕，切忌顾此失彼，让病毒侵蚀到社会机体，撕裂社会关系。

在这场抗疫斗争的“大考”中各地涌现出许多可歌可泣的先进人物和感人肺腑的事迹，但也有一些社会管理者因“成绩”不佳而落马，不能不说是极大的损失和遗憾！

尤其是2021年初始，黑龙江省、吉林省、河北省以及北京市都出现了较为严重的疫情反弹，多地被列为高风险或中风险管制区域。一些地方甚至出现了严重的社会问题，引起国内外媒体关注，网络舆情甚嚣尘上，形势严峻。

为此，我及时向各地有关部门和领导干部提出了如下建议。

1. 要善于与群众沟通。尤其是党政领导和组织在抗疫行动中要加强信息透明度，党委、政府、人大、政协四套班子领导要把抗疫作为当前头等大事来抓，主要领导要到群众中去，指挥靠前、行动在前、解决问题在前，及时掌握社情民意。学会沟通、善于沟通、有效沟通，多沟通少训诫。尤其是在采取一些必要的强制措施前一定要善于做群众工作，领导干部应该学会动之以情，晓之以理，用真诚换取公众的信任、理解和支持；要善于把风险信息披露给全社会，引导公众重视疫情的严峻性和破坏力，指导公众自救、互救、避险的方法；要把遇到的困难和所采取措施的必要性及时告诉群众，获得群众的理解和支持。

2. 重视舆情引导。面对社会公众的关注和热议的话题要勇于面对和主动引导，对媒体和网络舆情要识别善意的批评和恶毒的攻击，对极少数违法破坏行为要严厉打击。对绝大多数的批评、质疑、宣泄、诉求要善于面对问题做出实事求是的回应，切忌护短，文过饰非。少讲官话、套话、废话，多讲有情节、有内容、有观点的真实“故事”。及时、透明、真实披露与公众利益相关的风险信息和政府即将采取的应对措施。主要领导干部要善于通过各种形式和途径与公众直接对话，营造平等的沟通环境，学会用媒体、用网络，使之成为实施有效社会管理不可或缺的重要手段。对于社会批评要勇于接受现实，诚恳接受监督，工作失误要主动检讨和道歉，体现勇于担当的精神。

3. 慎用强制力。在紧急公共安全事件处理过程中使用强制力是必不可少的手段，但是也会对公众造成短时间的工作、生活、行动不便，易引起不满和抵触情绪，极易发生对抗或冲突，甚至导致矛盾发生质变。因此，在应对公共卫生突发事件时各级主要领导者在决策过程中要特别注意多用智慧，慎用公权、慎用警力、慎用强制力。强制力的实施一定要以有效沟通为保障，尽量避免矛盾激化。尤其是对行为人所采取的限制措施，包括行动和言论等都要考虑到对当事人和社会可能造成的后果，除非必要一般多以教育为主，扩大教育面，缩小打击面。

4. 抗疫的行动决策。有关抗疫行动的决策要以科学态度做出符合实际情况的判断和评估，注意更多发挥专业人士的作用，避免科学问题政治化。有的党政领导干部出于避免造成社会不良影响或维护社会稳定等政治因素考虑往往会做出违背科学态度的决策，其决策的责任风险极大，搞不好还会导致社会事件、政治事件乃至国际事件的发生。其中包括疫情防控所采取的一系列重要措施都要有科学判断和专业评估，以此作为行政决策的依据。尤其是在实施新的病毒检测方法、组织集中隔离观察、阻断感染源和采取防控措施等方面更要从伦理、心理、文化等多学科领域加以论证，特别是要尊重和维护公众正当的合法权益，领导者个人意志一定要服从于科学的判断和专业的评估。

5. 开展社会动员。要善于发动全社会的力量参与抗疫行动，在公众参与的引导、组织、动员、行动等方面要细化组织领导力，即便是被隔离人员也要赋予其社会责任和多种形式的参与机会。人们不仅应该监督政府作为，更要鼓励他们成为抗疫斗争的战士，以不同形式参加到战“疫”中来。对典型人物和事迹要敏锐发现、及时宣传、给予表彰，用典型人物教育和发动社会群众，形成“全民参战”众志成城的局面。鼓励社会组织和公众开展公益活动、邻里互助、传播正面舆论、建言献策、见义勇为、支援前线、社区防卫、志愿服务、无私奉献等。在一场严峻的公共安全事件应对过程中能否有效发动群众，考验着领导者的智慧和危机处理能力。

总之，这场席卷世界的疫情各国政府都在面临着严峻的考验，重视做好中国的事情，总结中国的抗疫经验，是国家经过灾难的洗礼走向进步和成熟的重要标志。只有做好自己的事情才能筑牢不败的基石。

这里要引入一个著名的理论“塔西佗陷阱”①。塔西佗是古罗马时代的一位政客，他发现执政者无论是说真话、说假话，做好事、做坏事，公众

① “塔西佗陷阱”是一个政治学理论，由普布利乌斯·科尔奈利乌斯·塔西佗提出（约公元55—117年）。塔西佗是古罗马帝国的一位执政官，也是著名的历史学家。

都会认为执政者在说假话、做坏事。这是为什么呢？塔西佗做了一个社会调查，结论是当政府失去公信力时，无论说什么、做什么，社会都会做出负面的反应，公众都会认为政府在说假话、做坏事。用一句现代语言表述就是“公信缺失”。

各级政府领导者在社会管理工作中一定要牢记这个理论，避免陷入“塔西佗陷阱”。

第三章
伤亡事故的善后处理

重点概述

这是全书的重点章节，内容非常翔实。主要介绍了群死群伤事故、事件发生后的善后处理工作原则和方法。通过典型案例分析，提出了“谁出事就由谁善后”的观点，并且明确指出了政府在公共安全事故、事件发生时所扮演的角色和应尽的职责，切勿越俎代庖。此外，本章系统阐述了国际认同的原则和所要秉承的行为准则，切不可在善后工作中随心所欲，忽略法律、政策、制度以及国际条约的规定，特别是尊重人权的原则。

善后理赔工作往往是处理公共安全事故、事件的难点，也是矛盾、纠纷的易发点。因此，本章较为详细地介绍了责任方与受害方的沟通方法，包括协商和谈判的技巧、策略、流程以及行为方式，力求使读者学习后达到符合专业化、国际化的工作水准。

本章内容较适合政府公共安全管理部门和紧急救援专业机构的人员学习、研究、探讨，并在未来实践中加以应用，坚持理论与实践相结合，逐步形成一套较为完整的、符合中国国情的紧急救援工作指导手册。

意外事故的发生往往不以我们的主观意志为转移。但事故发生后，有没有快速反应的能力，有没有行之有效的紧急应对措施，有没有秉承国际认同的处理原则处理好善后，有没有以开放的心态，把所做的一切告诉给关注事件的社会公众，尤其是越快告诉给遇险者的家人越好，这些标志着我们的公安安全管理是否足够成熟。

善后处理是事故、事件发生后的第二阶段工作。开始有越来越多的组织、个人介入到行动中来，现场工作重点从生命拯救转为善后处理，更多的是对伤亡人员及家属的沟通、安抚、协调、安置、治疗、赔偿等工作。还有就是做到有条不紊、有序不乱地协调好各相关组织和人员的工作关系。事件善后期主要注重三个工作环节（见图3－1）。一是事故调查工作。目的是查明事故原因，厘清责任，总结经验教训，明确判定责任的承担，其涉及到赔偿、保险、法律诸多环节。二是慰问安抚工作。对事故中罹难者的遗体及祭奠等事项进行处理。慰问伤员、进行治疗安排，并处理对家属的抚恤、慰问、安抚、善后等。三是灾后恢复工作。其中包括引导舆论，恢复形象；对受到灾害影响的人员做心理辅导工作；还包括建设方面的修复和改进工作等。工作特点是费时、费力、费心，要做好较长时间工作的思想准备。

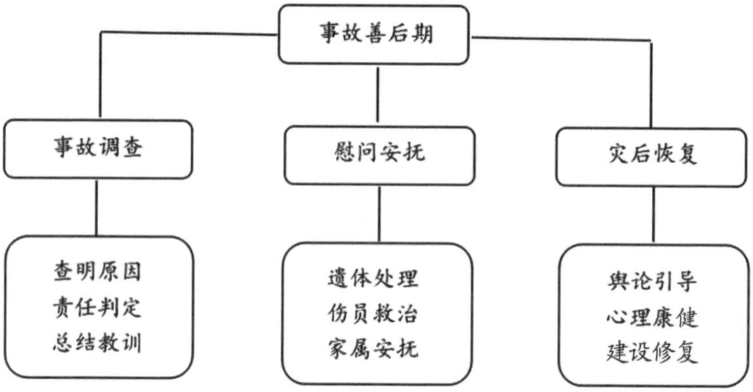

图3－1　事故善后期的重点工作

事故善后期会涉及到与各类人员和组织的沟通、协调，也是努力修复和构建公共关系的重要时期。如果在全流程都能够有出色的表现，即便是面对重大灾难也能够做到有序不乱，否则可能会因一些矛盾、纠纷引发冲突，导致久久得不到解脱，组织可能会长时间陷入到这种窘境之中而无法自拔。

一、善后处理原则

涉及公共安全的事故、事件，会面对善后处理工作中的许多复杂棘手问题。尤其是遇到伤亡事故，虽然其结果是不可逆的，但是如果善后工作做得好会对结果产生积极的影响和重要作用。以往的经验可以概括为一句话：在善后处理工作中形式是为效果服务的。让我们通过一个真实案例熟悉一下事无巨细的善后工作并学习一些处理经验。

“3·22”直升机空难事故

1994 年 3 月 22 日 15 时 30 分许，长江丰都县高家镇水域，从“平湖 2000 号”豪华旅游船上起飞的 R44 旅游直升机升空 6 分钟后坠江，造成 1 位中国台湾游客罹难，1 位台湾导游失踪，1 位大陆导游失踪，直升机驾驶员受轻伤。R44 直升机系美国罗宾逊直升机公司制造，可乘坐 4 人，失事直升机刚刚引进，仅飞行十几个小时。

事故结果不可逆，而这一事故的处理过程和结果却得到台湾罹难、失踪人员家属的认可，事后家属及台湾旅行社对大陆各方表示感谢。

让我们通过分析这个典型案例来了解重大事故发生后的救援和善后工作的每一个具体工作环节，并进一步认识“形式是为效果服务的”这一道理。

1. 谁出事谁善后，谁接待、谁出资、谁负责。从以往的经验中我们看到，一些企业为了谋取利益视安全制度、法规而不顾。每当涉及生命安全的重大事故发生时，往往发生事故的责任企业负责人抱着“死猪不怕开水烫”自认倒霉的态度听天由命，而政府却出现在事故现场，组织开展一系列救援及善后处理工作，处于责任风险的风口浪尖。

“3·22”直升机空难事故发生后，我受亚洲国际紧急救援中心授权赴现场负责组织协调救援活动。临行前，我在北京向国家旅游局及相关政府部门建议，这一次因涉及台湾同胞的救援活动政府不要直接出面指挥或与台胞家属接触，而由事故责任单位自行处理，政府给予协调、帮助和保障。

当北京长城旅行社、湖北省平湖旅游船公司、安阳航空运动学校等事故相关责任单位的领导得知政府不会出面时顿时不知所措。救援活动怎样展开？家属接待谁来做？善后处理该怎样办？所产生的费用哪里来？一系列的问题困扰着他们，压力极大。

我鼓励事故相关各方立即行动起来，勇于面对现实，以积极的态度投入到救援善后工作中去。我建议他们成立三个工作组：第一小组由湖北省平湖旅游船公司负责，开展打捞救援活动；第二小组由北京长城旅行社负责，开展伤员救治和台湾家属接待工作；第三小组由安阳航空运动学校负责事故调查，收集有关信息、资料、证据。并且请他们三方立即筹集现金三十万元，作为家属接待和前期工作的经费。

政府不出面了，家属就要抵达了，一切都要自己面对了。无路可退的三位企业负责人几个小时后纷纷抱着各自的十万元现金回来了。重庆市旅游局派来协助我的保卫处吴宗良处长被我“抓差”做了临时财务总管，负责资金管理。

一次由重庆市旅游局和亚洲国际紧急救援中心指导，事故责任单位自行开展救援及善后的工作迅速展开了，这在中国旅游安全事故处理的历史中尚属首次尝试。

第一小组把长江打捞公司、海军潜水专家、渔民打捞力量都动员起来，发挥各自特长参加到落水失踪人员和直升机寻找、打捞工作中。

第二小组对台湾遇难、失踪人员家属的接待工作也有序展开，机场迎接、酒店安排、交通准备、介绍情况、精神安抚、赴事故现场水域招魂、殡仪馆认尸、祭奠超度、遗体转运、理赔磋商等工作错综复杂却进行得有序不乱。

第三小组到现场周边寻找打捞到一具尸体的渔民，继续寻找事故的其他目击者，并到医院慰问受伤驾驶员了解事故情况。收集各种事故相关信息和证据，向中国民航总局等管理部门汇报情况，接受审查。与直升机进口商沟通、联络美国罗宾逊飞机制造公司等工作也都紧张有序地开展了起来。

这些企业领导都明白，遇到这样的事故，不可能推卸一切责任，但也不一定是法律意义下的直接肇事责任人，现在尽其所能就是一种责任担当，因此他们的工作效率极高。

2. 政府的角色定位是监督、调查、协调、保障、配合、依法追究责任。国家旅游局给予了我工作上的极大支持，重庆市旅游局派员与我合作建立了协调指导组，具体指导和协助责任企业各方开展工作，在责任相关方、政府、家属之间充当协调人的角色。公安部指示四川省公安厅派员全程配合工作。重庆市政府台湾事务办公室积极协调当地各方关系，支持这次涉台事故的救援和善后活动。

在善后处理过程中最复杂、最困难的就是责任纠纷的排解。我作为亚洲国际紧急救援中心的授权代表要以一个国际救援组织的第三方身份发挥作用。

在事故相关各方负责人与台湾遇难者家属面前我首先向他们讲解遗体的处理权问题。根据国际法律公约和惯例，遗体的唯一处理权人是法定直系亲属，任何组织、机构未经亲属同意都无权对遗体做出处理决定。因此，这次找寻到的台湾罹难者的遗体如何处理要充分尊重家属的意愿，各方不要提出任何其他建议或要求。

公安机关应该履职及时出具事故和人员死亡（失踪）的证明文件。根据两岸“汪辜会谈”① 约定，所有涉及法律效力的文件必须遵循《两岸公证书使用查证协议》经过法律公证，公证文件需要经过“两会”②认证，从而大陆出具的司法文件在台湾具有法律适用效力。这是为了便于遇难者家属回台后在当地凭借这些文件处理户籍、保险、继承、赡养、债权、债务等善后事务。在家属接待中尽量满足他们所提出的合法、合理的要求，主动比被动好，尤其注意不要随意推诿。

对于家属，我以客观、公正的第三方立场介绍了航空器事故责任认定

① “汪辜会谈”指 1993 年 4 月台湾海峡交流基金会董事长辜振甫与海协两岸关系协会会长汪道涵在新加坡的首次会见。这是自 1949 年以来，两岸首次官方授权下的民间组织接触，并达成口头的“九二共识”。

② “两会”即台湾方面的“海峡交流基金会”（简称“海基会”）和大陆方面的“海峡两岸关系协会”（简称“海协会”）。

和索赔程序。首先是面对这次事故所造成的1位台湾游客死亡、1位台湾导游失踪的现实。在调查工作没有完成、调查结果没有结论以前，不能确定谁该为这次事件承担主要的法律责任。因此，家属应该以台湾组团社南星旅行社为第一法律责任方，向其提出权益请求。台湾南星旅行社则首先向接团社北京长城旅行社提起请求，再依次向湖北省平湖旅游船公司、安阳航空运动学校、香港卓诚实业公司（直升机贸易代理）、美国罗宾逊飞机制造公司提出连带法律责任诉求。让家属们详细了解到事故所涉及的所有责任相关方和关系，才能更好选择是以调解还是以诉讼的方式获得满意的处理结果。家属们清楚了法律程序和责任关系后从开始的情绪激动和非理性要求，很快恢复为理智、冷静、讲道理，开展有效沟通。

这次事故处理过程涉及许多政府部门和社会机构，其中包括：国家旅游局、公安部，四川省旅游局、四川省公安厅，重庆市政府台办、市旅游局、市公安局、口岸检验检疫局、海关、市民族宗教事务管理局、市民政局、殡仪馆，长江打捞公司、海军某部、西南航空公司、重庆市公证处，涪陵地区公安局，丰都县政府、县公安局、县医院、县旅游局，高家镇政府、镇派出所、镇卫生院等诸多部门和相关机构。在事故处理的过程中，政府的角色和职责定位是监督、调查、协调、保障、帮助、依法追究责任。角色和职责非常分明，一改以往意外事故发生后一切善后工作事无巨细都由政府出面主导，一旦各方立场不一致或者工作发生失误极易引起矛盾、冲突甚至导致政治化的情况。企业肇事、政府善后的做法一定要转变，这次事故秉承了“谁出事、谁负责，谁善后、谁出钱”的基本原则和思路。

3. 争取风俗认同，特事特办，灵活处理。“3·22”直升机空难事故涉及台湾同胞到大陆旅游遇意外事故死亡和失踪的情况，鉴于两岸关系和遇难者家属的要求，就要采取“特事特办，灵活处理”的工作原则。据了解，这些台湾同胞祖籍是闽南，我熟知闽南人遇到这类事情的民俗习惯，就把这些经验提前告知了接待小组，他们主动做好了相关准备。台湾同胞遇到亲人在异地旅行意外身亡时，首先要尽快到事发地做招魂，人虽然离去只是躯壳走了，但是灵魂还在，迟了魂就招不到了。因此家属抵达重庆市后当务之急就是迅速安排快船沿长江顺流而下，送家属们到重庆下游的丰都县水域事发地做招魂。

此前，已经通知打捞船提前做好了家属接待准备，在打捞船甲板上摆放好台案、香火、祭品。左舷梯附近的甲板上堆放着从江底陆续打捞上来的直升机舱门、旋翼、残骸和一些杂物。远远望去，潜水员们仍不放弃地在江面上时隐时现进行打捞作业。这些安排都是充分考虑满足家属们的精神需求以希望能够给予他们一些心灵上的安抚，让他们感觉到社会没有放弃找寻失踪人员，各方仍在努力。

趁家属们登船，我同台湾南星旅行社代表在丰都县城上岸，到殡仪馆辨认寻找到的尸体，核对并纠正了死者的身份，避免了一次张冠李戴的工作失误。

丰都县素以“鬼城”著称，青天白日县城里“鬼哭狼嚎”，到处“阴森森”，令人“毛骨悚然”。这是当地发展特色旅游而刻意打造的神秘、诡异的迷幻氛围。我请台湾南星旅行社代表随我点香膜拜，捐了香火钱，虔诚地为死者祈祷。随后，协调县政府和县公安局帮助将尸体迅速转运到条件更好的重庆市殡仪馆进行遗体处理，争取时间，避免遗体腐烂，并做好出境转运准备。

台湾旅行社的代表把看到的这一切如实转告给台湾家属们，劝说他们不要在丰都县上岸了，这里“阴气太盛”不利于招魂后做超度法事。这位台湾旅行社的代表非常配合我的工作，顺利说服家属直接返回了重庆，给丰都县政府减轻了接待压力，以避免节外生枝。在此之前，北京长城旅行社把一个重要的信息错误地通报给了台湾南星旅行社，错把找到的遗体报为失踪，把失踪导游报为找到的遗体。如果家属到殡仪馆后把错误信息当真，可能会感到非常不满，更加愤怒，极易发生冲突。

重庆市民政局协调重庆市殡仪馆连夜进行尸体防腐处理和整容，按照我们提出的要求打造内层白铁皮、外层木板的特制防渗漏双层棺木，以符合航空运输要求。

根据证件照片，迅速制作了死者的遗像。早餐闲聊时死者丈夫向我提供了一些个人信息，据此为遗体穿上了其生前喜爱的红色上衣、黑色裤子。殡仪馆布置了肃穆的灵堂，鲜花翠柏周围几十个花圈都挂上死者亲友和大陆有关部门送的挽联。

重庆市宗教事务管理局安排严华寺方丈释心月会见家属，听取了他们的要求，了解了台湾的习俗，并且亲自率八位弟子到殡仪馆主持隆重法式，咏经超度亡魂。法师们身后列队跟随的是台湾家属们，重庆市政府和各有关部门的工作人员尾随其后，大家都以同样的悲痛心情悼念亡灵。家属们为大陆各界朋友们的真情所为之感动。

4. 社会各方有效协作，形式为效果服务，驾驭事件主导权。这次事故处理从事发到家属离境仅用了 9 天时间，而且家属们满怀对大陆政府和援助机构的感恩之情，临别时流着眼泪说："我们在台湾都是普通的百姓，如果遇到这样的事情无力把后事办得这么好！大陆的长官好！大陆的同胞好！感谢大家！"后来据说家属们回到台湾后还在当地报纸刊登广告鸣谢大陆各有关部门呢！

"3·22"事故的善后处理是一次非常成功的工作实践，开创了紧急救援善后处理工作的新模式，总结了宝贵的新经验。我们秉承"形式为效果服务"的思维，不拘泥于传统的工作方式和经验，即便遇到一些政策界限模糊的事情需要做，也会通过与有关部门的有效沟通得到理解和支持，从而特事特办，最终取得最佳的效果。通过以上案例，可以总结出善后工作需要注意遵守的五个原则。

1. 严格依法善后的原则。在处理公共事件的伤亡人员善后工作时特别要注意"法律有规不可越，法律无规不可为"的工作原则。切忌在处理公共安全事故善后工作时随意立规矩，例如不让家属查看遗体，遗体就地火化，不允许遗体转运回乡；凭火化证明才可以领取赔偿款；不允许搞祭奠活动；出动警力采取限制措施；等等。既无法律、政策的依据，又无特殊情况的解释，结果招来遇难者家属们的强烈不满和抗议，更不利于妥善处理好善后工作。

2. 充分尊重人权的原则。1998 年 10 月 5 日，中国常驻联合国代表在联合国总部代表中国政府签署了《公民权利和政治权利国际公约》。这份条约是联合国制定的最重要的国际人权文书之一，于 1966 年 12 月 16 日由联合国大会通过，1976 年 3 月 23 日生效，共有 53 条。该公约与《世界人权宣言》和《经济、社会及文化权利国际公约》一起，被通称为国际人权宪章。中国政府重视国际人权文书在促进和保护人权方面的积极作用，并且签署了17项涉及人权的国际公约。在处理涉外和涉港、澳、台地区的事务时，各地、各部门一定要熟知相关条约，认真履行承诺，尽量避免发生矛盾，进而被政治化、国际化。

3. 秉承国际认同的原则。遗体善后处理工作中时常会遇到转运、出境、安葬、理赔、诉讼、失踪等具体问题。有时死者家属、驻华外交机构、境外保险公司、委托代理人提出的一些要求、愿望、建议会与国内一些行政管理制度相悖，如果忽略国际认同的原则而只是僵化地恪守国内管理模式易发生摩擦或冲突，使善后工作陷入被动的局面。处理涉外事件要特别注意“内外有别”的原则。

4. 尊重宗教民俗的原则。中国是一个地域广阔的多民族国家，每一片地域都有历史承传的独特民俗习惯，每一个民族都有自己的传统文化。中国法律保护公民宗教信仰自由，而每一种宗教又有着各不相同的教义和教规，尤其是殡葬事务中，受地方文化、民俗、习惯和宗教影响，死者家属会有特殊的愿望和要求。例如土葬、火葬、天葬、水葬、祭奠活动或跨省、出境转运遗体等方面，既要严格遵守国家的相关法律、政策、制度，又要重视家属提出的合情、合理的要求，在法理、情理、道理中找到各方都能够接受的平衡点。

“4·14”玉树大地震赈灾善后工作是一个非常经典的案例。

> 2010年4月14日早7时49分，青海省玉树藏族自治州玉树市相继发生6次地震，震中位置在市区结古镇，最高震级7.1级，震中烈度9度。截至2010年5月30日18时统计数据，这次地震灾害造成了2 698人遇难，其中已确认身份2 687人，无名遗体11具，失踪270人。已确认身份的遇难人员中：男性1 290人，女性1 397人；青海玉树籍2 537人。

英国广播公司（BBC）是一个在世界颇有影响力的国际媒体，该台记者在2010年4月17日发出了关于玉树大地震的报道。

青海玉树地震死难者集体超度火化

青海玉树地震过后，一批死难者遗体被安排在重灾区结古镇附近进行火化。数百名藏传佛教僧侣周六（4 月 17 日）在火化现场为地震遇难者诵经超度亡灵。遇难者遗体后来再被集体火化。

当局担心遇难者遗体长时间在露天停放可能导致疫情暴发，因此急于处理遇难者遗体。到目前为止，玉树大地震遇难人数已增加至 1 144 人，400 多人失踪，另有一万多人受伤。

主持火化仪式的寺庙负责人说："我们从未遇到这样的大灾难。从没有过这么多的人死亡。火化是唯一可以让他们的灵魂升天的办法。"

美联社引述一位藏传佛教僧侣说，这个集体火化仪式很特别，因为地震遇难者人数太多，无法同时把所有遇难者遗体进行天葬。他说，由于没有足够的秃鹫，用于天葬的尸体将变得很脏，而这样死者的灵魂就无法在天堂安息。这位僧侣说："因此，我们觉得集体火化是对这些地震遇难者最好的入葬方法。"

青海省民政厅要求有关方面在处理遗体时尊重死者尊严，尊重少数民族丧葬习俗，并对无人认领遗体建立 DNA 数据库。

目前，震后搜索幸存者的"黄金 72 小时"已经过去，不过灾区仍有幸存者被发现的消息传出。BBC 记者顾求真发自玉树的报道说，当救援人员抬出一名生还的女孩时，现场马上报以热烈的欢呼声。

但是另一位 BBC 记者夏昆汀发回报道说，地震毕竟已经发生了四天，再发现幸存者的希望越来越渺茫。地震发生后，不少藏传佛教僧侣也赶往灾区参与地震幸存者的搜寻工作，一些僧侣还按照藏民习俗为这次地震中的遇难者超度亡灵。

我国较有影响力的《新京报》的记者也于 2010 年 4 月 27 日发出了长篇报道。

青海称已按玉树习俗处理 2 192 具遇难者遗体

青海玉树地震 2 220 名遇难者中，已有 2 192 具遗体得到处理。昨日，青海省民政厅副厅长马俊德在国务院新闻办举行的抗震救灾发布会上表示，遗体处理充分尊重了遇难者的宗教信仰、少数民族丧葬习俗和遇难者家属的意愿。

截至4月25日，灾区遇难人数达2 220人，已通过各种方式处理遇难人员遗体2 192具，其中土葬593具、火化917具、寺院火化576具、在玉树以外的殡仪馆火化106具。据悉，玉树地震发生第二天，青海省玉树地震抗震救灾指挥部即下发了《关于地震遇难人员遗体处理意见》的规定。马俊德称，除了像回族、撒拉族是按照传统习惯进行土葬以外，对藏族的遇难者主要是通过寺院集中火化进行处理。

“4·14”案例体现了青海省政府充分重视尊重宗教民俗原则的重要性，对重大群死群伤事故的善后处理十分主动。地震发生的第二天，青海省民政厅就发出相关指令，反应之快，落实到位，媒体纷纷做出客观报道和公正的评论，在国内外产生了积极的影响。

5. 及时公布信息的原则。在这个世界上，没有任何国家能够不发生意外事故、事件、灾害、灾难。这些意外事故、事件、灾害、灾难一类属于人为因素造成，另一类属于非人为因素导致。尤其是涉及公共安全的事故、事件发生时，及时公布信息是至关重要的。重大公共安全事故、事件发生后，政府是发布权威信息的责任主体，行为受到广大社会公众的高度关注。这期间是政府责任的高风险期。一些地方领导人出于维护社会稳定、避免造成社会恐慌的政治考虑，往往优柔寡断，不能把握时机及时发布信息，结果反而使工作处于被动。

我们再通过一个案例进一步分析此类问题。

2019年10月10日傍晚18时10分左右，江苏省无锡市锡山区312国道上海方向K135处、锡港路上跨桥出现桥面侧翻事故。经现场初步勘测，桥下被压小轿车3辆，其中1辆系停放车辆，车内无人。截至2019年10月11日早5时，事故共造成3人死亡，2人受伤。

事故刚刚发生，原因尚未查明定论，次日凌晨当地政府官方微博首次发布信息，但距事故发生已经有十余小时。此期间，事故相关信息已经迅速通过自媒体在网络上被广泛传播，引起当地市民关注和媒体聚焦。“现场拉起封锁线阻止媒体拍摄!”“记者现场连线政府值班热线，对方表示不知详情，而宣传部门负责人电话持续无人接听。”“对政府部门而言，未能及时发声，某种程度来说，失声就是失职。”“天都垮下来了，人命关天的大事，官博‘迟迟不语’有违‘发布’二字，这不是官博该有的媒介素养。”一时间，一些媒体人的不满、指责、批评不绝于耳，尤其是发自中央主流媒体的批评声更加剧了“羊群效应”，从而把地方政府推上了舆论的“审判台”。当地政府被媒体用“放大镜”聚焦，媒体提出的种种质疑引发公众的热评，虚拟社会空间又是一波喧哗。这一现象表明，各地发生的大大小小的安全事故、公共事件都会聚焦政府的作为似乎已经成为一种社会常态。

这起事故发生后，当地政府发声迟缓必有其客观原因。例如：事故突然发生且是发生于傍晚下班时，现场事故信息不对称，发布信息的内容需要层层把关、审批，重大事故信息发布的请示报告制度等。然而，这些客观原因和理由或许都不能令媒体和公众接受。阻碍重大公共事件信息发布的根本原因在于信息发布的责任担当和应急准备不足，对危机决策和常规决策的本质缺乏认识，导致被制度所制约。平时授权不明确，紧急情况下就会不知所措，无所作为。

事故发生第二天，应新华社之约我撰写了《“无锡高架桥侧翻事件”与“沉默的螺旋”》一文，并连夜转送给当地政府领导，针对这次突发公共安全事件提出了一系列的紧急建议，且得到重视。当地政府采取了积极、主动的措施回应了媒体和公众的关注，有效地引导了舆情，很快扭转了不利的局面，没有造成进一步的舆情“发酵”。事后，新华社《政务智库报告》也为此及时采编和发表了专家评论。

这个案例让我们看到，事故本身并非政府行为所致，但如果在履行公共事件信息公开方面政府稍有迟疑，就会令媒体和公众感到不满，从而陷入十分尴尬、被动的处境，甚至局面失控。

二、遇难者家属安抚

（一）解决好遇难者家属的两方面需求

当事故发生时一些负责善后工作的部门或责任单位为了尽快息事宁人，以“破财消灾”“花钱摆平”的思维方式企图用钱“摆平”死者家属。采取这样的做法无外乎是出于大事化小、降低责任风险的目的，还有就是为了避免死者家属无休止的纠缠，陷入长时间的索赔纠纷或诉讼过程。同时，也担心媒体借机炒作，对组织和领导者的形象及利益造成更大的伤害。无论出于何种动机，这种做法仅是一厢情愿，搞不好还会弄巧成拙，激化矛盾甚至发生冲突。

因公共安全事故、事件导致的人员死亡属于非正常死亡，面对瞬时失去亲人的家属一定不可忽略人文关怀。在善后工作中要了解他们两个方面的需求：首先是精神需求，包括对家属精神和心理方面的劝慰、安抚，尽量满足他们在丧葬后事方面的要求，主动安排必要的遗体整容、告别、祭奠、运输、火化、安葬等工作；其次是物质需求，包括事故责任认定后必须给予死者家属的抚恤、补助、赔偿以及未成年子女、赡养老人、配偶家属的生活安置等方面的需求。了解并解决好家属两个方面的需求是同等重要的，也是缺一不可的。

（二）做好伤亡人员家属的接待工作

事故发生后死者家属的接待属于满足家属精神需求的重要工作，接待人员对待家属一定要温暖、体贴、同情、关怀、耐心、细致。以往的经验是，一位遇难者的亲属（无论几个人）至少需要安排一名工作人员全程接待、负责。这名工作人员要在家属到达前尽可能详细了解死者和家属的情况，例如遇难者姓名、性别、年龄、所在单位、职务以及其他信息，即将要接待的家属人数、与死者关系、民族、宗教信仰、健康状况、饮食习惯、法定关系人顺序等。

家属到达后，有条件的情况下，尽可能分散安排不同遇难者家属的住宿和餐饮，减少不同遇难者家属之间的非必要交往。这是因为同一事故的遇难者家庭情况各异，诉求内容有别，除了他们之间的共性诉求外，一定会有很多个性的诉求。群体诉求力求通过个体沟通去解决。如果忽视了这一措施，就一定会使不同遇难者家属之间的个性诉求相互影响、相互融合，无限扩大成为共性诉求，形成群体合力，增加善后难度。如果无力满足家属不断提高的要求或条件，不能做出无休止的妥协，矛盾往往会被激化，最终导致事态扩大甚至转变为社会事件。

家属接待对妥善处理工作影响十分大，一定要在细节方面多为家属考虑，尤其是必要的餐饮、医疗和生活服务工作，要事前做好周密安排和充分准备。

（三）七天内避谈赔偿

事故发生后，面对遇难者家属的到来，有关负责善后的部门必须要认识到此时家属最需要的不是物质赔偿，而是精神安抚。事故发生后的第一个“七天”，即便是家属要谈赔偿，也要巧妙地引导话题，避谈赔偿，因为他们亲人刚刚离去，心情十分悲痛，情绪激动，精神状态欠佳。要引导家属首先妥善处理遇难者后事，把工作重点放在符合家属意愿的祭奠和安葬方面。如果过早地涉及赔偿话题，一旦家属不满意，往往会以拒绝处理遗体的方式僵持对抗。我们应该认识到许多情况下家属们之所以坚持先谈赔偿，再做遗体处理，究其原因就是缺乏信任。遇到这样的情况，不要强行要求家属处理遗体，可以先做祭奠活动，发放一定数额的生活补助金（不是赔偿金），再进行赔偿事务的磋商，最后再根据家属的意愿处理遗体。千万不要把先处理遗体作为条件要挟家属，这样做只会制造更多的沟通障碍导致无休止的纠缠。如果前者工作做得缜密，家属满意，并且经过第一个“七天”，他们从心理和精神上基本得到了恢复，也就能够在较为理性和冷静的精神状态下进行沟通。当这项工作完成后，再与家属讨论赔偿问题，这是最好的时机。千万不要眉毛胡子一把抓，把满足家属的两个诉求混在一起，那样做会使善后工作难度增加，互相掣肘。

（四）加强有效沟通

接待人员要善于以同情的心态与家属进行沟通，沟通中注意多倾听，慎表态。仔细了解家属们的要求和愿望，为理赔工作采集信息。死者的丧葬后事完成后，视情况进入第二个阶段的工作——商议理赔条件。如果家属提出先谈赔偿条件，再处理遗体，也要充分尊重他们的意愿，切不可为此纠缠不休。

在一次历史上发生的涉外事故中，时任国务院副总理邹家华在听取善后工作汇报时说了这样一段话，让我至今记忆犹新。

“处理这样的事故需要面对三类死者，一是外籍人士，二是国内旅客，三是企业内部员工。相比之下，外籍人士较容易处理，其次是国内旅客，最难处理的就是企业内部员工。”

的确如此，我从事国际紧急救援工作十余年，历经过许许多多群死群伤重大事故的处理，总结起来就是这个规律。外籍人士往往遵照家属要求遗体火化或转运回国，按照保险条例或相关政策得到赔偿，即可结束。一般很少久拖不决，留下尾巴。国内旅客的家属除了提出遗体处理的要求，还会在保险和政策规定范围外提出各不相同的其他要求和条件。如得不到满足就会提起诉讼或上访寻求政府帮助，甚至通过媒体报道争取舆论同情，向责任方施加压力。最难处理的是企业内部员工的善后工作，家属不仅对遗体处理的要求更多，也会在保险赔偿、政策抚恤、企业补助外提出诸如死因认定、遗属住房、子女入学、就业安排、老人赡养、荣誉称号、永久待遇等其他死者家属不会涉及的种种复杂需求和诉求。

面对这三种类型的死者善后工作，要区别对待，具体情况酌情解决。这就需要与家属建立起有效的沟通关系。善后处理的沟通往往有两个重要的方式，要谨慎选择，一是协商，二是谈判。在与家属讨论善后条件时，我主张先协商，后谈判，协商无效再谈判，能不谈判尽量不要轻易谈判。这是因为谈判是一种交易的过程，是妥协的艺术，是在努力协商无效的情况下不得已采取的下策，只要谈判就没有绝对强势的一方。后文我们再详细介绍如何组织好谈判。

谈到协商，我认为一些承担着社会公共安全管理职责的政府部门或救援组织都应该系统学习和掌握好一些基本的知识和技能，这将有益于公共安全事故、事件的善后处理工作。

首先在与遇难者家属的沟通过程中始终要以平等、互利、相容、诚信的姿态向家属表现出真诚和善意，建立起互信关系。在善后条件的协商中，要做到目的明确，换位思维，见解独到，避免误区，关注对方，善用策略，突出“重点”。协商是不回避问题，遇事主动商量、负责任的表现，商量得越多越深入，效果会越好。在与家属协商前还要做好六方面的准备工作：心理准备，信息准备，后果准备，策略准备，人员准备，重点准备。

在协商过程中要善于倾听对方说话，允许对方充分表达诉求，及时地把握信息，理解对方。倾听是有效沟通的重要方式，面对失去亲人的遇难者家属，要充分理解他们的悲痛心情，此时倾听比说话更重要。协商的过程中，要有意识地向对方多提问一些细节，以此渐进地引导话题。倾听是机智与敏锐地提出问题的基础，智慧来自于倾听。在协商中，提出我方建议和方案时要善于先请对方就此议题发表见解，然后再用对方能够接受的立场和表达方式对我方意见加以仔细说明。注意表达要尽量完整，不要仅谈结论，不谈理由。尤其注意切不可将意见强加于人，不容商量，固执己见。强势施压的后果可能会破坏良好的沟通氛围，使协商失败。

（五）谨慎对待丧葬处理

丧葬处理是一项非常敏感的工作，稍有不慎就会激化矛盾，所以要慎之又慎。丧葬处理，首先要牢记有权处理遗体的人仅是死者的法定亲属，而且亲属之间还有法定权利顺序。法律规定的亲属关系第一顺序：配偶、子女、父母；第二顺序：兄弟姐妹、祖父母、外祖父母。遗嘱继承是指按照立遗嘱人生前所留下的符合法律规定的合法遗嘱的内容要求，确定被继承人及各继承人应继承遗产的份额。

通过上述案例分析，我们不仅要注意在理赔过程中的法律规定，还要注意妥善处理特殊情况下必须采取集体火化、集体掩埋等措施的情况，尤其是突发公共卫生事件时，大量被感染者死亡，遗体存在病毒传播的极大风险。处理殡仪馆火化超负荷、遗体未经认领、无名尸体处理等情况都要注意符合法律和政策规定。如果不是集体火化，要特别注意骨灰的准确分拣，不能混淆。各级政府尤其要警惕好心办坏事，善意的违法、违规。下面让我们总结一个历史事件带来的教训。

2013年伊始，云南省昭通市镇雄县果珠乡高坡村赵家沟持续多日下雪。1月9日和10日更是大雪纷飞。11日上午8时20分左右，突然发生山体滑坡、泥石流。滑坡断面垂直约500米，坡面有700—800米。《人民日报》报道，此次山体滑坡体长120米、宽110米、厚16米，滑坡范围共涉及16户群众、68人，其中被山体掩埋14户、46人，被掩埋房屋63间、畜厩和厕所31间，猪59头、牛5头，毁坏耕地五百余亩。

事故发生后，镇雄县林口彝族苗族乡组织的第一支救援力量最先到达现场搜救，随后相继有30多支救援队伍赶来支援，救援人员达2 000余人。灾情发生4个小时后，事故现场就集结了400多人开展搜救；灾情发生8小时，现场已集结上千人参与搜救。11日19时20分左右，云南省省长率领工作组到达现场指挥搜救。12日11时50分许，最后一名失踪者遗体被找到，遇难人数确认为46人，搜救工作基本结束。

当地殡仪馆接到通知，从12日早8时开始火化遇难人员遗体，到13日9时全部火化结束。在事先未经遇难者家属同意、部分家属没见到亲人最后一面的情况下，遇难者遗体在镇雄县殡仪馆已全部火化。面对46个没人认领的骨灰盒，遇难者亲属们聚集到县政府门前表达强烈的不满和愤怒。“火化为什么没有经过我们的同意？为什么不能再等一两天？”“为什么连我孩子的最后一面都不让我见？”村民们向政府领导发出种种哭诉和质问。

殡仪馆负责人说：“我们这里条件有限，一般因地震、泥石流、传染病等遇难的人员遗体24小时之内就要处理。”

中共云南省镇雄县委办主任说：“官方强行火化滑坡遇难者遗体之举部分考虑了维稳因素。”

镇雄县副县长说：“火化遗体的决定是经过县、乡等相关领导以及村民代表共同讨论通过的，遇难者大部分面目被压得无法辨认，担心村民们看到之后，情绪出现更大的波动。还有一些村民回来的时间比较久，等那么久的话，担心出现卫生防疫方面的问题。”

镇雄县民政局领导说：“我们对每名遇难者都进行了身份确认，

骨灰盒都贴有每人的名字，方便村民认领。”

“既然遗体已经面目全非，你们又是怎么辨认出姓名，确定这骨灰是我的亲人呢?”家属们的一句质疑令当地领导尴尬万分，无言以对。

“强行火化之类的工作作风，是一种人祸和权力的‘滑坡’!”一时间国内外媒体掀起一片斥责的声音。“真是这样的吗? 一位逝者的火化时间真的需要由权力来拍板吗? 或者换言之，权力所裹挟着的民意能越俎代庖，取代生不如死的人们对于逝者进行最后遗体告别的权利吗? 至于说到卫生防疫的问题，我相信顶多是一种借口和托词。一者，气温这么低，将逝者的遗体在殡仪馆放上几天在卫生防疫方面应该是无大碍的，用得着就匆匆全部火化吗? 二者，那些闻噩耗而奔丧的人们，又怎么肯在路上耽搁时间呢?”“如果说山体滑坡是由可能的人祸所导致的准自然灾难的话，那么强行火化之类的工作作风，传统的稳定心态和作派，就是一种人祸和权力‘滑坡’了。一些地方的政府部门不以此为鉴，不对症施治转变作风，这种权力‘滑坡’不仅带不来他们一厢情愿的稳定局面，恐怕还会起反作用。”以上内容摘自《潇湘晨报》2013年1月15日刊发的一篇公务员读者撰写的评论文章。文章铿锵有力，剖析了自然灾害滑坡与权力“滑坡”的辩证关系。

面对群众的不满和舆论的批评，1月14日，镇雄县委、县政府向遇难者家属及亲属诚恳道歉，并责令县民政局及殡仪馆做出深刻的书面检查。镇雄县“1·11”山体滑坡应急救援指挥部负责人14日对媒体表示，由于工作中考虑不够周全，对遇难者家属及亲属造成了伤害，县应急救援指挥部积极开展疏导和安抚工作，并代表县委、县政府向遇难者家属及亲属做出了诚恳道歉。

云南省镇雄县“1·11”山体滑坡事件的教训为全国各地各级政府敲响了一次警钟：在重大灾害、灾难的救援和善后工作中，一定要有危机意识、风险意识、责任意识，切不可有公权意志高于一切、不容百姓挑战的心理错觉。在群众面前一定要怀有敬畏心，把权力关进制度的笼子里，切忌随心所欲、为所欲为、滥用公权。

三、善后谈判

上文说到公共安全事故善后工作中面对伤亡人员家属的沟通主要有两个方法，一是协商，二是谈判。我主张先协商，后谈判，协商无效再谈判。如果双方各自都无法做出妥协，协商无法继续时，下一步就要考虑采取谈判的方式解决纠纷。这就需要我们在相关专业方面熟悉一些谈判的原理、方法、策略、技巧，以取得最佳的谈判效果。

组织有一项十分重要的工作是谈判，无论组织规模大小、类型如何，都需要与社会各种利益关系交往、交易、合作，常常会以谈判的形式进行沟通，达成利益平衡，实现组织目标。谈判属于公共关系的活动范畴，是现代组织管理的重要手段。

（一）认识谈判

“谈判就是让他人为了他们自己的原因，按照你的方法行事的艺术。”这是意大利外交家丹尼尔·韦尔（Daniele Vare）的一句名言。用中文思维可以理解为谈判就是为了达到自己的目的而让他人愿意与你达成交易。既然是交易，就一定要有“利”可图。

多数情况下，谈判双方是以双赢为目的的沟通过程，也可称作双赢式谈判。谈判就是妥协的艺术，就是以小的代价换取大的利益的交换过程。谈判是解决矛盾冲突的理性选择。要视谈判双方为共同问题的解决者，既不是敌人，也不是朋友。

让我们先认识一下谈判中的立场、观点、利益之间的关系。立场是认识和处理问题时所处的地位和所持有的态度，观点是从某一个角度或者立场对事物的看法，而利益是自身所需要或者得到的好处。利益才是谈判的实在内容和根本动力。任何谈判双方都是始终处于既对立又统一的矛盾之中。对立是无条件的、绝对的、必然的，统一是有条件的、暂时的、相对的。这就是谈判双方关系之间的对立统一规律。所以谈判的重点是为了维护或者获得利益，而并非仅仅是为了表明立场和观点。

为立场而争的谈判容易陷入僵局；为立场而争的谈判会成为意志力的角逐；为立场而争的谈判是一场非合作的“零和博弈”；为立场而争的谈判所涉及的利益方越多就越难协调一致；为立场而争的谈判需要付出的代价最大，也对双方关系伤害最大。

以辩证的观点看，虽然立场的背后往往是利益角逐，但是立场具体而且明确，利益抽象且混沌。追求利益最大化是人性的本能，而金钱并不一定就是唯一的利益。

在谈判中向对方提出利益要求时，要充分比较能够影响双方利益关系的因素。共同利益是隐形的，但可能是机会。多强调和寻找共同利益，会使得谈判顺利、和谐。不同利益各有所需，不一致的信念是交易的基础。关注不同利益的交集，发现其优势互补的关系点所在。

谈判的内容与形式间具有辩证的统一关系。内容居主要的、决定的地位。内容决定形式，形式依赖内容。形式对内容有重要的作用，同一内容可能会有多种可供选择的形式。要善于利用多种形式为内容服务，促进内容的发展。在谈判活动中利益就是实质，就是内容，而立场和观点则是形式。形式是为效果服务的，实现利益最大化也就是实现了谈判的最佳结果。

公共安全事故中，与伤员和遇难者亲属谈判一般分两个层次。第一层次是责任方与受害方的谈判。这一轮谈判仅就受害方群体的共性诉求内容进行磋商，例如事故性质判定，责任的认定，赔偿范围的确认，相关的保险、赔偿、抚恤等补偿政策、法规、条例、契约的适用以及数额标准等。第二层次是针对每一位伤员或遇难者家属的个性问题进行磋商。内容包括每一位伤员和遇难者家属在赔偿、补偿、抚恤、救助等方面的差异化要求和其解决办法的商讨。最终的解决应是确保事故受到伤害或损失的伤员、遇难者家属得到以下赔偿：共性赔偿、补偿 + 个性救助、补偿 = 全部所得。

有时责任方也愿意采取把个性诉求汇集后梳理成共性赔偿的方案，以缩小个性诉求的范围。这种做法的好处是可以减轻善后谈判工作的压力，让所有赔偿对象都得到一样的所得，但这样的做法欠缺公平，往往会让不存在赔偿条件的人获得赔偿，具备赔偿条件的人感到人人有份、不公平，从而水涨船高，最终反而加大了赔付成本。

一些群死群伤重大事故的赔偿工作要注意选择策略。例如个性诉求不强烈，受害者基本条件比较相同的情况下，易采用划一的赔偿或补偿分类和标准。每一位受害人及权益人获得的赔偿或补偿是一样的，例如自然灾害、校园安全事件、食品安全事件、公共卫生事件、消费者事故维权事件等。另一种情况是受害人个性诉求比较强烈，损失程度因人而异，且差距较大，在共性诉求的赔偿或补偿外还要考虑到个性诉求的差异化处理。这是比较复杂的处理过程，首先需要明确各方能接受的合法、合理的个性化诉求类型和范围，以及所依据的客观标准。再就是明确证明、核实、确认的程序，并依据相关政策、规定认定赔偿或补偿的方式和数额。通常这类情况发生在交通事故、安全生产事故、因公殉职事故、见义勇为行动等事件中。赔偿或补偿方式也是多样化的，例如除货币形式外的就业安置、户口落户、住房安置、老人赡养、未成年子女抚养、社会保障等对实际困难有帮助的形式。

为什么要区分、隔离个性诉求呢？同一起事故中不同伤亡人员的家庭成员、赡养责任、抚养义务、经济条件、年龄与未来劳动时间、健康与职业所得能力、债务负担、常住地社会人均生活水平等都是需要考虑到的因素。同一起事故中每一位受害人在上述条件不同时，所需要的合理性要求也会不一致。例如一位伤者年近七旬，而另一位伤者却年仅七岁，同是致残性重伤，而他们未来的医疗、生活、教育、职业、生活料理等方面的负担和损失差距是很大的，如果按照同一标准赔付，显然有欠公平。或者一起群死群伤事故中少数人的个性需求被多数人共享，不仅大大增加了赔付成本，也会让某些人享有了不该得到的赔付，对少数人和赔付人来说也有失公平。

重大群死群伤事故的善后处理工作中，往往对伤者的善后处理较死者的善后处理工作更加复杂和困难。请参阅附录的第二案例：北京建国门枪击事件（1994 年）。

（二）谈判的具体内容

下面我们从十五个方面逐一梳理有关谈判工作的知识、经验、流程和每一个环节的具体内容。

1. 谈判的语言技巧。谈判过程中，谈判者的语言技巧十分重要，一位专业的谈判高手往往非常注重语言技巧的展露。常用的语言技巧如下：

（1）针对性强——说话要注意做到有的放矢，模糊、啰唆的语言会造成对方的误解、困惑、反感，甚至降低威信。

（2）方式婉转——表达方式要易于使对方接受。面对每一个问题最好能够先主动询问对方的建议，若意见一致对方会有被尊重感，有利于营造融洽的谈判氛围。

（3）灵活应变——遇到尴尬局面时应具有语言应变的能力，避免情绪对立，使谈判气氛紧张，例如以幽默语言、转换话题、暂时休会等方式搁置争议的话题。

（4）无声语言——会谈中善于用姿态、手势、眼神、表情等表意，展示无声语言。甚至沉默往往也会取得潜移默化、意想不到的效果。

2. 变量因素。在谈判前设计可以接受的底线。多创造一些在谈判时可随时利用的变量因素。变量因素准备得越充分，选择就越多，获得成功的机会就越大。什么是变量呢？通俗地讲，变量就是可以影响对方的谈判"筹码"，谈判开始前就要准备好这些"筹码"。

价格特指受害方能够得到的以货币或物质形式所体现的赔偿数额。价格是最易引发双方利益冲突的因素，但这不应该是所拥有的唯一变量因素。价格纠缠会增加双方的对立情绪，不利于谈判成功。不应忽略另一个重要的影响因素——价值。价值特指对受害人在道德范畴的人格、尊严、贡献等积极意义的评价。鉴于价值、价格因素的敏感，智慧的谈判高手往往会先磋商价值，后讨论赔偿的价格，而且进入价格讨论时起点要高、让步要慢，往往先让步者输。

对于伤亡人员的善后处理，能够准备的变量因素表现在很多方面，例如：组织的信誉、公信力，组织的承诺和实力，对伤者或遇难者家属能够给予的帮助，对伤员和遇难者授予的荣誉，对伤员和遇难者家属的照顾承诺，满足遇难者家属遗体处理的要求，主动为遇难者举行追悼会、遗体告别仪式、祭奠活动，主动策划宣传伤员或遇难者的事迹给予精神缅怀，尊重民俗、宗教礼仪处理殡葬事务，对伤员和遇难者赡养老人的帮助，对未成年子女生活和学习方面的帮助，对伤员或遇难者家属未就业亲属的安置，帮助解决家庭特殊困难，等等。这些都是在谈判开始前要准备的变量，有时不要等家属提出要求，赔偿方可以适当把握时机，策略性地主动抛出诱人的条件，这会令谈判效果更佳。

谈判的结果就是双方签订的那一纸协议（合同）。协议是谈判各方彼此做出的承诺，是双方未来的行为准则和约束。协议还是符合法律规定的双方要约，并且为对方提供法律的保护。

在事故责任方与受害方的谈判结果中，最重要的一条就是双方达成和解要约。签订协议后，受害方放弃诉讼权利和其他诉求，此后双方的责任、权利、义务仅限制在协议条款中。

面对强势谈判，要注意加强自我保护，特别要避免达成理应拒绝的协议，而且要充分发挥手中“筹码”效能，使协议尽量不要越过自己的利益底线。

3. 谈判准备。有效和成功的双赢式谈判是在谈判开始前就要周密计划的。谈判准备包含五方面要素。

（1）做出促使谈判取得成功的可行性分析。客观分析谈判双方的优势、劣势，彼此之间的需求和利益，以及同质化和异质化的特征等。

（2）详细了解谈判对象，包括对方的组织或家庭情况，谈判代表的个人情况，尤其注意对方谈判代表的工作经历、专业、学历、健康状况、个人爱好、性格秉性、家庭成员等情况。

（3）确定谈判目标。目标必须是可评价和可量化的、明确且具体的目标，还要对谈判最终实现的最佳结果做出预设。

（4）编制谈判计划，包括拟定详细的谈判议题、内容和程序。这是一项非常重要的准备工作，往往谈判计划的质量很大程度上决定了谈判的结果。

（5）设计谈判议程和策略，包括日期、时间、地点、程序，以及遇到各种阻力或困难时可以选择的策略准备等。特别要注意的是，谈判地点的选择对谈判效果影响很大，要谨慎选择。

4. 组建谈判团队。选择首席谈判代表，明确谈判团队成员的分工和具体职责。谈判活动的整个过程应该是由一个团队而非个人实施的。这个团队要有台前幕后明确的工作职责和具体的分工。

明确谈判团队的队形和职位设计（见图3－2）。首先，授权首席谈判代表，首席代表尽量不要安排组织的最高领导人担任。如无必要，上级组织的领导人也不要出现在谈判现场。第二层架构包括组织内有决策权的领导人，同时也一定要有未来负责执行协议的执行人以及懂得把控财务风险的总经济师或总会计师。第三层架构包括懂技术的专家以及相关专业的法律工作者，还有一个很重要的职位就是谈判秘书。

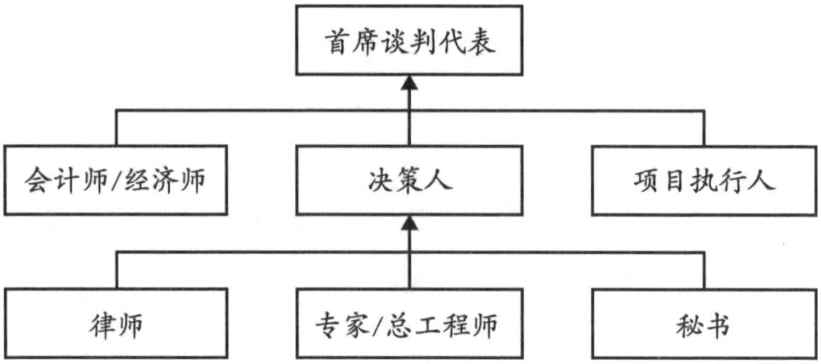

图3－2　谈判团队队形和职位布阵图

谈判团队的主要职责包含四方面。

（1）信息处理——收集谈判中所需要的信息，其中包括相关法律、政策、制度、条例的收集和梳理，调查各方保险状况，征求受害方诉求，收集各级、各部门的意见倾向、主管上级领导的意图和要求等。

（2）分析问题——建立问题解决小组。确保首席谈判代表遇到谈判“瓶颈”问题时，可以及时获取信息支持，调整谈判策略。

（3）解决方案——研究和确定可达成协议的备选方案，对协议方案做出风险评估。

（4）做出决策——在备选方案与谈判协议中做出选择，甚至做出暂停或终止谈判的决定，转向申请仲裁或诉讼解决争端。

谈判要遵循两个基本原则：一是靠集体的智慧，个人的表现；二是谈判的目标一定要明确，计划要周延，策略要缜密，行动要及时。

谈判团队要实行首席谈判代表制度——一张嘴巴讲话，一群脑袋思考。这是非常重要的一环，绝不可以在谈判桌上面对谈判对手时出现“鸡一嘴，鸭一嘴”的混乱局面，你说、我说、他也说，各自表述观点、立场、态度，造成我方的弱点、问题、矛盾、缺陷充分暴露在对方面前，这是非常不专业的谈判，其结果必输无疑。

组织的决策人可以考虑安排在谈判团队的第二层架构，他不一定要做首席谈判代表，而是要退居二线观察谈判的全过程，留有充分的思考和话语空间。同时第二梯队中的项目执行人，应自始至终了解谈判的全过程，知道每一项条款细节是如何达成共识的，而没有写进协议文件的口头默契、谅解、妥协、条件、承诺又都是什么。这会有益于在执行协议的过程中准确拿捏分寸，维护我方利益。谈判团队中的总经济师或总会计师，应以他们的专业和经验支持首席谈判代表在谈判桌上讨价还价。

安排在谈判团队第三层架构的技术专家、律师，各司其职，充分发挥各自特长，应成为首席谈判代表的技术和法律参谋，对每一个即将达成共识的问题逐一做出专业性、合规性的审查，要在协议签署前发现问题。特别值得一提的是谈判秘书。这是一位公关型的特殊人才，也是不可或缺的重要成员。在谈判场上不仅要做会谈记录、起草会谈纪要、参与协议文本文案工作，还要善于察言观色、随机应变、见机行事。在谈判陷入僵局时，他（她）可以随时给予首席谈判代表暗示，提议休会，缓解紧张气氛。在谈判桌后要知道怎样设计和安排双方非正式的沟通机会，巧妙营造适合沟通的良好氛围，安排好谈判对方人员（包括随行家属）的生活和活动内容，让他们感到无微不至的关照。这些都会对对方的谈判团队产生潜移默化的重要影响，尤其是在涉及境外人员的谈判中，还要注意跨文化沟通的能力。

5. 谈判准备：（1）分析——信息收集，研究分析彼此状态、各方利益、客观标准；（2）计划——怎样提出问题、表达利益，设计谈判目标、准备替代方案；（3）讨论——了解对方需求，分析共同利益，分析认知差异，确定谈判要点。

“约哈里窗户”理论以一扇窗户的四个窗口形象描述了一个信息状态模型（见图3－3），使我们清楚了解到谈判过程中双方信息可能存在的四种状态。第一种状态在“开放区”，指双方都掌握的信息。这一状态下信息透明度最高，彼此信息对称。第二种状态在“盲目区”，不易看到或了解对方的信息，带有很强的隐私性。第三种状态在“隐藏区”，各方刻意对对方隐瞒信息，也是风险最大的一种信息状态。第四种状态在“未知区”，事实存在但双方都忽略或者不知道的信息，潜在的不可预见性很强。只有对这四种信息形态都有全面的认识、分析、准备，才能提高谈判质量并做好风险防范。

开放区	盲目区
隐藏区	未知区

图 3－3 “约哈里窗户”示意图

6. 谈判方法。谈判中采取哪种策略非常重要，通常采取“先谈原则后谈实际，先谈宏观后谈微观，先谈容易后谈难点，先谈小后谈大”的策略，由表及里，由浅入深。

注意区分人与问题的关系，将人与问题分开是理性的选择，就是指在谈判过程中，注意把人际关系与谈判的实质问题区分，也就是要尽量避免因为个人偏见而影响谈判关系。怎样分开呢？理性、理解、沟通、可信赖、不强迫、善于接受对方，都是十分成熟的理性行为意识。因为你所面对的不仅是谈判对手，而是活生生的人，凡是人就有各异的性格、习惯、情绪、背景、学识、价值观。人际关系的对立或融洽都应该建立在谈判心理的原则性和独立性之上。谈判心理包括对人际关系的认识和人性、目的性、个性的分析。

我们通过观察和研究人际关系发展过程，归纳出从建立到结束的十个阶段规律：（1）启动——人与人的初次见面与相识；（2）试验——尝试沟通，试探对方的反应；（3）增强——彼此印象加深，互有好感或找到共同语言；（4）整合——发展、增进彼此关系，寻求建立更加紧密的关系；（5）结合——彼此关系发展到极致，密不可分；（6）异化——共同相处较长时间后彼此个性凸显，产生分歧；（7）限制——各自萌发试图约束、限制、摆脱对方的意愿；（8）呆滞——矛盾日益加深，彼此关系开始停滞或淡化；（9）回避——彼此感到厌恶，悔不当初，刻意疏远对方；（10）结束——

分道扬镳，一拍两散甚至反目为仇。

从素不相识到相见恨晚、从密不可分到分道扬镳，是人们交际中常见的两种不同的关系变化和因果现象。之所以会导致这样的关系逆变，基本都是受到以下三种因素的影响。

（1）人性需求。这是人们的共性心理需求，希望得到信赖、被人理解、受到尊重、建立友情、享有口碑。

（2）寻求目标。为了获得自身发展机会而去寻觅目标，施展魅力。并渴求顺利、注重效率、期待成就、谋求合作、渴望成功。

（3）影响要素，包括感觉反感、常被误解、产生偏见、深陷孤立、情感冷漠。

以上是促使彼此关系逆变的主要三种影响因素，因此在建立、培养、维系、增进彼此关系中，要有深刻的理解和自我调整的意识，以保持健康的谈判理性和原则性。

对人的个性观察和把握也是高级谈判专家的技能之一。现代统计学奠基人罗纳德·艾尔默·费希尔（R. A. Fisher）说过，不管我们对对方的利益了解得如何透彻，或者提出的方案如何具有创造性，我们总是面临着一个处理利益冲突的现实。因此独立和客观的标准就显得尤其重要。

这里还要谈谈有关谈判的心理准备和情绪状态把握。

（1）心理准备。不要总是自己想象，而是要以客观事实做出判断；不要总把自己的问题归咎于对方。最佳状态是以己度人，修正自己；不以恐惧，推断对方；开诚布公，真诚讨论。

（2）情绪状态。在尖锐的争论中，情绪往往比论点更为重要。要能够容忍对方宣泄情绪，并鼓励对方说下去。而自己要努力控制情绪，过于强烈的情绪会影响谈判气氛和他人，使谈判陷入僵局。为了避免这种局面，首席谈判代表一定要控制好自己的情绪，学会自我调整，善于主动倾听，尽量充分理解对方，多谈一些自己的想法，向对方表露积极的愿望。

谈判过程中常常会遇到三大障碍：不想谈，听不进和有误会。受这些障碍影响，谈判可能会无法进行，有违初衷，不欢而散。

谈判常用的三种方式分别是温和式谈判、强硬式谈判和原则式谈判（亦称实质利益谈判）。我们通过表 3 – 1 比较三种谈判方式的不同。

表 3－1　三种谈判方式比较分析

	温和式谈判	强硬式谈判	原则式谈判
目的	达成协议	赢得胜利	解决问题
对手	信任对方，视为朋友	不信任对方，视为敌人	视对方为共同的问题解决者
立场	轻易改变立场，追求达成协议	坚持自己的立场，势在必得	坚持客观标准，重点关注利益
初衷	为关系而做出让步	要求对方让步而不顾关系	把关系与事情分开
手段	对人和事都温和	对人和事都强硬	对人温和，对事强硬
做法	提出建议	威胁对方	共同探讨利益
协议	为了达成协议而让步	要有所得才肯让步	达成互利的协议
方案	寻找对方能接受的方案	坚持自己可以接受的方案	规划多个方案，供双方比较、选择
表现	尽量避免感情用事	双方意志力的角逐	理性沟通，不卑不亢
结果	屈服压力，易受伤害	向对方施压，关系对立	以双赢为目标，遵从原则而非压力

针对公共安全事故受害人的赔偿谈判通常选择原则式谈判。这种谈判方式特别适合谋取双赢的效果。原则式谈判是主要针对特定交易而进行的谈判。一次特定交易的结果，不仅取决于是否运用了谈判技巧，而且还受到各方的谈判关系影响。原则式谈判所强调的原则包括四方面：一是强调利益而不是地位；二是共同创造获利机会；三是建立客观标准；四是将人与问题分开。

原则式谈判适用于以互利和双赢为目标的情况，谈判过程中常用的形式和策略有开诚布公、以退为进、假设条件、私下接触、寻找契机、有限责任、“润滑剂”、必要的休会等。

7. 客观标准的建立。首先，建立客观标准的依据有以下八条。

（1）市场价值——补偿、损值、支付等标准应对比、按照市场对同类技术、服务、商品的价值并能够提出依据。

（2）行业惯例——行业的普遍操守、规则、规章，且被广泛认同。

（3）专业标准——国家或行业组织制定的技术、服务、产品、认定标准。

（4）科学判断——具有科学依据的分析、评价、认证、检测、结论。

（5）同等待遇——境内外公民不分国籍、信仰、民族、肤色的非歧视承诺。

（6）道德标准——诚信、守法、履约等职业准则。

（7）成本分析——客观、公平、科学、严谨、诚实的分析依据。

（8）法律制约——相关国家法律法规、政策、制度、条例、规定为依据。

以上八条客观标准是谈判过程中提出或拒绝条件的客观依据，不受各方意志影响，能够减少个人的随意性并降低谈判代表间意志力的角逐。

其次，明确客观标准的用途：一是为了在谈判过程中据理力争，说服对方；二是为了保护自己的正当权益。

再次，确定客观标准的三项原则。

（1）公平的标准——在谈判中任何一方所提交和依据的标准都应该具有共同认同和共同适用的原则，不可带有选择性和歧视性。

（2）公平的程序——提交和适用的客观标准必须有信息透明、权力对等、举证公开、可核查验证的程序约定。

（3）客观标准——不可受各方意志力影响，不屈服于压力，只服从于原则。

最后，明确客观标准怎么用。建立平等的标准要独立于双方的意愿。公平合法，并且在理论与实践中均是可行的。建立公平的利益分配步骤。善于阐述自己的理由，也接受对方合理、正当的客观依据。限制对方漫天要价或者漫天压价。不轻易屈服对方的压力，同时也要特别小心请托、贿赂、上访、示威、游行、媒体曝光、信任危机等方式的施压。最好请对方明确陈述理由，讲清所遵从的客观标准。

8. 谈判的核心步骤。第一步，申明价值。谈判的初始阶段，应该充分表明各自的利益需要，申明能够满足对方需要的方法和优势所在。第二步，创造价值。谈判的过程阶段，应寻求最佳方案，以为各方实现最大利益为原则。充分创造、比较与衡量最佳的解决方案。第三步，克服障碍。谈判的最后的攻坚阶段，此时双方谈判的立场可能会发生利益冲突，谈判者自身在决策程序上也可能会发生障碍。这就需要善于用智慧化解冲突，以勇气跨越障碍。

9. 首席谈判代表行为准则。当首席谈判代表受到攻击或责难时，最好的应对策略是“聆听”，而非本能地反击。将反对的意见转变成需要解决问题后再讨论。学会从对方的角度看问题，从对方的需求中获得不同理解，从而准确把握彼此的立场和利益关系。最佳的谈判立场并非一味强调如何满足对方的要求，而是合理解决问题，找到双方都能接受的妥协点。

鼓励对争议的问题进行讨论，而非无休止的争论。这时争议的一方如果向对方提出截然相反的回应，将会导致无法达成一致。如果邀请对方集思广益，致力于寻找双赢的解决方案，则可能会柳暗花明又一村。

先易后难，把最棘手的问题留在最后谈。这会有助于谈判延续，不被争议的问题绊住。在简单问题的讨论过程中，可以发现更多变量因素，从而帮助最有争议的复杂问题能迎刃而解。

10. 最佳替代方案。最佳替代方案也叫作“新重组方案”。作为谈判的一种技巧和策略，选择最佳替代方案有助于打破谈判僵局，有助于谈判双方达成协议，共同受益。

总结上述方法使我们认识到事故善后谈判过程中要充分考虑对方利益。要视谈判双方为共同的问题解决者。充满想象力的最佳替代方案有不可置疑的重要性。方案越好，影响力就越大。

提出最佳替代方案的步骤有三步：第一步，如果不能达成协议时，提出我方能接受的另一个替代方案；第二步，从能设想的措施中，甄选出一些有前途的想法，变成具体的新方案；第三步，在上述方案中最后选择一个可行方案，即便达不成协议也要成为最佳的替代方案，从而维系关系，不轻易关闭谈判的大门。例如，可以考虑把预期的“一揽子”全面协议改为阶段性的协议或者将原本要签署的协议书改为签署备忘录、意向书等，维系关系，创造机会，不轻言放弃。具体方法为：谈判各方共同讨论和决定最佳替代方案；谈判一方向另一方提出最佳替代方案。选择方案的原则为：力求遵循双方受益的原则，在公平合理的基础上重新获得谈判成功的机会。

11. 应付最难缠的对手。谈判双方人员彼此的印象、不同的立场、个人的成见、情绪化的影响和沟通的障碍都可能成为谈判代表间意志力的角逐。双方往往会在一些问题的讨论中纠缠不休，使得谈判无法继续，无果而终。

遇到这样的谈判对手，最有效的交手对策是主动采取换位思维，动之以情，晓之以理，善于倾听，积极回应，从而达到改善关系、营造良好谈判氛围的目的。成熟的谈判高手往往会与对方建立持续发展的良好关系，在不同场合、不同阶段运用不同的影响策略。其中，包括以温和态度对待谈判对手和纠缠不休的问题，不要针锋相对，避免对人、对问题都强硬。

12. 常见的谈判陷阱。很多谈判场合都会遇到谈判陷阱。陷阱通常有两种类型：一种是诚信类陷阱，另一种是心理类陷阱。

诚信类陷阱主要是指谈判对方故意提供虚假信息，不完整披露信息，出示虚假授权，言而无信或诚信可疑。

心理类陷阱在谈判过程中表现为条件节节升高，故意设置不公平的谈判环境，采取黑白脸的策略，漫天要价或谢绝议价，拖延战术，个人之间的人身攻击，提出极端要求，最后通牒不留后路，歇斯底里，拒绝商谈，坚持己见，顽固到底，闹场、以死威胁施压，出尔反尔等。

面对上述两种陷阱，有效的应对策略是识破花招，有理、有据、有力地揭示问题。开诚布公地质询对方，迫使对方放弃幻想，转变态度，重启协商。

13. 谈判成功的七个影响要素。（1）建立信任。需要注意的问题是，信任不一定能够完全实现互惠，信任仅是主观的愿望，信任关系需要经过时间来建立。改善策略：不仅追求信任，而是让各方相互依赖。加强彼此理解，共同建立解决问题的意愿。

（2）认真倾听。需要注意避免的问题是，倾听前已经形成了对对方的不良印象，或者自己不具有倾听的习惯或技巧，认为先听后说总是被动之举。改善策略：学会善于抢先提问，引导谈判话题，保持主动。把握谈判方向，提高决策影响力。

（3）坦诚透明。需要注意的问题是，在谈判中虽然知道应该坦诚透明地对待对方，但是对实质内容也需要有所保留，坦诚透明并非是一次性和盘托出。改善策略：策略地向对方阶段性地披露足够的实质信息，避免权力游戏或警惕不道德行为，并且在谈判中不应有受压迫或被逼迫的感觉。

（4）友善待人。需要注意的问题是，自己过于期望对方投桃报李，往往容易被对方误认为是软弱可欺，易招致对方态度傲慢，变本加厉。改善策略：主动发起和提出一个有价值的话题，展开对话交流。友善待人，但要不卑不亢，不失尊严，在对方面前彰显你的尊严所在。

（5）公平公正。需要注意的问题是，公正仅是一个主观的愿望，有时具有排他性。不同人对公正的理解差异很大，常常缺乏共识。只有谈判的内容涉及到所有利益相关人的文化认同时，公正才会有实质意义。改善策略：通情达理，寻找谈判各方共同的利益点。扩大共同利益共识，缩小不同立场。

（6）忠实守信。需要注意的问题是，忠实可能会被操控，可能会混淆各方关系，对实质利益产生不利影响，一旦谈判破裂会导致彼此关系恶化。改善策略：忠实于谈判进程，认真负责，积极推动谈判。以积极的态度对待谈判对手，如果谈判局面不利，则不必向对方做出承诺。

（7）争取双赢。需要注意的问题是，应致力于推动双赢，而非执着于结果。虽然无法保证谈判一定会取得双赢的结果，却还要抱着争取双赢的心态致力于推动谈判进程。改善策略：要达到双赢的结果，要形成相互的依赖性。信任是改善彼此关系的基础，但结果往往并不仅仅取决于信任，相互依赖比相互信任更重要、更有效。如果受害方表现出未来对责任方仍然寄予长期的依靠或依赖性，则会在谈判中表现的相对理性，有时需要暗示或提醒对方这种长期关系存在的可能性和潜在的意义。

14. 陷入僵局。谈判双方互相设立前提时，谈判往往很快会陷入僵局。谈判者常有的心态包括：我所失即你所得；能否达成协议取决于我的意愿；我只考虑眼前的经济利益，其他因素一概不顾。而且在僵持不下中，各自对结果的观望态度，使得谈判演变成双方意志力的较量。看谁最顽固、谁最慷慨，看谁更加愿意谈成协议而主动让步和妥协。

这个阶段往往要特别警惕“感情敲诈”陷阱，谈判一方以愤怒的情绪指责另一方，其实这往往是谈判者一种咄咄逼人的策略，或称“愤怒预谋”。面对这种挑战，谈判另一方可以酌情选择三个应对策略。其一是回避，休会、请示上级、转移会址、改变谈判环境；其二是聆听，目光接触、泰然自若、冷静、耐心、理性；其三是表达，提出建设性意见、态度坚强、自信。这时要特别避免发生喋喋不休、据理力争，令对方尴尬、烦躁，不给对方留余地，无法“下台阶”，避免在众人面前不给对方留面子，对每一个观点都逐一反驳或者对所有错误都不反驳等情况。

当然，再进一步的方法就是采取替换策略。替换的概念包括改变话题、提出最佳替代方案、更换谈判代表等。这就如同玩扑克牌，握有一手好牌的人不一定会赢，而拥有一副烂牌的人也不见得会输。

“少输为赢”是专业谈判的正确指导思想。弱者谈判的最大忌讳是希望争得全赢！这样往往会提升谈判的难度，导致“全盘皆输”。唯有创造变通，“少输为赢”才是可行和实际的。因此，要充分考虑对方利益，充满想象力的最佳替代方案有着毋庸置疑的重要性，替代方案越好，影响力就越大。

谈判过程中有五大主要障碍，谈判代表必须要认识并提高克服障碍的能力。

第一大障碍是喜欢过早下判断。对应方法是将创新构思与决策分开，先让对方提出完整构思，充分了解对方的想法和意图后再做决策。

第二大障碍是只有唯一的方案。克服方法是尝试提出多个可选择的方案。

第三大障碍是认为利益“大饼”永远不能改变。要转变思维，致力于互惠互利。

第四大障碍是对方的问题应该由对方自己解决。谈判代表需要改变态度，创造、提供或帮助易于对方解决问题的条件。

第五大障碍是“强权”心态。认为自己代表的是一个组织，而对方是个人、弱者。谈判时常常表现得咄咄逼人，不容商议，没有耐心，傲慢无礼，训斥对方。这样的表现往往会把受害方推到对立的立场，从而导致对抗行为，甚至使矛盾发生质变。

15. 谈判评价。谈判不仅是谈判团队的责任，也与各组织部门息息相关，因此组织全体成员必须要积极配合谈判团队的工作。谈判结束后，对谈判成果做出评价是十分重要的一项工作。谈判评价的目的主要是总结经验，不断提升团队素质并提高谈判水平，检查谈判过程中的每个环节是否有缺失，使之不断改进和完善，以及“论功行赏”激励团队。谈判评价的主要指标包括以下三方面。

（1）检讨谈判保障协调机制是否健全。谈判团队是在组织委托和授权下，为实现组织的目标而履行谈判职责。组织内部的每一个职能部门需要全力配合谈判团队，以满足谈判团队所需要的信息支持、技术支持、后勤支持、行政支持等。谈判完成后，对组织内部各部门做出工作评估是组织管理体系建设的重要内容之一。

（2）审查谈判团队人员与组织利益是否一致。谈判涉及组织的利益维护，考验着谈判团队每一个成员对组织的忠诚。警惕谈判团队内部人员以权谋私向谈判对方泄露信息情报、受贿、受托、幕后交易、操作谈判、私下承诺条件、利益交换等任何有损组织利益的违法、违纪行为。谈判团队成员的纪律制定、纪检监察工作要特别加强，建立必要的监察和审计制度。

（3）谈判团队成员的绩效考评。谈判结束后要对每一位参加谈判的工作人员做出绩效评估。主要包括履职表现、团队精神、责任意识、工作技能、沟通能力、对方满意度等，以可量化的评价得出考核结论并对其贡献酌情予以表彰和奖励。

可以通过一套科学的评价体系和流程建立谈判评价机制，并总结经验、教训、所得、所失，列出清晰的组织利益清单。一个好的评价机制能够使谈判团队从单一追求眼前利益最大化转变为具有战略眼光。当谈判关系日趋复杂，谈判者不应只是简单地寻找妥协方案，而是能够在更多解决方案中权衡，并扩大讨论范围。

还有几点相关经验在总结工作时可以借鉴。

第一点，谈判代表必须认识到，谈判过程中，有时为了维护某种关系而选择超出底线的妥协、让步，是一种不能容忍的行为。切不可通过妥协来解决其他关系问题，也不能把一味满足对方条件看作是对其他关系的考验。为了照顾关系急于达成与对方的协议，可能会损害与其他人谈判的能力。过于关注与个别人的关系，可能会迫使我方放弃更多的利益。例如，某受害人与我方组织的利益相关人有特殊的关系，因此为了照顾到第三方关系，我方做出利益妥协，而我方再与其他受害人谈判时就会处于十分被动的地位，一旦隐情被披露，将可能导致十分严重的后果。

第二点，认识首席谈判代表的权力对谈判结果的影响力。谈判者的权力是帮助达到谈判预期结果的资源和力量。在谈判中，不可忽视权力的影响力对谈判结果复杂性、多维性和矛盾性的作用。这就需要组织重视对首席谈判代表的授权以及权力运行监督机制的完善。鉴于中国国情，国有大型生产型企业和民营规模型生产企业，往往是发生各类安全生产事故的高风险企业。因此在伤亡人员的善后处理方面，要不断完善管理机制。例如，把善后处理工作中涉及赔偿、抚恤、补偿等内容的沟通工作纳入企业应急预案管理。选拔和培训一批善于沟通、有效协商和专业谈判的工作人员组成专业团队。平时加强对相关法律、政策、制度、条例、标准、机制、保险、民俗、宗教信息的收集、学习、研究，伤亡事故发生时，立即进入角色，根据组织授权主动开展善后处理工作。

一些社会行业组织、民间咨询和智库机构也可以发展与之相关的服务体系，满足各类组织因处理善后经验不足的服务需求。其中包括相关培训、咨询、策划、公关、组建谈判团队、担任谈判顾问等服务。

第四章 国际紧急救援合作与服务

重点概述

本章重点介绍了国际紧急救援的概念、特征、形式，以及政府、非政府组织（NGO）模式、商业化服务模式三种不同的服务模式。文中也揭示了我国紧急救援事业中尚存的一些亟待补足的短板。

这部分内容有助于读者了解一些曾经在国内举办的大型国际交流活动的安全保障和开展涉外救援活动的可借鉴的经验。提出了关于中国公民海外安全保障服务体系建设的设想和建议。

呼吁中国保险业能够与时俱进，勇于开拓新业态，创新保险服务模式，逐步建立起日臻完善的社会安全保障体系。期待着以保险业为依托的中国紧急救援服务业日益发展壮大，以满足国内外公众对健康和旅行安全的服务保障需求。

一、国际紧急救援

国际紧急救援，就是通过开展跨国合作，对人们（个体或群体）在其他国家、地区的社会活动中遇到自身力量所不可抗力的困难或危险时，给予的救助和支援；是以使其从困境或危险中得以解脱为目的的特殊行为。所谓特殊行为就是，快速的、打破常规的、行之有效的拯救行动。建立国际间的紧密合作是对各类来华外国人和在境外的中国公民实施紧急救援活动的必要保证。

回眸中国的旅行安全管理建设可以追溯到20世纪80年代，中国国家旅游局、公安部于1988年6月14日发出《关于进一步加强旅游安全保卫工作的通知》；1990年2月20日，国家旅游局发布了《旅游安全管理暂行办法》；1993年4月15日，国家旅游局颁布了《重大旅游安全事故处理程序试行办法》；1994年3月1日起开始实施《旅游安全管理暂行办法实施细则》；2016年12月1日，施行《旅游安全管理办法》。原国家旅游局局长刘毅说过："没有安全就没有旅游。"这句话至今仍具有现实意义。

（一）安全事故分类

第一类，轻微事故，是指一次事故造成旅游者轻伤或经济损失在一万元以下。

第二类，一般事故，是指一次事故造成旅游者重伤或经济损失在一万（含一万）至十万元。

第三类，重大事故，是指一次事故造成旅游者残废或旅游者重伤致残，或经济损失在十万（含十万）至一百万元。

第四类，特大事故，是指一次事故造成旅游者死亡多名，或经济损失在一百万元以上，或性质特别严重，产生重大影响。

（二）旅行安全的风险隐患

第一类，意外事故，是指交通事故、食物中毒、物品遗失、火灾等。

第二类，自然灾害，是指水灾、地震、海啸、台风、泥石流、暴雨、雪灾等。

第三类，公共疫情，是指突发传染病疫情或疫情迅速蔓延。

第四类，社会安全，是指政变、管制、骚乱、战争、罢工、暴恐、宗教冲突、外交冲突、种族歧视等。

第五类，个人遭遇，是指由于个人原因导致的患病、意外伤害、失窃、违法行为等。

随着中国对外开放的步伐越来越快，国民经济在各个领域已经全面深入地融入到国际环境空间，中国的影响力也随之迅速增长和扩大。中国国家移民管理局公布的统计数据显示，2019 年中国公民出境人数达到 3.5 亿人次，外国人入境人数达到 9 767.5 万人次。

无论是旅游、经商，还是学习、工作，中国人与其他各国人的距离越来越近了，仿佛整个世界的空间都在缩小。国际旅行安全成为每一位旅行者最关心的问题，难怪友人之间在临别时都会说一句“一路平安”。

发展中国的国际紧急救援事业面对的是两类不同的人。一类是在中国境内遇到伤、病、死危险事故、事件发生时需要紧急救援境外人员；另一类是在世界旅行时遭遇不测的中国公民。因此，国际紧急救援成为各国公共安全治理体系中越来越受关注的重要课题，也是展现国家社会保障体系实力的重要内容之一。

二、国际紧急救援合作模式

（一）政府模式

这种模式主要表现在中国国内发生涉外公共安全事故、事件时由政府主导、组织、指挥、协调、投入的救援活动，并与相关驻华外交机构密切合作。

海外涉及中国公民安全的事故、事件发生时，应发挥中国政府外交、驻在国使领馆、国内运输和物资资源、国防的力量，对事故、事件发生地开展救援活动，例如大规模撤侨行动，远洋护航，当地国家发生社会动乱、骚乱、灾害、疫情时的国民保护，中国公民人身安全的领事保护和帮助等。必要时，我国驻外使领馆还可以向所在国政府提出外交交涉，以国家行为保护侨民合法利益。

政府模式的优点是以国家意志实施紧急救援活动，无论是组织、动员、行动，还是资源、力量、实力都是比较强大的，适合用于发生较大规模的、构成群体性安全威胁的事故、事件的救援活动，例如自然灾害、战争、社会骚乱、恐怖威胁、公共卫生事件、反海盗、排华骚乱、联合国人道救援等。

旅行安全的风险发生率排序由高到低为：个人行为遭遇，意外事故灾难，公共卫生事件，人为破坏活动，自然灾害影响。

根据以上排序可以看出，重大公共安全事故、事件的发生毕竟还是少数，与之相比，多发的还是外国来华人士和在境外中国公民的一个人或几个人的遭遇、事件，如伤、病、死亡等。这种情况，往往不适合动用国家力量实施紧急救援行动，中国驻外使领馆是一个外交代表机构，能够起到的是力所能及的领事保护、协调、联络的作用。有时中国公民在当地国家遭遇旅游安全事故、刑事犯罪事件、安全生产事故及其他意外事故时，行使领事保护过程中由于资源匮乏、能力有限，面对中国公民或侨民的求助大有爱莫能助的感觉，工作压力十分大。

（二）NGO 模式

NGO 模式主要应用于一些非政府组织的救助活动。NGO 包括各国的红十字会、红新月会、国际狮子会、慈济功德会以及社会公益、慈善机构和民间志愿者的救援力量等。

NGO 是非常宝贵的社会救援力量，往往出于人道主义精神对需要帮助的遇险者伸出援助之手，通常适合突发公共安全事故、事件后向弱势者提供帮助，例如参与搜救行动、捐赠款物、心理辅导、语言翻译、交通工具、食宿帮助、医疗援助、志愿者服务等。无外交关系国家的公民遇险时，往往可以通过 NGO 进行国际关系协调、联络。

由于 NGO 模式的救援活动属于社会公益、慈善行为，其自发性、自愿性会给紧急救援活动造成不确定，而且 NGO 模式是短期的一种民间互助，有很大的局限性。但是，其在处理非外交关系国家或地区的紧急救援事务时，却是十分有效的途径。

（三）商业化服务模式

商业性服务机构，是以市场化模式运作的专业化服务公司。这类提供国际旅行安全的专业服务公司的服务内容非常丰富，形式多样，包括旅行者在境外旅行时生病、交通事故、意外伤害的医疗咨询、就医安排、医疗费担保或垫付、保险结算、国际护送、遗体转运、使领馆联络、律师服务等。此外，还会为客人提供旅行咨询、风险提示、语言翻译、国内家属联络、找寻遗失物品、理赔代理等相关服务。对于海外投资企业可以为其分析当地国家的企业安全风险、设计员工健康与安全保障计划、设计内部医疗诊所、建立当地医疗网络、组织紧急救援行动、组织国际联络、保险代理结算等。其服务范围是大概率的多发事故、事件的紧急救援服务，而且能够进行非常专业化的协调和组织活动。

无论是在中国国内对境外人员的紧急救援活动，还是对境外中国公民的安全保障服务，以上三种模式各具特色、各有优势。国际紧急救援活动的组织中，有时还可以采用不同模式互补，以达到最佳的效果。

这里回顾一个真实的案例。2008 年初，广州市民政局在清华大学举办了一期领导干部培训班，安排我主讲了“紧急救援及善后”的课程。下课后，民政局领导盛情邀请我在食堂共进晚餐。刚刚落座，他们就迫不及待地向我提出听课后的一些疑问。此时，我才感到一起进晚餐是因为他们还有很多的实际问题要与我讨论。学员们提出的主要问题是关于广州市殡仪馆目前存放着 13 具外国人的尸体，已经几年无人认领，长期占用殡仪馆的资源，遗体保管发生的费用日益增多。由于涉及外籍人士遗体处理，须谨慎，殡仪馆和市民政局曾经多次向各级政府请示，均未果。目前不知道该怎样处理才好。

于是，我建议说：“我们不是说好一起吃饭吗？先不要谈遗体的问题，先吃饭好吗？”我为了争取一些思考的时间，幽默地向同学们说。“对！对！对！还是先吃饭吧。”同学们回应。

我细嚼慢咽地吃着饭，嘴里却毫无味觉，满脑子全是学员们提出的问题。我意识到他们所反映的问题一定不是广州市个别的情况，全国各地可能都会存在类似的情况。各级政府之所以迟迟没有做出答复，也许是因为没有政策依据。这才是问题的关键。

此时餐桌围坐的同学们好像也没有心思品味佳肴，而是焦急地看着我慢慢地咀嚼。没有不散的宴席，我终于吃饱了，放下碗筷对学员们说了我的想法，他们一致认同我的分析。“那怎么办?”局长迫不及待地问。我说：“让我仔细想一想，我会提出一份建议发给您。不过您收到我的建议后，如果认同，就作为广州市民政局请示报告的附件，亲自送交广州市政府外办和广州市公安局，并说明情况。随后三个部门联合行文报送广东省外办、民政厅、公安厅。再次行文转报给外交部、公安部、民政部。”

仅两个多月后，广州市民政局领导给我打电话，转达了中央有关部门对外国人遗体处理的指导意见。这就是民政部、公安部、外交部联合发布的《关于外国人在华死亡后处理程序有关问题的实施意见》。广州市民政局领导说：“文件采纳了您的建议，依据文件提出的指导意见，我们不仅很快处理了多年无人认领的外国人遗体，而且全部费用得到结算，这完全出乎我们的意料!”

原来广州市殡仪馆按照文件要求，把遗体的详细信息和遗物线索整理后逐级上报外交部，外交部领事司将这些情况通报给了各国驻华领事馆。在各国驻华领事馆的帮助下13具遗体都顺利找到了各自的家属和生前就职机构的线索。各相关领事馆依据授权很快办理完遗体火化和结算等善后事务。一个困扰了广州市殡仪馆多年的问题迎刃而解。

以上案例说明涉外救援工作往往需要政府、非政府组织、外交机构、企业、志愿者等社会各方的通力合作。遵循国际惯例和各国通行的做法，就能够克服各种困难，妥善解决问题。只有建立良好的国际合作关系，才能克服许多困难，使问题得到妥善解决。

国际紧急救援的三种合作模式各有特点，适合在不同情况下发挥作用。对于发生概率较高的个人，事故的救援还是第三种选择比较适合，商业化服务模式的专业化程度和服务品质会很高。当然，这类服务需要以保险业为依托，亟待中国保险业在这一服务领域开拓进取，以满足越来越多中国公民海外旅行的需要。

三、发展国际紧急救援服务产业

20 世纪 70 年代初，国际保险业的发展已不满足于传统的向投保人提供事后经济理赔的经营模式，而是尝试开拓投保人在全球旅行中遇到困难时给予援助资金支持的新业态。西方国家一些以提供全球旅行安全服务为特色的公司应运而生，他们以保险公司为依托，以当地国家的各种资源为后盾，为国际旅行者提供快捷、方便、专业化的旅行安全服务。其原理如同每辆汽车的保险，投保人只要向保险公司选择和购买了相关保险服务，就会有与保险公司合作的道路车辆救援公司和维修公司向投保车辆提供一揽子的救援、维修、保养等全面的车辆服务，无须自己先付费后理赔，而投保人是保险的真正受益人。

让我们回顾一个历史的案例。虽然这个案例据今较久远，但在当时具有一定的代表性。1992 年 3 月，联合国妇女地位委员会在第三十六次会议上接受了中国政府的邀请，决定第四次世界妇女大会在北京召开。中国担任如此规模的世界性大会的东道国尚属首次。这次活动的特点是接待人数多、代表规格高、会期时间长、活动内容丰富、参会人员复杂，这是新中国成立以来规模最大的国际性主场外交活动。

为了保障各国来宾的健康和安全，组织委员会负责人万嗣铨签署授权书，特别授权亚洲国际紧急救援中心配合北京市的 32 家指定医疗机构为来华境外人员提供医疗和紧急救援服务保障。

1995 年 8 月 30 日至 9 月 8 日，非政府组织“妇女论坛”首先登场，来自世界 211 个国家和地区的 3 000 多个组织的 30 000 多名代表云集北京怀柔。9 月 4 日至 15 日，政府论坛会议有 197 个国家的政府代表团、联合国系统各组织和专门机构、政府间组织及非政府组织共 17 600 多人出席。

1995 年 8 月 29 日，北京市怀柔县医院（今怀柔区第一医院）接诊了一位欧洲某妇女组织的代表。这位患者在所下榻的酒店发病，伴有惊悸、抽搐、厌食症状，生命体征趋向衰竭，但神志尚清楚。紧急入院就诊时，拒绝一切医生问诊、检查、治疗，四目紧闭，一言不语。

为了抢救患者，怀柔县医院立即向大会组委会医疗保障部驻怀柔县的指挥中心报告情况。鉴于医院医护人员无法与患者进行沟通，医疗保障部立即将这一情况通知了亚洲国际紧急救援中心北京办事处。随后，亚洲国际紧急救援医疗服务中心及时派出一位欧洲籍医生在会讲英语的中国籍护士的陪同下乘坐救护车赶到怀柔县医院。

外籍医生赶到现场后，尝试与患者交谈。这位女患者听到耳边娴熟的英语问候，渐渐睁开眼睛，并露出惊讶的眼神！也许她未曾料到，在此地竟然会有熟悉她的语言和文化的欧洲医生为她诊治。她对这位外籍医生的诊治过程出人意料地予以配合，医生初步诊断为精神抑郁导致并发综合征，经药物注射后症状逐步缓解。

在观察和治疗的过程中，这位女患者向外籍医生吐露了发病的原因。原来当她随团来到北京后立即被机场等候的会议汽车接到怀柔县的酒店下榻。这是她第一次来中国，对一切都怀有浓厚的好奇和新鲜感。办理代表注册手续后她与同伴们到怀柔县大街散步，看到大街上有很多穿军装和制服的军人、警察，她感觉精神极度惶恐和紧张。回到酒店发病后立即被送到当地医院，由于语言障碍，也不知道中国医生将会怎样给她治疗，她那时感到的是恐惧、孤独、无奈和绝望，后悔不该来北京出席这次会议。

我们的外籍医生和随行护士及时向我叙述了出诊过程和所了解到的情况。我感到这是一个非常重要的情况，立即将患者的感受、医生的意见以及我的建议向大会组委会医疗保障部汇报，并且也同时书面向时任国务院副秘书长、大会组织委员会副秘书长徐志坚和时任北京市副市长、北京市红十字会会长何鲁丽及有关部门领导人做了报告。8 月 31 日，怀柔县县城内和会场除了交通警察外，警卫部队和安保人员全部换便装执勤，当地秩序井然有序。当晚，非政府组织论坛在北京奥林匹克体育中心举行了盛大的开幕式。那位欧洲女患者经及时医治，病情好转后自行离境回国。

如此大规模的国际会议，各国来宾的安全保障成为中国政府和会议组织方最为担心的问题，会议期间一些事故也偶有发生。就在 8 月 30 日联合国第四次世界妇女大会非政府组织论坛即将开幕的早晨，一起重大交通事故发生了。

下榻在北京友谊宾馆的一些政府论坛代表也要去非政府组织妇女论坛"凑热闹"，其中不乏要以个人身份发表演讲的跃跃欲试者。早晨 7 时，代表们乘坐的大客车就要开车了，有四位美国N市政府代表（一男三女）还在匆匆准备着他们的发言稿。他们对同车的伙伴们说："你们先走吧，我们随后乘坐出租汽车赶到会场，应该不会耽误下午发言的时间！"

上午10时许，四位美国代表将准备好的发言稿揣入怀中，搭乘北京友谊出租汽车公司的出租汽车赶往怀柔县会场。作为发言人的X先生坐在副驾驶座位上，其他三位女士坐在后排座位上。X先生似乎知道友谊宾馆距离怀柔县路程遥远，一再要求司机加快车速。司机也知道这四位乘客是会议代表，面对客人的请求只好尽力满足其要求。在开往怀柔县的途中，京顺公路段，出租车以超过每小时80公里的速度疾驰。突然汽车向右侧打滑，司机紧急制动也无法控制住汽车在雨后路面的有效制动。一幕惨剧瞬间发生了！汽车剧烈撞向右侧路边的一棵大树上，剧烈的撞击力使全车人都不同程度地受伤，其中伤势最严重的就是X先生。

"有外国人因车祸受伤，请速赶赴现场救援！"我最先得到的是北京市公安交通管理局事故处赵广贤处长的寻呼机短信通报。根据合作协议，大会期间涉及外国人的交通事故我们都会在第一时间得到交通管理部门的通报。

急救中心的救护车将五位伤员迅速从事故现场转送到北京中日友好医院。这所医院也是大会组织委员会授权指定的医疗保障机构。我在医院看到，伤员都已经被送进重症监护室（ICU）和急诊手术室进行抢救。不一会儿，组委会有关部门以及北京市政府的负责人纷纷赶到医院。在亚洲国际紧急救援中心的及时协调下，美国驻华使馆领事也赶到了医院。

经过医院的全力抢救，X先生因肋骨骨折、脾脏破裂，伤势过重不幸死亡；三位女士其中一人也因锁骨骨折、失血而伤势较重，及时进行了手术救治，脱离生命危险；另外两位女士和出租车司机负轻伤。

事故发生后，亚洲国际紧急救援中心总部很快联系到死伤者在美国的家属，向他们介绍了情况。紧急联络美国驻中国大使馆，向总领事通报了情况。并且在大会组委会、医院、公安部门、使馆、家属以及美国保险公司之间密切协调各方关系。

这起事故发生在非政府组织论坛会议的第一天，也一定会引起国内外媒体记者们的关注。也许他们会为后面会期的安全而感到担忧，也许会质疑会议承办方的安全措施和保障能力，也许还会被某些代表作为一个中国问题在大会上提出，总之组织委员会面临着许许多多不确定的风险和挑战。

这一严重事故同时也为大会各保障部门敲响了警钟，更加严格地加强并做好大会代表们的健康和各项安全保障工作。

1995年9月4日，在各有关部门与亚洲国际紧急救援中心的通力合作与安排下，经过防腐、整容、检疫后的X先生的遗体被运返美国N市。两位轻伤女士搭乘民航班机回国。

两周后，重伤的女士也在国际紧急救援中心医生的医疗护送下平安返回美国继续治疗和康复。

经过一个周末，当各国记者得知这一消息时，已经无从采访事件当事者或者获得第一间的新闻时效。所能够报道的信息是中国对大会期间一次意外交通事故的及时救援和迅速有效的善后处理，没有因此事件的发生对大会活动造成不良的影响。

从8月20日境外代表陆续入境至9月17日全部离境，联合国第四次世界妇女大会期间，境外来宾（含媒体记者）约35 000人，其中在京逗留期间伤病就医3 080人次，住院治疗32人次，因车祸、流产、急性胆囊炎、肠梗阻、双目失明、昏迷、急性阑尾炎等重症抢救10人次，手术治疗6人次，转运出境遗体1具。

在会议期间所发生的伤亡事故和最常见的病患医疗，由于大会组织委员会事前授权亚洲国际紧急救援中心作为境外来宾安全保障和服务机构，该机构根据大会组织委员会提供的各国代表信息，提前做好境外代表的联系工作，向他们提出了旅行安全建议，介绍了在中国旅行的常识和各类相关信息，绝大多数代表都在行前做好了旅行健康和安全保险。

亚洲国际紧急救援中心是大会组织委员会授权的安全保障服务机构，各国保险公司也纷纷授权该中心在北京会议期间向其保险客户提供旅行咨询、医疗协调、紧急救援、遗体转运、医疗护送、国际联络、保险结算等每天24小时服务。

鉴于中国政府、大会组织方、亚洲国际紧急救援中心充分的准备和周密的保障系统，会议期间发生的每一次涉及境外代表健康和安全的事故都能够做到有序不乱，快速响应，妥善处置。并且所发生的一切救援、医疗等费用全部由各国保险公司结算、支付，为中国政府和大会组织委员会降低了各种责任风险和会议负担。这次国际大会引进了保险和专业化服务机构的经验也被此后中国举办大型国际活动所借鉴，成为安全保障工作宝贵的经验。

通过这些案例让我们了解到，一个大型国际会议活动的组织工作事无巨细，非常复杂。可预期的事情我们能够根据经验提前做好应对措施准备，而不可预期的事情发生时就没有可遵循的预案了。无论哪一类事情发生，能否解决好、处理好，更多是依托于良好的公共关系维系。

1991 年，我曾向中国政府建议，把涉外救援工作从以往的政府包办转为国际化、专业化、产业化的服务，建立中国的紧急救援服务产业。这一建议得到中央政府领导人的重视。如今，随着中国“构建人类命运共同体”“建立新型大国关系”“共建‘一带一路’倡议”三大外交思想的提出和实施受到世界各国的普遍关注、响应和参与，经济全球化的趋势势不可当，建立、发展和完善中国紧急救援服务业已迫在眉睫。

紧急救援服务业的建立将会推动我国保险业从以往向投保人提供事后经济理赔转为全球旅行安全保障服务，这是现代保险业发展的大趋势，是配合中国对外开放政策的重要举措。

随着越来越多中国公民出境旅游，企业走出国门参与“一带一路”建设，中国公民境外人身安全保障将会成为一项重要的工作。中国公民境外人身安全风险基本上分为两种形态：一种是常态下的安全风险，例如涉及到个人或少数人因疾病、事故导致的健康和生命安全；另一种是非常态下的安全风险，例如遭遇当地社会骚乱、动乱、战争、灾害等对中国公民人身造成的安全威胁。常态下涉及人员健康和安全的情况发生属于多数，而这些完全可以通过建立起市场化的商业服务予以保障。

当今世界上没有任何国家或地区可以避免意外事故、事件、灾难、灾害，而事故发生时专业化的紧急救援能力、符合国际认同原则的妥善善后的能力、行之有效的社会协调能力、专业化的行动保障能力，才是关键。因此，安全保障是推动“一带一路”倡议发展不可或缺的重要工作。

为此，建议国家重视和支持建立“丝路国际旅行安全服务中心”，以市场化的模式运作，以中国和各国保险业合作为依托，以祖国为“大本营”，在“一带一路”沿线国家逐步设立全面覆盖的服务网络。“丝路国际旅行安全服务中心”将服务逐步覆盖“一带一路”沿线国家，24 小时向来华境外人士和境外中国公民提供安全援助服务。主要服务内容包括以下几个方面。

第一，医疗咨询服务，包括协调当地国家医疗资源、提供当地疫情信息、华语医生服务（视当地法律规定）、伤病员转运护送、遗体回国转运、住院医疗协助、医疗保险委托结算、医疗费用垫付、家属善后协助、患者病情采集通报、代理结算等。

第二，法律咨询服务，包括协调当地国家律师提供涉法维权服务、外交机构联络服务、符合当地规定的其他法律援助和咨询服务等。

第三，保险服务，包括受保险公司委托向投保人提供旅行安全保障服务、受投保人委托向保险公司提出理赔申请或其他授权委托服务、受保险公司委托处理境内外结算事务。

第四，培训及公共关系服务，包括为中国在海外投资企业提供所需的安全培训、信息咨询、智库服务以及当地的公共关系服务。

第五，信息服务，包括向海内外公民或企业提供气象、交通、医疗、警务、汇率、签证、领事、旅行、食宿、疫情、灾情等信息咨询服务。

第六，医疗规划，包括为中国海外投资企业和工程项目提供符合当地国家法律规定的内部医疗诊所设计及医疗服务，建立当地优质医疗资源合作网络。

第七，紧急情况下或重大事件发生时配合中国驻外使领馆的公民保护和援助行动。

“丝路国际旅行安全服务中心”的建立将会大大提高中国公民在境外的安全保障能力，减轻驻外使领馆的工作压力，促进保险业的发展进步，完善“一带一路”倡议的整体布局。“丝路国际旅行安全服务中心”在海外的 24 小时服务机构会视当地国家在医疗、法律、保险等职业准入制度规定建立相应的服务。服务对象主要为我国海外企业、工程项目人员以及留学生、商务人员、旅游者、永久居民等。

数据统计显示，国际保险业在灾害的风险财务承担率平均超过 40%，而中国保险业的占比却微乎其微。在应对近年发生的一系列事故、事件、灾难、灾害中，中国政府财政计划内的抢险救灾预算开支压力极大，有时还需要动用中央和地方政府的财政储备金应急支付。由此可见，中国在面对风险和危机的管理方式还是处于以政府为主导的形态。这不仅会给政府带来不可预计的财务风险，而且也潜伏着极大的政治风险。尤其是在中国举办大型国际活动时，一个意外事件的发生，由于政府的过多包办，一旦决策或善后工作失误，即便是一般的民事事件也有可能转变成为外交事件、国际事件，成为政府的责任并造成国家名誉的损失。

中国国际紧急救援服务产业这块“蛋糕”到底有多大？我们对其产业特征和市场关系认识有多深，“蛋糕”就会有多大！

请参阅附录的第一个案例：空难——紧急救援（1992年）。

第五章 公共事件的舆情管理

重点概述

通过这一章的学习，让我们认识到媒体价值与影响力是无限的。互联网时代，公众会对信息的判断和评价产生共鸣。一些领导干部提出“防民之口，甚于防川”，这种提法十分错误，必须予以纠正。因此我们要把舆情“防”“控”转为善于沟通，先声夺人。启动简捷程序，先入为主、把握好舆论主导权。

这一章也让大家认识到信息管理和媒体沟通是处理公共安全事故、事件工作的重要组成部分，要视“危机”为良机，增强驾驭能力。特别是各类社会组织都要建立和完善新闻发言人制度，注重选拔和培养合格人才。

这一章也分析了如何正确处理好公众知情权、新闻实效、新闻披露之间的关系，即要把握好话语权。要建立起全新的管理观念，把媒体和新闻人看成是伴随组织发展不可或缺的宝贵资源，学会善用媒体，一改“防火、防盗、防记者”的对立心态。

语言是社会发展的产物，无论是在宣传工作中，还是与媒体的沟通中，修炼语言是新闻发言人职业素质的体现。如何创新话语表达方式、提升职业文明修养是信息管理与媒体沟通工作中的重要思考点。

一、信息化时代的新挑战

随着互联网和移动通信技术的高速发展，人类已经进入了信息化时代。作为各级组织的领导者必须清醒地认识到，在信息化时代：超越时空，信息全球传播；驾驭时局，信息主导博弈；应对环境，信息影响形象；运筹帷幄，信息引导决策。

公共信息传播是组织为适应时代发展而必须要面对的现实问题，是组织在社会博弈中最主要的表现形式，是组织可持续发展的晴雨表和温度计。公共信息传播对于政府组织而言更是完善社会治理体系和提高社会治理能力的重要体现。当一个社会面临重大公共安全事故、灾害危机时，信息公开、积极应对和公众力量这三种作用至关重要。出于维护社会稳定的良好初衷让公众在无知中享受着“幸福生活”的风险和代价是十分高昂的。公众对政府的高度信任，也会表现为对政府的高度依赖。政府一旦贻误了宣传、教育、动员公众的最好时机，便会造成公众对政府危机管理能力和公共管理责任的质疑，这无疑对政府的公共管理来说是一个高度的责任风险。

“蝴蝶效应”理论，是美国数学、气象学专家爱德华·洛伦兹（Edward Lorenz）于1963年提出的一个著名观点，为世界学界所熟知、认同。

20世纪60年代初，爱德华·洛伦兹研究一个重要的课题——飓风是怎样形成的？飓风一旦生成会给人们的生命安全和财产安全带来极大的威胁和破坏。他观察飓风到来的全过程，并到飓风过后的现场做破坏力的调查。但他不满足于这些研究，还到遥远的南美洲亚马孙河畔的丛林里做环境考察。在亚马孙河畔的丛林，他看到一群群小蝴蝶在飞翔，引起了他的关注和遐思。小蝴蝶抖动翅膀会震动空气，就会产生微弱的气流。在气象学的原理中，这微弱的气流在一定的条件和环境作用下，能引起气环流，乃至大气环流。大气环流一旦生成就会产生一种漂移现象，也就是说在南美洲亚马孙河畔丛林里形成的大气环流，说不定几周以后就可能会漂移到遥远的北美洲，在美国入境，在得克萨斯州或者加利福尼亚州掀起具有巨大破坏力的龙卷风。因此他意识到，人们不能只注意到事故、事件、灾难、灾害发生造成的破坏，那是后果；而更应该关注形成事故、事件、灾难、灾害过程中有影响力的那些微小的事物，早发现、早预警、早采取措施，经过努力尽量避免事故、事件、灾难、灾害的发生，或者减小其破坏力。

“蝴蝶效应”是指在一个动力系统中，初始条件下微小的变化能带动整个系统长期的、巨大的连锁反应，这是一种混沌现象。一个坏的、微小的机制，如果不加以及时地引导、调节，会给社会带来非常大的危害，亦称为“龙卷风”或“风暴”效应。一个好的、微小的机制，只要加以正确指引，经过一段时间的努力，将会产生轰动效应，亦称为“革命”。此效应说明，事物发展的结果，对初始条件具有极为敏感的依赖性，初始条件的极小偏差，将会引起结果的极大差异。

“蝴蝶效应”理论向人们揭示了一个原理，那就是某些复杂系统是不易被准确预测的，人们想要控制一切的愿望往往并不能成为最终的现实。2019 年的“响水县化工厂爆炸事件”引起的舆情影响力犹如“蝴蝶效应”，事件引发的舆情再次聚焦了公众普遍关注的带有共性的问题和深层次的对社会治理的思考。

（一）响水县“3·21”爆炸事件的回顾与反思

2019 年 3 月 21 日，江苏省盐城市响水县陈家港镇化工园区内的江苏天嘉宜化工有限公司的化学品储罐发生爆炸，截至 2019 年 3 月 25 日，事故造成 78 人死亡，各类轻重伤员 566 人。

这是继 2015 年 8 月 12 日天津港瑞海公司危险品仓库发生特别重大火灾爆炸事故后的又一次造成群死群伤的特别重大的企业安全事故。

国务院调查组对“3·21”爆炸事件定性为责任事故，由此调查工作围绕企业经营法律责任和政府行政监管责任展开。《法治日报》也以《响水爆炸事故暴露深层症结，安监有无不作为》一文提出了对政府管理责任的强烈质疑。国内外媒体和网络舆情又一次把肇事企业和当地政府推向了舆论的风口浪尖，引起各种各样的猜测、分析、热议和评论。

长期以来从中央到地方，各级政府不可谓对安全生产管理不重视、不严格，不能说治理力度不够强、投入不够多。可是为什么特别重大群死群伤事故依旧发生？根本问题出在哪里？社会公众提出了质疑。

由此看到，互联网和移动通信技术的高速发展促使社会形态发生了深刻的改变。这种新的社会形态改变了人们以往的生活习惯，改变了熟悉的社会环境，改变了传统的工作方式，改变了人与人之间的各种关系。这些新的形态构建出了一个全新的虚拟社会。现实社会一有风吹草动，虚拟社会就做出极为敏锐的反应；而虚拟社会形成的强大的社会舆情，对现实社会会产生深刻的影响。两种社会形态相辅相成、相互影响、相互作用。

（二）“蝴蝶效应”分析

中国互联网络信息中心发布的调查报告显示，截至2020年6月，中国网民规模达到9.4亿人，互联网普及率达到67%，堪称世界第一网民大国。手机网民规模达到9.3亿人，手机上网比例达99.2%，移动网络通信利用率堪称世界一流。

上述的案例回顾和数据分析使我们更加清晰地看到互联网和移动通信技术已经全面融入了中国社会。互联网改变中国最重要的意义在于，它给广大民众提供了一个变被动为主动而且无穷大的“信息广场”，在这里常常汇聚起不同于政府也不顺从于传统媒体的社会民意。公众以其独立的民间视角和立场，不知疲倦地对几乎所有发生的事件做出精彩纷呈的快速反应，写博客、发帖子、转微信群、上网交流已经成为常态。

互联网是公众关注社会、反映社情民意、参与社会政治生活的重要途径，网络发声、一呼百应已经成为社会公众意见表达的新常态。现实社会发生一个事故、事件，虚拟社会立即就会做出反应。“蝴蝶效应”引发影响社会的“龙卷风”，往往对现实社会造成更大的破坏。因此，各级组织的领导者要充分认识和研究两种社会形态的存在、表现形式及其关系，运筹帷幄，勇于创新，不断总结经验并提升管理能力。

二、羊群效应

人们经常受到多数人影响，跟从大众的思想或行为，自己不会主导行为，这常被称为“羊群效应”，亦称为“从众效应”。这是与“蝴蝶效应”理论相辅相成的另一个重要的关联理论。

人们会追随大众所同意的，自己并不思考事件的意义。“从众效应”是诉诸从众谬误的基础。从众谬误，就是将许多人甚至所有人所相信的事情视为真实，认为大家都这么说，就一定不会错。这一理论形象地描述了一起公共事件引发公众舆论高度关注这一不容忽视的社会现象。

我们通过中国互联网络信息中心调查发布的另一组数据剖析“羊群效应”的深层原理。截至2020年12月，中国网民文化程度调查占比依次是：具有小学及以下文化程度占19.3%，初中文化程度占40.3%，高中、中专、技校文化程度占20.6%，大学专科文化程度占10.5%，大学本科及以上文化程度占9.3%。通过这组数据不难看出，网民多数是高中以下文化程度，占到网民总数的80.2%，也就是说，大多数网民文化程度并不高。

我们再对中国互联网络信息中心2021年2月发布的网民年龄结构调查数据分析，截至2020年12月，中国网民年龄结构占比依次是：10岁以下占3.1%，10—19岁占13.5%，20—29岁占17.8%，30—39岁占20.5%；40—49岁占18.8%，50—59岁占15.1%，60岁以上占11.2%。半数以上的网民是39岁以下的年轻人群。

这两组数据表明目前我国网民多数受教育程度不高，且以年轻人为主。这会导致类似响水县“3·21”爆炸事件的公共安全事件发生时，多数关注者的专业知识、社会经验、个人经历、分析能力都是有限的，但是他们喜欢围观并发出声音。初始阶段是少数人或者个别人的声音，随即会引起多数人的好奇、关注、认同与“跟风”，从而引发“羊群效应”。

然而，就算是引起“羊群效应”的少数或个别发声者，其在对事件分析和表态时也会受到“后视偏差”的影响。“后视偏差”是一种极为普遍的现象，涉及到人的认知和决策领域。面对不确定性的信息时，人们往往对先获得的信息有过高的信任，进而使得随后的认识或决策发生偏差。判断形成于事后而非事前，事件发生后受到误导性信息而创造出虚假的自传性记忆或感知，这是一种记忆扭曲，个人在社会知觉中不由自主地总会认为自己的判断是正确的。

能够对社会多数公众产生影响力的媒体人一般分为两类。一类是通过自媒体发声的有影响力的个人，另一类就是传统媒体或新媒体的职业媒体人。什么是媒体人？媒体人就是不断地找故事、编故事、讲故事的人。他们热衷于找什么样的故事呢？找最能够令人感到好奇、喜悦或愤怒的故事。

怎样应对这些媒体人呢？最佳的方法就是有效沟通，学会与各类的媒体和媒体人沟通，与网络空间形形色色的舆论领袖沟通。通过有效的沟通使信息对称，加强相互理解，揭示事实真相，努力确保传播的信息和声音客观、公正、真实，满足公众的信息需求，正确引导社会舆论。

媒体人的职业准则应该是立足真实，秉承公正，伸张正义，维护稳定，承担责任。毋庸置疑，我们有时也会遇到一些有失职业操守的媒体人，这些人热衷猎奇，重利轻义，善于炒作，夸大其词，混淆视听，不负责任。

为什么媒体界会存在这样的现象呢？这就要了解和认识我国媒体业的形态和属性。组织形态一般分为三类：一类是政府主导型的媒体，一类是社会主导型的媒体，还有一类就是自我主导型的媒体，这三类媒体有着各异的生态特征，其责任、使命、目的、追求也各不相同。只有对这三类属性不同的媒体做出客观的分析和认识，才能辨识出所面对的媒体人的职业特质和价值取向，从而有助于选择沟通策略，降低沟通风险。

首先，分析政府主导型的媒体。政府在社会管理工作中需要通过媒体搭建起与社会的沟通渠道，向公众发布各类信息，报道各行业发展状态，传播公共文化，倡导国家精神并弘扬意识形态，亦称为“官媒”或“喉舌”。我认为这些都无可非议。这类媒体是政府主办的，自然是服务于政府的执政理念和社会治理需求，同时也肩负着授权向社会公众发布和传递政府的政令、政策、制度、法规的责任。

其次，中国新闻体制改革后更多的媒体是社会主导型的，其企业化的组织属性决定了他们必须树立起“经营媒体”的理念。媒体要获得经营效益才能生存，才能参与市场竞争，才能发展壮大，而媒体效益大多都是来自广告和发行收益。由此，广告供应商和读者成为直接影响经济效益的两个关键要素。而广告供应商往往又是以媒体的知名度、读者数量和传播影响力为评价依据，导致媒体要想获得较好的广告收益，就必须要依赖庞大的发行量和广泛的受众。要想达到这个目的，在办报（台）内容上就要竭力取悦和满足读者、观众、听众对信息需求的兴趣倾向，不断在社会上采集并报道令读者、观众津津乐道和喜闻乐见的消息、分析、评论，只有这样才有可能维系一个较大的受众群。这种办报（台）的理念往往会顾此失彼，有时为了迎合受众兴趣、追求轰动效应而传播了一些与政府或“官媒”的主流立场和声音不一致的信息，披露了一些不该公布的“内情”或发表了一些极易引起争议的评论等，从而给社会平添了一些不和谐的音符。尤其是一些既有政府主导属性又必须依赖市场生存的混合媒体形态组织，处在政府、受众、投资者、消费者等诸多利益相关者间，出现了许多相互掣肘、相互影响、互为作用、不易平衡的复杂关系，成为当前媒体管理与发展工作不易破解的难点问题。

最后，自我主导型的媒体，特指自媒体以及不易管理的对中国事务进行报道的境外媒体。有人说今天已经没有单纯的受众，媒体与受众之间的边际越来越模糊。现如今人人都是信息的采集者和传播者，人人都是记者，手里都拿着麦克风。一点也不夸张，互联网技术开启了“全民记者”的新时代。

将新媒体时代与传统媒体时代做比较，不难看出媒体属性的变化。在传统媒体时代，受众之间相互没有联系，独立事件的社会影响范围有限；而在新媒体时代，一地发生的事件一经报道，就会引发公众在自媒体上热议，各种声音不绝于耳，有时还会针锋相对，素不相识的人形成不同观点、不同立场的舆论阵营，各持己见，口诛笔伐。如今互联网罗织起了一个浩瀚的网络空间，在信息天际中公众可以随意选取自己感兴趣和喜闻乐见的信息，很难再让所有公众只关注和接受一种信息、一个声音。受众被动地被媒体牵着鼻子走的形态已经被彻底颠覆，公众从被动变为主动，不仅对信息有极大的选择权，而且还可以自己设置话题吸引其他公众和传统媒体的关注。

通过以上分析，我们认识到形态各异的三类媒体和不同程度的媒体风险，在媒体报道中最具破坏力的风险就是失实信息的传播和恶意评论的影响。失实报道往往源于信息渠道不畅通，媒体在没有得到官方通稿前在民间进行信息采集后传播，这就是为什么一些媒体所报道的消息内容有真相，但也存在失实。往往对同一事件的报道不同媒体也会发出不同的声音。

当今更加值得警惕的是假新闻的挑战与威胁。假新闻的起因可能是出于政治企图、利益炒作、掩饰真相或刻意阻隔真实信息等目的而对公众传播的信息。假新闻通常采取断章取义、胡编乱造、虚实游走、移花接木、肆意揣摩、杜撰史实等手法主观炮制并恶意传播。假新闻的传播渠道主要是主流媒体、社交媒体、印刷制品、活动集会等。假新闻的传播会导致混淆视听、误导民意、诱发情绪、制造恐慌、挑拨离间的后果，最终形成社会的混乱和信任危机。假新闻的传播无法彻底杜绝，而最有效的对策就是用真相和事实与之对决。

假新闻是刻意以传统媒体或是自媒体形式传播错误的信息，目的是为了误导公众，为传播者带来政治及经济的利益。鉴于假新闻的危害，必须要加强和完善有效的治理措施，具体策略如以下四点。

第一，完善立法。依据法理界定假新闻，区别故意与无意传播，编造与转传行为，细化制造和传播者的行为边际，这样才能依法判断和追究行为人的法律责任。

随着自媒体技术的迅速发展，公众采集、公众传播已经成为常态。对于一些公共事件的发生，自媒体往往比传统媒体发声早、传播快，公众发声往往比官方早、扩散快，非官方发布的公共事件信息可能会对社会构成一定的误导和恐慌风险，影响社会秩序。公众是否有权发布或传播公共事件信息？公众早于政府发布公共安全事件信息（无论是否属实）是否构成违法？这类信息的真实性由谁甄别？公众私下传播境外媒体信息（无论内容如何）的行为是否构成违法？警方是否有权自行甄别判断危害信息并对发布者采取强制措施，删除信息或限制行为人？这些都是当前社会治理的立法盲区，亟待完善。请参阅本书第八章新加坡公共安全体系建设的数码防卫章节中关于新加坡《防止网络假信息和网络操纵法案》（Protection from Online Falsehoods and Manipulation Bill）的相关介绍。

第二，改进方式。要注意避免官方消息不如小道消息更能满足受众心理需求。有些时候官方发布的信息往往不被公众所相信或认同，究其原因无外乎是官方发布的信息往往为了追求政治立场的正确，强调了事情的性质判断而忽略了内容的“丰满”，缺少因果、过程、细节、当事人、现场等情节内容，易引起公众的猜想或质疑。官方仅从大局考虑，忽视了公众关注，为了避免引发恐慌而有意掩饰真实情况。尤其是“官媒”要注意避免用官话、空话、套话充斥真新闻，导致有“情节”、有“过程”、有“细节”的假新闻泛滥。这就需要官媒改变习惯的管理思维和传统的新闻传播方式。

第三，媒体自律。充分发挥非政府组织的作用，开展媒体自律和自我管理。各地都有“记协”组织，人民代表大会应该以立法的形式授权这些行业组织建立“行规”和职业规范，自查、自纠、自律。建立起对媒体的监督机制和投诉、争议的民事仲裁机制，接受社会监督。

在一些传媒业竞争激烈的国家，记者往往不怕当被告、上法庭，尤其是年轻记者会把当被告作为自己事业发展的契机。记者以被告身份出庭，本身就是业界的新闻，他会当庭据理力争，展现辩才，一旦胜诉或反告成功，可能一夜之间就会成为新闻界的“名记”，从此职场发生转机。但是，最让他们感到畏惧的却是新闻记者俱乐部，在这里一旦被受众投诉，遭到同行们斥责，会名誉扫地，永无翻身之日。严重者不仅是失去名誉，还可能会因为一件小事而丢掉工作，甚至被永远踢出媒体行业。新闻记者俱乐部组织的每年一度的受众调查也会令媒体经营者对受众评价和排名结果感到担忧。

第四，公众教育。培养公众批判性思维，学习辨识技巧。尤其是我国需要加强新闻辨识教育理论和课题的研究，并且作为公众课程普及社会，让大家掌握新闻辨识的方法，提高公众对所关注信息的辨识能力。同时也要重视“网络公民”的法制教育，在虚拟社会空间承担法律行为责任、恪守道德义务，自觉做虚拟社会的守法公民。

制造和传播假新闻是互联网时代世界各国都在面对的一个极具挑战的社会问题，具有高度的不确定性和风险性，关系到社会的稳定、国家的安全。这种现象无论是对政府还是企业，都是极具破坏力的一种新型风险，关系到组织的公信力、品牌、形象与发展，需要纳入现代组织管理的公共关系知识范畴之中。

当前网络中活跃着大量与现实社会息息相关的“网中人”（亦称“大

V”)。一些“网中人”也时常会在虚拟社会中制造网络公共事件，从而对现实社会造成极大的影响和危害。网络公共事件的防范和处置，考验着各类组织领导人的智慧和治理能力。

三、舆情管理的重要性

公共事件发展一般都会有两个阶段：首先就是事件发生期，随后就是事件恢复期。事件刚刚发生的第一阶段，大家关注的是事件的现场，也就是事件威胁度，往往会忽略了不在现场的社会公众认知状态，也就是信息传播度。在第二阶段，大家更多注意的是事件现场的破坏程度，也叫损失认知度，而往往忽略的是公众的心理伤害（包括不好的感觉和认知态度），也叫心理复原度。

所以在面对公共事件发生时，从公共关系管理的角度应该同时注意的是两个阶段四个维度的状态（见图 5－1），主动采取措施，减小损失。这就要求我们在平时注重培养应对公共安全事故、事件发生的四个能力：缩减力（reduction），对不利信息传播的有效控制和缩减能力；预备力（readiness），对减小事件威胁的应对措施的准备能力；反应力（response），对利益相关者反应的关注敏锐度；恢复力（recovery），对公众心理恢复的帮助和引导能力。

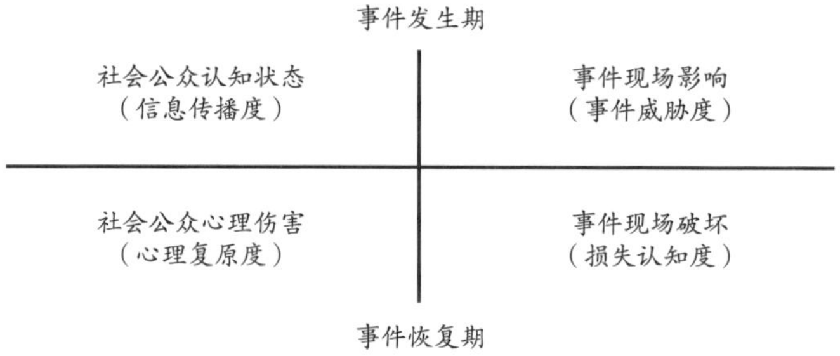

图 5－1　事件影响关系维度图

世界上没有任何国家或组织可以幸免不发生意外事故、事件，尤其是经济发展速度较快、社会处于转型期的国家，会存在更多不确定的公共安全风险。遇到事故或由于灾害、灾难引发的公共危机事件时，公共关系工作该如何开展，现分享我亲身经历的一个案例。

2013 年 4 月 4 日，60 岁的台胞董天群在北京市门头沟区清水尖爬山时走失，家属报案后，北京市门头沟区政府动员了各种救援力量搜寻。然而，14 天的搜寻活动一无所获，救援活动是否还要继续？谁在对救援做出决策？“如果官方总指挥不同意我们撤出，那就得配合，停止救援这种重大决策是作为总指挥的政府说了算。但据以往经验，官方不可能做出这种决定，除非家属让停止搜救。”一位民间救援队的负责人对采访记者说。为了这场搜救，付出的时间、人力、物力等成本，都该由谁承担？尤其是民间救援队都是一些志愿者，长此下去会有更多的实际问题产生。董先生的妻子表示：“救援队很努力，但每个人都有耐力极限，可能最后也就不了了之了，可我是不会放弃搜救的。”几家民间救援队实质上此时已经逐渐脱离了指挥中心的统一调度安排，而是按各自的路线进山搜寻，搜索无果后悄然撤出。

面对这样一件引起社会公众广泛关注的生命拯救活动，面对着救援活动进退两难的局面，我根据自己 13 年国际紧急救援工作的经验回应了记者们的采访，从第三方的角度，以专业的知识和经验提出了停止搜救活动的建议，而且讲明了道理（见报道《民间救援队 14 天搜山成本考量》）。通过媒体传播这样的信息对失踪者家属来说是一种有效的心理引导，让他们逐渐接受现实。同时，也从另外一个角度指出了政府在救援活动中的角色和职能。还有，提出社会保障服务业发展的建议，加快保险业的进步，完善公共安全服务。

民间救援队 14 天搜山成本考量（摘编）

摘自《新京报》 2013 年 04 月 19 日

国际紧急救援专家、北京大学信息科学技术学院高层培训中心公共管理专家委员会主任崔和平认为，现在基本可以停止搜救了。

崔和平指出，野外搜救有一个自然人存活规律，如果人遇险，能够保证呼吸，但没有水和食物的条件下，正常生命存活期最长 7 天。当然也会有生命奇迹存在。

但崔和平同时指出，何时停止搜救需要专家团队来“会诊”，因为家属总抱着一线希望，而政府喊停，易引起公众误解和家属不满。

崔和平指出，每一次搜救，都不能简单地判断是否停止搜救，而应及时成立专家团队，他们了解救援规律，知道救援的代价有多大，如何与家属沟通，何时结束搜救。

崔和平说，政府最大的优势就是手中的权力，是决策保障者。搜救专家在救援过程中需太多资源支持，但他调不动，政府应保障专家最大的需求，实现专家指挥的最佳效果。

政府应该把它不专业的领域放权给社会和市场。崔和平认为，生命拯救涉及很多专业知识，不同生命拯救活动需总结过去经验、专业知识，应让懂的人去指挥。

政府要注意避免非专业决策、避免干扰救援、避免资源耗费、避免风险质变、避免善意的违法。政府要发挥的是五种力量：保障力、协调力、号召力、凝聚力、公信力。

在崔和平看来，北京市红十字会是最合适的组织者，因为在中国，红会不仅是人道救援组织，也有很强的政府背景。

红会从搜救一开始就应该提前介入，包括组织社会救援力量、专家团队、安抚家属等工作。

“我打心眼里敬佩蓝天救援队，但救援者的志愿精神，不能成为社会的保障系统。”崔和平指出，一个完整的社会保障体系，不能靠这样的精神来支持。野外搜救应从过去政府包办、依赖社会力量转变为以新型保险业为支撑。

崔和平指出，野外搜救要走专业化、产业化的模式，就要让保险业和救援机构合作。随着紧急救援保险产品的推出，当你遇险时，会有社会资源来帮助你摆脱困难，保险公司会为此买单。这个观念不仅要政府意识到，民间力量、社会公众也要意识到。

我也借此机会向政府有关部门提出了伤亡事件善后处理的五个原则：主动依法善后原则，严格维护人权原则，秉承国际认同原则，尊重宗教民俗原则，及时公布信息原则。

这个案例再一次看到在一起公共事件中存在着诸多不同的利益相关

者，包含着当事人和家属、政府、社会组织、志愿者、媒体以及关注事件的社会公众之间等错综复杂的公共关系。对于救援活动组织者和政府部门的领导人来说，如何平衡和协调好全局与局部、群体与个体、内部与外部等各方关系，避免矛盾升级为冲突，体现着公共关系管理的思维意识。应注重提高管理能力，以降低公共事件和危害信息传播的影响力和破坏力。管理策略和方法要有针对性，强调有效性。这就要对媒体采访报道并发布事故、事件信息的风险有足够的认识。这类风险大致可分为五类。

风险之一是无法可依，万般无奈。目前我国新闻立法尚未完善，对于媒体或媒体人的行为往往只能由宣传管理部门依据政策或行政规定判断和认定，缺乏法理依据。公众和企业很难准确依法界定媒体行为是否合法，极易引发与记者的矛盾、冲突，也给各级政府造成许多困扰——深陷舆论旋涡中，深感无奈。

风险之二是“蝴蝶效应”，防不胜防。事故、事件信息往往会被广泛地传播和无限地放大，引起轰动效应，甚至小事情被大渲染，搞得舆论沸沸扬扬，其影响力甚至远远大于事故、事件本身。

风险之三是二次传播，人言可畏。媒体报道会引起公众关注，也会被其他媒体纷纷转载，甚至被无数次传播，迅速形成“链式反应”。公共安全事件和消费者维权事件的信息，往往与公众利益紧密相关，更多媒体受自媒体发布的信息或传统媒体报道的影响而纷纷介入采访，持续报道，从不同角度发出观点各异的评论，致使舆论发酵。

风险之四是捕风捉影，搅乱大局。组织常常被不实信息困扰，特别是针对组织领导者个人的一些十分离奇的信息，往往会被迅速传播，一时间真假难辨，让组织和领导者都陷入舆论风波。

风险之五是危急时刻，麻烦多多。有影响力的媒体做出失实报道往往会对组织造成致命的打击，即便采取措施矫正也很难令组织恢复元气。

面对以上这些风险，组织应该如何防范并降低风险呢？该怎样制定公共关系管理方略呢？我们不妨参照以下六种思路。

第一，阳光心态，先入为主。组织遇到事故、事件发生，特别要注意把握好“先声夺人、先入为主”的原则。与其别人说，不如自己说；与其被动说，不如主动说；与其外行说，不如内行说。主动驾驭事故、事件信息发布的主动权，先声夺人。

第二，把握时机，运筹帷幄。时机非常重要，稍纵即逝。在事故、事件发生的过程中，何时说话、怎样说话、说什么话尤为重要，要快速反应，灵活处置。

第三，与媒体建立紧密的关系，持之以恒。组织在平时就要重视与媒体的关系，作为常态工作长期维护新闻联络网。目的是引导更多的媒体关注组织、了解组织、信任组织，这将会有益于组织在发展过程中的宣传工作，这对组织的形象和品牌建立至关重要。

第四，危急时刻，同舟共济。在危机发生时，组织新闻联络网的记者能够在对事故、事件的报道中秉承客观性和真实性的原则，不仅报道事故、事件本身，还会介绍组织的背景，做出全面分析和客观评论。同时，记者们还会给予组织许多积极的建议、帮助和协调。不要把记者仅作为信息的采集者和传播者，他们往往也是重大事故、事件救援、善后处理工作过程中的宝贵资源和不可或缺的重要力量，要充分发挥媒体的作用。

第五，避免扩大事态，影响和误导公众舆论。当组织遇到重大舆情事件时，新闻联络网的记者们出于长期以来对组织的了解和熟悉，往往能够发出不同的声音，这对借机炒作、恶意诋毁、制造恐慌、离间组织与社会关系的蛊惑性信息能够起到十分有效的遏制作用。新闻传播学有一个理论，当一个事件发生，公众听到的如果仅是一种声音，即便是谬误也会被普遍认同。如果出现两个或以上不同的声音，公众的认同状态将会被分散，舆论将会被稀释。因此“两面理”的策略在此时显得十分重要。

第六，严格管理，防患未然。组织在实施媒体管理的过程中也要警惕和防范个别居心叵测的媒体或媒体人另有企图的行为。毕竟在世界各国，传媒业都是一个非常复杂的行业，会出现利益代言人、行为代理人、窃取组织情报、谋求媒体或个人利益等现象。这就需要制定出符合法律规定、具有针对性的组织管理制度和工作策略。

比较一下传统媒体时代和新媒体时代的差异，我们不难看到现在的媒体管理更具有挑战性。在传统媒体时代（电视、广播、杂志、报纸），受众相互之间没有联系，独立事件的社会影响范围有限。我传播什么，你就接受什么，受众没有选择。话题由媒体设置，受众被动地被媒体牵着鼻子走。

随着互联网和移动通信技术的发展形成了新媒体时代，传统的媒体与受众关系格局完全被打破。即便身在异地、互不相识的人们也能够因对同一信息的关注而互相联系起来，相互发声，相互作用，相互影响，并且在广阔的信息广场里选择或发出自己所感兴趣的信息并寻觅“知音”。公众在自媒体日益强大的今天，不仅是信息受众，也是信息采集者和发布者。受众由被动变为主动，公众可以自己设置话题。真正意义的“全民记者”时代已经形成。因此也导致当前信息管理工作的四个不可控，即新闻源头不可控、传播速度不可控、内容分散不可控和舆论易放大不可控。这是世界各国政府共同面对临社会治理挑战，也是符合“蝴蝶效应”理论规律的。由此可以认识到，信息化技术的发展改变了社会环境，如果仍然以传统媒体时代的思维凭借主观意志试图有效控制媒体信息传播，那就仅仅是自己的愿望而已，并不一定能够变为现实，取得预期效果。

转变思维方式，通过多种形式有效沟通才是建立组织与媒体关系的平衡方法。研究有效的沟通方法首先要认识互联网时代信息传播的特征：全球性——跨越疆界，信息世界传播；动态性——时时更新，信息瞬息万变；互动性——相互作用，信息跨越时空；快捷性——瞬间传播，信息一鸣惊人；多元性——图文并茂，信息视听刺激；虚拟性——人以群分，信息网络空间；欺骗性——虚实并存，信息真假难辨；导向性——先声夺人，信息人云亦云；风险性——无拘无束，信息为所欲为；开放性——披露隐私，信息阳光效应。

通过以上十个特征不难看出网络信息传播与传统媒体信息传播的差异，前者信息传播的影响力更大、作用力更强。这是一把双刃剑：消极的负面信息传播时，其影响可能会转变为强大的破坏力；积极的正面信息传播时，其影响也可能会变成超乎寻常的公信力。这是公共关系管理学的辩证认识。

下面我们通过中国互联网络信息中心 2021 年 2 月发布的网民职业结构，分析网络信息所影响的公众类型，以便更加有针对性地制定公共关系管理策略。

截至 2020 年 12 月，按照职业划分，网民占比依次是：学生 21%；无业、下岗、失业人员 2.7%；个体户、自由职业者 16.9%；农村外出务工人员 12.7%；企业一般人员 7.8%；企业中层管理人员 2.5%；企业高层管理人员 0.7%；制造生产型企业人员 3.9%；农林牧渔业劳动者 8.0%；商业服务业人员 6.3%；专业技术人员 8.2%；退休人员 6.5%；党政机关、事业单位一般工作人员 2.3%；党政机关、事业单位领导干部 0.4%；其他人员 0.1%。数据表明，在中国网民群体中，学生人数最多，其次是个体户和自由职业者，再次是农村外出务工人员。人数占比最少的是党政机关、事业单位的领导干部。这一组调查统计数据的意义在于对受众群体的职业分析，有助于分析不同内容的信息会对哪些不同社会群体产生较多地关注，而这部分关注信息并受影响的网民对全局所能够产生怎样的影响和作用。舆情分析应该是组织公共关系管理工作的常态内容和职责技能。随着科技的发展，各种大数据分析技术已经实现了高度的人工智能化。实施采集、自动分析、量化统计、风险评估已经十分成熟，有着极大的应用价值和推广空间。

四、宣传工作的常态化管理

从某种意义上看，在信息化时代舆论决定成功与失败不无道理。要适应信息化、网络化的新形势，改进组织的宣传工作方式，提高舆论引导能力，扩大话语权，这些已经成为现代组织管理的新课题。

（一）组建新闻联络网

传统媒体：电视、广播、期刊、报纸、户外广告等。

新媒体：网络传媒、移动通信平台、线上视听、电商广告等。

收集有影响力的媒体机构信息，梳理出对组织发展有用的媒体资源，包括国家级媒体、地方级媒体、行业媒体。向这些媒体主动示好，经常邀请他们出席组织举办的“新闻联谊会”，主动介绍，表达善意，建立新闻联络网。定期或不定期举办媒体开放日，邀请记者们到组织做客，采访感兴趣的人物，召开座谈会等。

按内容分类，媒体大致可以划分为三类即时政类媒体、文化类媒体，专业类媒体，不过当前媒体融合发展使得媒体内容边际越来越模糊。

根据新闻联络网成员各自的分类，设计不同的记者联系方式、活动内容、差别化内容、主题策划、通稿内容、广告计划等。注意尽量满足不同媒体的需求，向媒体提供的信息要形式多样、内容丰富，以适合不同媒体受众的需求。

常用的信息发布形式包括通讯员发稿、新闻发布会、接受专访、第三方发布、动态信息通稿发布等。

（二）寻觅舆论领袖

“舆论领袖”是美国大众传播学者拉扎斯菲尔德（Paul Lazarsfeld）教授于20世纪40年代提出的概念。他说：“舆论领袖是影响民意的一股重要力量，能够左右舆论的发展方向。”今天我们尝试发展一下这个理论。在互联网时代影响一位“舆论领袖”就等于影响了几万、几十万甚至更多网民的舆论倾向。

“舆论领袖”是一个中性词，他既可以是积极的正面舆论的引导者，也可能是消极的负面舆论的引导者。舆论领袖往往具备以下特质：一是在社会上或某一领域有较大影响力的人物；二是具有专业知识、经验和分析判断能力的专家；三是公众形象较好，有一定知名度和影响力的社会人士；四是虽然与事件不相关，却有话语权的人。当然，有时还会有另一类舆论领袖，就是事件当事人、重要目击者或利益相关人。

发挥舆论领袖的作用就是用少数人的声音去影响多数人的认知和判断，用客观、真实、公正的信息和观点去影响社会公众的立场，以营造健康的舆论环境。

平时，组织的公共关系工作之一就是注意寻觅和结识前一类舆论领袖的适当人选，并与其加强了解。事故、事件发生时，能够请他们及时以第三方身份发出声音，影响公众舆论。同时，在事故、事件发生时，要能够及时、敏锐地发现现场的亲历者、目击者、受益人，并注意甄选出合适的人选，让他们有机会对媒体发出现场第三方声音。

总之，通过我们的主动工作，用舆论领袖的影响力引导舆论，抵消消极舆论的影响是一种十分有效的沟通方法。

（三）宣传策划四步骤

千万记住，任何宣传工作切不可作假，不能够编造或杜撰虚假信息，更不能欺骗大众，否则一定会自食恶果，一旦“翻船”很难逆转。宣传工作要精心策划，宣传策划一般可以考虑分四步进行。

第一步，舆情监测。组织要建立起常态的舆情监测制度，尤其是公共事件发生后更要实时对各类媒体、网络舆情的信息进行检索，密切关注媒体关注的焦点和公众热议的话题。

第二步，调查分析。对与组织相关的重要信息、舆情及时做出调查分析，特别注意舆论倾向和受影响的人群范围。查明信息发布源并分析舆论倾向；确认传播载体并评估影响范围；分析受众群体的特征；预测舆情持续时间和未来趋势；进行舆情效果分析和风险评估。

第三步，方案策划。工作重点在于设计主题和选择角度。提出问题、论题。必须明确选题目的，不能只是相关人员关在会议室里脑力激荡想问题，而是要接触相关人从中发现问题，精心设计选题。选择角度、分析。经过调研、分析，准确选择与媒体和公众关注相一致的宣传角度。提出和论证方案。最好做出两个以上的宣传策划方案，比较和论证后，选择最佳方案。

第四步，计划实施。工作重点在于评估实施策略和效果，开展有效的宣传和舆论引导活动。准备实施方案策略，调配资源和组织行动团队，活动效果监测、评估，总结经验。

选择新闻事件的报道角度十分重要，同一新闻事件由于报道角度不同，效果相差甚大。例如，2017 年 6 月 26 日，“复兴号”率先在北京南站和上海虹桥站双向首发。2017 年 9 月 21 日起，七对“复兴号”动车组在京沪高铁率先按时速 350 公里开始商业运营，京沪两地运行时间压缩至 4.5 小时左右。这是继 2011 年 7 月 23 日 20 时 30 分 05 秒，甬温线浙江省温州市境内，由北京南站开往福州站的 D301 次列车与杭州站开往福州南站的 D3115 次列车发生动车组列车追尾事故后，全国高铁降速后的重新提速。全国各大媒体集中对这次新闻事件进行了报道。在新闻报道中“凝心聚力共创新、实现民族复兴梦”“为世界高速铁路商业运营树立了新标杆”“中国高速铁路运输效率世界第一”等令人激动不已的新闻标题铺天盖地。报道内容主要包括投入运营的动车组已有2 470组、每天开行动车组列车4 270多列、安全运营里程超过37. 4亿公里、高速动车组已累计运送旅客60多亿人次、互联网售票已超过60%等成就。应该说，这些都是新闻价值点，但是却没有足够重视另一个似乎更重要的新闻视角——重新提速后的高铁运营安全性。毕竟6年前震惊世界的“7・23”动车追尾事件还在令人们后怕。

所以，如果能设计出更好的宣传策划方案，同样可以取得更佳的宣传效果。

还有一个问题需要特别注意，就是在宣传成就、成绩、成果时，一定要注意遵循实事求是、客观真实。忌说大话、满话，不轻言领先、第一、引领，宣传定调要留有余地。

一些组织的规模比较小或缺少专业的人才，对于实现上述专业化的管理可能存在实际困难，也可以考虑借助外部资源，购买相关专业服务。购买服务的好处是可以在多家服务供应商中比较，可以随时替换，可以提出服务要求和条件，可以讨价还价控制成本。欧美企业往往就比较喜欢聘请专业的公共关系公司、顾问公司、咨询公司，其比组织内部小而全的做法更加节约成本，提高效率，确保专业化水平。中国的一些组织机构喜欢事必躬亲，更愿意招揽人才建立自己的职能工作部门，关起门来内部运作，不太情愿让外部人员过多介入内部事务。两者比较各有优劣，没有绝对的正确和错误，可以根据实际情况做出选择。

五、公共事件的信息发布

公共事件发生时，不仅要对信息实施有效的管理，还应努力引导媒体成为公共事件危机的抵御力量。媒体是抵御危机的重要资源之一，是与公众沟通的渠道，是体现组织管理力的裁判员和二次传播者。

中共中央办公厅、国务院办公厅于2016年2月17日发出《关于全面推进政务公开工作的意见》，特别指出加强突发事件、公共安全、重大疫情等信息发布，负责处置的地方和部门是信息发布第一责任人，要快速反应、及时发声，根据处置进展动态发布信息。

公共安全事故、事件发生时，建议由政府牵头组织“联合新闻发布会”，从而营造“两面理”的信息对称局面，减少被误导信息和恶意谣言的传播，把握好舆论引导的主导权。面对记者提出的问题，该谁回答就由谁回答，政府不要包揽一切，避免成为事故、事件信息发布会的“受审者”。

面对事故、事件的发生，政府的立场十分重要，特别是不应预设倾向性立场。政府的角色是事故调查、监督检查、依法执政。涉及事故原因、过程和矛盾纠纷的具体问题，应该由利益相关人各自面对记者采访。与其任凭一些受害者在网络上表达诉求，不如搭建一个公平的信息发布平台，让他们直面媒体。把不可控关系转变为可控、可协调的关系，把情绪化宣泄转变为理性、负责的行为。让各利益相关方都树立信息传播的责任意识，从而实现风险分散、责任分担。

中央要求遇有重大突发事件、重要社会关切等，主要负责人要带头接受媒体采访，表明立场、态度，发出权威声音，当好“第一新闻发言人”。这是一个非常重要的制度转变。各级政府从以前发生舆情后不敢说、不愿说、不屑说、不及时说，转变为制度要求你必须去说。今后发生任何事故、事件，引起公众关注、媒体聚焦时，要注意按照中央新的要求努力做到以下五点。

第一，时间要求。第一时间发声，把握好公共事件信息传播的“黄金4小时”，制度要求半天之内必须做出回应，24小时内应召开新闻发布会。根据以往的经验，一起涉及公共安全的事故、事件发生后用不了半天，网络和媒体就会广为传播报道，所以公共安全事故、事件信息传播的“黄金4小时”是关键的时间节点，一定要把握好。

第二，谁来说话。根据谁主管谁负责原则、属地原则、分级原则，涉事责任部门是第一责任主体，涉事责任部门的领导是第一新闻发言人。过去发生公共事件不允许属地分管行政部门和责任企业擅自对媒体发布信息，而要求报告上一级主管部门决策，甚至面对重大事件发生，一级一级地逐级请示，把宝贵的第一时间浪费掉，并且最终会由不在现场的上级部门对外发布信息，非常被动。新制度要求涉事责任部门的领导作为第一新闻发言人，一方面是为把握舆论主导权，及时发声，另一方面因其对事件现场情况掌握得及时、准确、丰富，可以满足记者们采访的需求。

第三，回应实效。形成发布、解读、回应相衔接的配套工作格局，加强信息含量。回应内容应围绕舆论关注的焦点、热点和关键问题，实事求是、言之有据、有的放矢，避免自说自话，力求表达准确、亲切、自然。新制度相比过去，做法有很大改变，最重要的是以科学的态度对媒体公布信息，做到有实质性内容，有细节描述，客观公正的立场和动之以情、晓之以理的表现。

第四，自主空间。改变“没稿不发言”“只讲官话套话”的习惯，宽容失误。以往各地在公布重大公共安全事故、事件信息时，发言人习惯以做报告的形式照本宣科，有时通篇多是“穿衣戴帽”的官话、套话和废话，内容显得空洞乏味。而且发言人在主席台前面对记者宣读新闻发布稿时，即便是发生群死群伤重大事件也面无表情，给人以形式呆板、官僚气息浓厚的感觉。新制度要求一改文风，鼓励即席发言、脱稿发言、动之以情、晓之以理，并且宽容发言失误。

无论是政府还是企业领导人，在面对群死群伤事件时，应该融入更多感情色彩，犹如自己的亲人遇到伤害。在媒体面前的感情流露，会使记者们产生认同感和更多的理解。激动、泪水、自责、“情绪失控”、勇于担当的表现都会被记者用镜头记录和传播，最终会影响社会公众，有助于塑造良好的组织和领导者形象。

第五，硬性指标。各地区各部门要将政务舆情回应情况作为政务公开的重要内容纳入考核体系，尤其是大型国有企业应加强完善这方面的考核制度。领导干部的考核从此加入了新的内容，对舆情引导能力提出了较高的要求。因此，公共关系活动中，媒体沟通与舆情引导成为各级领导干部的一门必修课和新的工作技能。

中央近年来对事故、事件发生所建立的舆情引导新制度、新要求都是在很多重大公共事件的惨痛教训中总结和积累的宝贵经验，使得相关制度日臻成熟，管理更加完善。

六、新闻发布会的组织策划

新闻发布会是在发生重大或具有影响的事故、事件时，向新闻界发布信息的活动，以借助媒体传播力和影响力推动组织或与之密切相关的信息可以迅速向社会传播。由于对外发布的信息都是面向社会公开且不可逆转的，因此新闻发布活动的组织需要精心策划和缜密准备，与之相关的一切工作都属于组织的公共关系活动范畴。

近年来，我国曾经发生过的两起特别重大的企业安全生产事故，一起是2014年发生在江苏省昆山市的企业爆炸事故，另一起是2015年发生在天津市滨海新区的企业火灾爆炸事故。两起事件的性质、事故属性、社会影响雷同，都引起了国内外媒体的高度关注和公众网络舆情的热议。两起事故发生后，舆情管理工作的缺失又具有雷同点，因此特别具有共性研究价值。

首先简要回顾一下两起事故的背景情况。

2014年8月2日7时35分许，位于江苏省昆山市昆山经济技术开发区的昆山中荣金属制品有限公司抛光二车间发生爆炸事故（简称昆山“8·2”事件）。事故造成146人死亡，91人受伤，直接经济损失3.51亿元。

2015年8月12日23时30分左右，位于天津市滨海新区天津港的瑞海公司危险品仓库发生火灾爆炸事故（简称天津“8·12”事件）。本次事故中，爆炸总能量约为450吨TNT爆炸当量，造成165人遇难（参与救援处置的公安现役消防人员24人、天津港消防人员75人、公安民警11人，事故企业及周边企业员工和居民55人），8人失踪（天津消防人员5人，周边企业员工、天津港消防人员家属3人），798人受伤（重症伤员58人，轻伤员740人），304幢建筑物、12 428辆商品汽车、7 533个集装箱受损，直接经济损失68.66亿元。

两起事件在信息发布、社会反应、负面影响等方面具有很多相同的特征。本人结合这两起典型案例，就企业发生重大事故对外发布信息梳理出一些常见的问题，希望引起各方重视，总结经验教训，不断完善改进。

（一）常见的事故、事件新闻发布会的“十种缺失”

1. 草率判断事故原因和性质。昆山“8·2”事件首次发布会上，时任市长对媒体宣布中荣金属制品有限公司发生的生产车间爆炸事故是“铝粉尘爆炸”，这一宣布缺少调查依据，在没有调查结果的第一次新闻发布会上草率认定事故原因，风险很大。

天津“8·12”事件首次新闻发布会答记者问时，天津市环保局局长关于“事故对环境不会产生影响”的回答显然缺乏依据，首次新闻发布会做出这样的回答具有明显的个人主观认识和草率判断的色彩。

事故发生后，发言人有时会根据碎片化的信息、事故现场的观察、个人的经验、主观的判断草率对外发布可能的事故原因，这是非常不专业的做法。他们会循着两种思路对事故做出性质判断，一是意外事故，二是责任事故。通常却忽略了第三种可能，那就是人为的破坏事故。在调查工作还没有展开，调查结论还没有形成的首次新闻发布会上，切记不要草率判断事故原因和性质。如果过早发布这类信息，一旦与随后的调查证据和结果相悖，就很难再收回之前发布的信息，甚至由于错误地发布了信息而导致舆论被误导，人们会产生误解，严重影响公信力。

2. 信息发布反应迟钝。天津“8·12”事件是午夜时分发生的事故，不出半小时，爆炸现场和周边地区的照片、视频、文字信息已经越来越多地出现在网络上，瞬间打破了深夜的宁静。第二天凌晨，已经有大批中外记者陆续云集滨海新区采访，境外媒体的报道引起了世界关注，尤其是京津冀毗邻地区的社会公众通过网络，获得许多说法各异的信息，迫切希望听到官方的声音，然而此时，中国大陆的官方媒体一片沉默。迟至13日下午，距事故发生已经十几个小时，滨海新区政府才对中外媒体记者召开首次新闻发布会。

昆山“8·2”事件也是把新闻发布会的时间一拖再拖，直至事故发生8个多小时后才举行了短短15分钟的首场政府新闻发布会。

重大事件发生时，官方迟迟不出声，究其原因，无外乎就是衡量谁来说话？怎么说？说什么？新闻发布稿怎么写？谁来写？写什么？由于平时没有授权，事故发生时必须逐级层层请示，等候上级的决策和指示，一来二去，宝贵的时间就这样流失掉了。还有一些领导干部对发生的公共事件不敢从容面对，发生舆情后，一切都要听候上级指示，上级让说什么就说什么，明知存在问题也不敢逾越雷池一步。

两起事件发生后的深刻教训促使中央提出新的要求，“对涉及本地区本部门的重要政务舆情、媒体关切、突发事件等热点问题，要按程序及时发布权威信息，讲清事实真相、政策措施以及处置结果等，认真回应关切。依法依规明确回应主体，落实责任，确保在应对重大突发事件及社会热点事件时不失声、不缺位”，并且规定“对涉及特别重大、重大突发事件的政务舆情，要快速反应、及时发声，最迟应在24小时内举行新闻发布会。对其他政务舆情应在48小时内予以回应，并根据工作进展情况，持续发布权威信息”。为此，各地政府根据当地具体情况又制定了实施细则。从地方领导干部不敢说、不愿说、不屑说、不及时说，到制度要求你必须说，这是非常重要的制度改变。

还有另一种情况就是领导干部认为官方对外发布事故情况信息一定要准确、完整、全面，要负责任。这是一种非常不现实的认识误区。任何事故、事件发生的第一时间信息都是不对称的，决不能为了追求信息准确、完整、全面而忽略了时间的重要性。准确、完整、全面的信息只有当救援活动展开，调查工作才会随之展开，需要时间才能逐步采集获取，因而产生了信息准确、完整、全面与时间的矛盾关系。面对突发事故、事件的信息发布原则应该是知道多少先说多少，不定性，不定论，得到新的信息及时矫正上次发布的不准确信息，逐步获取越来越多的信息补充原来发布的不够详细、不够完整的内容。反之，重大事件发生后迟迟听不到官方的声音，即便不是主观的原因，也会被误认为是有意封锁消息，故意掩盖或隐瞒事实真相，批评声和叫骂声可能会不绝于耳。在信息准确和发布及时的关系上，时间第一是原则。

但是，在上述原则下也会有一些特殊情况。过去十几年的国际救援工作经验表明，在重大突发事件中对公众的信息披露是必须要及时，但发布信息的时机取决于对生命抢救活动最有利或最少干扰的时刻。同时还要考虑东西方的时差因素。有时善意的暂时沉默也是对紧急救援工作的最好支持与保障，这是完全符合人权道义的，相信也是能够被公众所理解的。在新闻发布策划中要充分考虑这些。请参阅第四章案例：联合国第四次世界妇女大会。

3. 信息准备欠缺，面对记者提问被动。事故、事件的新闻发布会通常由两个重要的阶段组成。第一个阶段是信息发布，主要是由发言人向媒体记者介绍情况。第二个阶段是答记者问，这一阶段对新闻发言人来说是最具挑战性的。尤其是众多中外媒体记者的群访环节，每一位记者都想争取到提问的机会，并且从各自媒体关切的角度提出形形色色的问题。这对发言人来说是敏锐理解、快速反应、情绪控制、理性面对等多方面综合能力和素质的严峻考验。天津“8·12”事件首次发布会的几位在座的发言人，显然会前准备不足。这里说的主要是两个方面的准备，一个是心理准备，另一个是信息准备。在记者们一个个具体而又犀利的问题面前，不是答非所问，就是一问三不知，导致现场发生混乱。答记者问阶段仅仅进行了不到一分钟就被迫中断了现场电视转播信号，造成不良的社会影响。

4. 不给记者提问机会。昆山“8·2”事件的前两次新闻发布会时长都是15分钟，市长介绍完情况立即宣布散会，不给记者们提问的时间。事故刚刚发生，发言人掌握的信息也不充足，这是事实。面对记者们无所不问，与其一问三不知，不如不给他们提问的时间，这看起来也是个不错的办法。可是如果我们熟悉记者们的职业特点后就会明白，这样的做法往往会弄巧成拙，可能还会把记者们推到对立的立场。一位敬业的媒体记者绝不会因为你不给他提问和采访的机会，就会轻易放弃自己的问题和思考。他们会到事故现场，哪里人多就出现在哪里，哪里危险哪里就有他们的身影，他们要千方百计寻觅更多的信息线索和问题的答案。在事故现场他们混杂在围观的群众中，脸上不写字，身上不挂牌，很难分辨出谁是谁，给有关部门加大了管理难度。在这种情况下即便是来自现场围观群众的各种闲言碎语或支离破碎的小道消息也会令记者们感到兴奋，他们如获至宝，采集并快速传播。记者的印象、分析、判断、立场、观点、评论受误导信息影响很大，再经媒体传播则会贻害无穷。不在现场的社会公众一时间被真假难辨的信息迷惑，从而极容易产生错误的印象和判断，致使负面舆情广为扩散，导致事态扩大。

等看到被误导的舆情被媒体传播而产生的负面影响时，有关部门再去召开新闻发布会澄清和说明、试图纠正错误的信息已经为时过晚，毫无意义了。因为，大众传播学得出这样的规律，公众一旦接受了信息并已形成印象，再去改变或纠正基本是徒劳的。因此我们要认识到，新闻发布会不给记者提问的机会是非专业的做法，这主要源于缺乏自信心和缺乏专业操守能力。

这里介绍我的一点经验，供读者参考借鉴。我们应该认识到要想争取舆论，首先要学会善待记者，尊重记者的采访权，尽可能给他们提供充分的采访机会。面对记者的提问要有自信心，采访过程无外乎可能出现四种情况。其一，记者提出的问题，我了解，那我就回答他，满足记者的信息需求。其二，记着提的问题我也想到了，不过还没有可答复的内容或信息，那就如实告诉他："您提的问题我也在关注，您也清楚事故刚刚发生，信息严重不足。随着调查工作的展开，一旦获取了这方面的信息我会第一时间发布。谢谢您!"其三，记者的问题出乎意料，我没有想到。"我非常感谢您所提出的问题，您提醒了我要关注这方面的信息。一旦有了这方面的消息我会立即告诉您，好吗？非常感谢您的提醒!"其四，记者的提问偏离了主题。发言人可以坦率地做出提醒："记者朋友，您的问题偏离了本次发布会的主题，也超出了我的授权，请您向其他有关部门了解更加详细和准确的信息。请您谅解，谢谢!"知之为知之，不知为不知，是知也。当记者追问事故原因时，可以婉转地告诉他："正如您所知，事故刚刚发生，调查工作会迅速展开，我会随时向大家通报调查进展情况和结果，请您相信我!"相信在这样的场合，记者不会因此而再胡搅蛮缠，反而觉得你是一个很好沟通且坦诚、友善的发言人。

我的经验是与其别人说，不如自己说；与其被动说，不如主动说；与其外行说，不如内行说；主动驾驭信息传播的主导权，绝不放弃话语权。但是也要做到有理、有力、有节，把握好信息发布的尺度。

5. 领导没有勇于担当责任的表现。无论是昆山"8·2"事件还是天津"8·12"事件，两起特别重大的企业事故造成了重大灾害损失和特别恶劣的社会影响。群死群伤的后果无不令人感到痛心，多少年轻的生命因此陨落，多少幸福的家庭从此而破碎！然而两次发布会当地发言人面对媒体的态度却表情淡漠，且缺乏勇于担当责任的表现。

2003 年春节前夕的非典疫情和 2008 年的山西省襄汾县新塔矿业有限公司新塔矿区重大溃坝事故，由于处理不当，时任北京市市长和山西省省长的孟学农同志勇于担当责任，两次主动引咎辞职，赢得国内外媒体和公众的普遍好评，很快平息了事件引起的媒体不满和批判情绪！

人们都很清楚，两起事件并非孟学农同志的个人行为或职责所导致的，但是他体现出在特别重大事件发生后主要领导干部勇于对社会、对人民担当责任的姿态，这是一位政治家最基本的素质。与其事后被问责，不如勇于主动担当责任，这在媒体面前是经得起曝光的形象。

领导干部应该转变执政作风，不能事故发生后，面对媒体记者只强调要对下级斥责和追责，而忽略了自身的检讨和主动担当。

6. 不能主动公布事件背景情况。重大事故、事件发生后，通过新闻发布会应主动向媒体介绍相关背景情况。然而，面对记者们有关涉事单位性质、资质核准、股权结构、股东情况、资本来源、管理者个人情况等企业背景的提问时，发言人往往不会正面回答。

根据《中华人民共和国政府信息公开条例》规定，除条例第十四条、第十五条、第十六条规定的政府信息外，其他信息都应当公开，尤其是政府实施行政管理所掌握的企业非密信息一般都应公开。无论出于什么原因，新闻发言人针对记者关于事故单位背景信息的问题不予正面回答，会被认为是有意遮掩，而富有想象力的记者们也会做出种种的揣测和分析，最终使政府深陷舆论旋涡。

7. 不主动公布受控制人姓名和具体情况。重大事故发生，会造成重大损失和伤害，警方往往会依法对涉事单位负责人采取强制措施。事故发生在企业，记者们会提出许多涉及企业生产、经营、资本、工人、设备、管理、安全、环境、制度、措施等细节的问题，而这些问题往往是政府新闻发言人或领导人无从作答的，而且也不应该由政府回应这类问题。

与其控制涉事单位负责人，不如允许和安排他们有机会直面记者，回答本应由他们回答的问题。企业意外事故的发生有时往往由于政府角色错位，加之不善于主动对媒体介绍受控制人的姓名和背景情况，会让人感觉政府在有意掩盖什么，因而转变成媒体对政府的质疑，导致事故责任关系发生改变。要把责任从法理角度区别开来，哪些责任是构成事故发生的法律行为责任，而哪些是导致事故发生的管理责任，二者有着本质的区别，不可混为一谈。

8. 不会善用和借助第三方声音。有些事故、事件的新闻发布会，新闻发言人往往不善于借助第三方出声。尤其是对事故的分析、破坏力、影响力等方面的话题，即便发言人恪守真实、中立原则，也会被记者们认为自话自说，推卸责任。

如果能够邀请有话语权但是没有直接利益关系的专业人士出声，往往可信度会增强，从而达到客观、公正、负责、实事求是对社会披露信息的预期效果。

例如，昆山“8·2”事件首次新闻发布会上如果能够有一位专家以非常专业的视角分析可能的爆炸原因，再用科普语言向记者们介绍铝粉尘物质特征，这种物质在怎样的浓度、密度、温度、环境、条件下会引发爆炸，而爆炸威力又会如何，其发布效果又会怎样呢？

这些问题都不是一位政府新闻发言人和政府领导人在发布会现场能够立即回答的，因此善于借助第三方发声至关重要。

9. 官话套话文风严重。重大事故发生后的一些新闻发布会上，一些发言人和领导人习惯只讲官话、套话，“穿衣戴帽”的发言稿显得空洞乏味，缺少具体内容。这会让记者们感觉发言人是在“做报告”，令人感到厌恶。

针对这种现象，中央要求形成发布、解读、回应相衔接的配套工作格局，加强信息含量。回应内容应围绕舆论关注的焦点、热点和关键问题，实事求是、言之有据、有的放矢，避免自说自话，力求表达准确、亲切、自然。

10. 不善即席发言，照本宣科，形式呆板。重大事故、事件新闻发布会上，几乎所有的发言人或领导人都是没稿不发言。

昆山“8·2”事件和天津“8·12”事件两起事件的新闻发布会的第一个环节都是发言人坐在主席台上念新闻发布稿，给记者们留下了非常冷漠的印象。

在这种情况下，新闻发言人和领导人发布事故信息要学会“腹稿发言”“即席发言”。而且还要怀着浓厚的感情色彩，善用肢体语言表达情绪，站立在记者和镜头前。首先是向遇难者表达哀悼之情，再就是对伤员和遇难者家属表达真诚关怀和慰问，动之以情，晓之以理、以情表意。要表现出如同是自己亲人遭遇不幸的那种心情，以感染在场的记者们，面对记者就是面对公众。这样会拉近与记者的距离，建立融洽的沟通氛围，这些都为下面进行的答记者问环节做好环境的营造准备，也展示了领导干部亲民和人性化的正面形象，减少对立情绪。

当然，在这种场合下，发言人之所以照本宣科也是有原因的，可能担心对媒体宣布重大事故信息时说错话。中央在新的制度下也考虑到了这方面的因素，在这种特定情况下宽容失误，不追究责任。

沉默是最大的败笔。我们常常看到一些领导干部在面对突发公共事故、事件时，不能主动、及时对媒体发声，接受媒体采访、对社会公布信息，而是采取沉默的态度。

今天我们处在两种社会形态环境中，一种是现实社会，另一种是虚拟社会。现实社会一个风吹草动，虚拟社会就会做出极为敏锐的反应。而虚拟社会形成的强大社会舆情对现实社会则会产生直接的作用和影响。两种社会形态相辅相成、相互作用、相互影响。有时虚拟社会所形成的影响力和破坏力往往超过现实社会所发生的事故、事件所造成的损失。

尤其是社会公共事件的发生，人们关注度极高，从自媒体上获得信息时最迫切的就是希望听到官方的声音。然而，有时一些地区的各级政府部门面对突发公共事件仍然表现欠佳，不能满足公众对信息的需求，从而招致批评。即便是一起非政府行为导致的偶发事故、事件也可能会被卷入舆论旋涡，转变成为社会事件、政治事件乃至国际事件。

在公共事件发生时政府不能及时发声绝非个例，为此 2016 年中共中央办公厅、国务院办公厅在《关于全面推进政务公开工作的意见》中提出改进舆情引导工作，要求“加强突发事件、公共安全、重大疫情等信息发布，负责处置的地方和部门是信息发布第一责任人，要快速反应、及时发声，根据处置进展动态发布信息”，“特别是遇有重大突发事件、重要社会关切等，主要负责人要带头接受媒体采访，表明立场态度，发出权威声音，当好‘第一新闻发言人’”。从不敢说、不愿说、不屑说、不及时说，变为制度要求必须说。

德国传播学者伊丽莎白·诺尔–诺依曼在“沉默的螺旋”理论中形象地表述了当事一方的沉默造成另一方意见的增势，如此循环往复，便形成一方的声音越来越强大，另一方越来越沉默下去的螺旋发展态势。

公共事件发生时，负有社会管理责任的政府能否不失声、不缺位是检验其社会治理能力和社会公信力的重要指标。

以上分析揭示了一个原理，沉默会令社会公众认为你不光明磊落，导致公信缺失；沉默会导致除少数的直接利益诉求人外，多数的无直接利益公众会关注、参与事件；沉默还会被内外别有用心的人利用，将原本的利益诉求引导为政治诉求，制造社会政治事件。运用公共关系学的沟通原理，经过努力，有时不利舆情也是可逆的，精诚所至，金石为开。

（二）事故、事件新闻发布的制度要求和指导原则

根据中央要求，对涉及本地区本部门的重要政务舆情、媒体关切、突发事件等热点问题，要按程序及时发布权威信息，讲清事实真相、政策措施以及处置结果等，认真回应关切。依法依规明确回应主体，落实责任，确保在应对重大突发事件及社会热点事件时不失声、不缺位。

涉及地方的政务舆情，按照“属地管理、分级负责、谁主管谁负责”的原则进行回应，涉事责任部门是第一责任主体。

对政府及其部门重大政策措施存在误解误读的、涉及公众切身利益且产生较大影响的、涉及民生领域严重冲击社会道德底线的、涉及突发事件处置和自然灾害应对的、上级政府要求下级政府主动回应的政务舆情等，各地区各部门需重点回应。

对涉及特别重大、重大突发事件的政务舆情，要快速反应、及时发声，最迟应在24小时内举行新闻发布会。对其他政务舆情应在48小时内予以回应，并根据工作进展情况，持续发布权威信息。

通过召开新闻发布会或吹风会进行回应的，相关部门负责人或新闻发言人应当出席。对出面回应的政府工作人员，要给予一定的自主空间，宽容失误。

强化政策解读，各地区各部门要按照“谁起草、谁解读”的原则，做

好政策解读工作。有关职能部门主要负责人是“第一解读人和责任人”，要敢于担当，通过发表讲话、撰写文章、接受访谈、参加发布会等多种方式，带头解读政策，传递权威信息。对一些专业性较强的政策，进行形象化、通俗化解读，多举实例，多讲故事。

（三）怎样准备发布会

1. 记者接待。要善待记者，切不可掉以轻心。记者的采访接待工作是一项十分重要、细致的工作。如果我们能够在各地蜂拥而至的中外记者登记和签到时就了解他们的困难而主动给予帮助，会十分有效地拉近与记者的关系。记者们最常见的困难是人生地不熟、缺少交通工具、语言障碍、健康欠佳、御寒防雨衣物不足等，特别是饮食习惯不同。如果这时我们能够及时帮助他们解决问题，换来的一定是记者对你的尊重和感激。提供了食、宿、行、语言、计划、协调、医疗、防护（服装、雨具、棉衣）、证件以及媒体联络员等周到的接待和安排给记者后，试想他会怎样报道这次事件呢？也许他会选择一个更加客观、公正的角度报道；也许他会在危机事件中评价你的应对措施和有效控制灾害的能力；也许他会选择有利于你的角度对事情做出积极报道；至少他不会为了一己私利去中伤你。这样的结果，谁是最大的受益者呢？

相反，如果抵触、回避、漠视、拦阻、骚扰、限制媒体记者们的采访，处处给记者采访设置障碍，那他们很快会转变成对立立场。即便我们做出很多艰苦的努力，克服许多困难，甚至承担了极大的风险和责任，记者们也会以对立的态度报道，报道内容可能完全充斥着负面信息和严厉批评，从而影响着社会公众。

2. 采访活动。新闻发言人在发布会举行前不能只在会议室内闭门听取有关部门和人员对事故、事件情况的介绍，也不能仅仅阅读有关资料，这样的准备非常肤浅不足。我建议新闻发言人一定要亲自到事发现场，感受实际情景，接触事件相关人（伤员、救援人员、家属、目击证人等），还要随身携带音像设备随时采集录音、录像、照片等资料。同时，还要时刻收集动态信息，关注每一个环节的细节。发布会开始前，还要时刻掌握最新的网络舆情动态，了解舆论的新焦点和热议的话题。这些工作发言人应事必躬亲，不要让其他工作人员替代。

3. 撰写新闻发布稿。新闻发布稿的撰写可以由其他工作人员完成。撰写事故、事件的新闻发布稿有特殊的要求，力求内容精炼、概念清晰、逻辑周延、限定外延、就事论事、慎做结论、一题一稿、滚动发布。

如果有条件还可以发动其他工作人员就即将举行的发布会模拟记者身份提问，“砸题”。实践证明，这是很有效的做法，大部分记者关心的问题都能够被预先估计到，从而新闻发言人可以做好较为充分的准备。至于少量的意外“偏题”，则依赖发言人的现场智慧和能力。

4. 准备背景资料。主动向记者提供图片、音像、数据、文字等背景资料。异地记者和境外记者往往从未来过事发地，更不了解当地或事发机构的情况，主动为他们提供背景资料有助于他们采访和发稿。背景资料可以作为事故、事件报道中的补充信息，这也是记者们最希望得到的，从而也有益于改善彼此关系。

5. 寻觅舆论领袖。寻找与事件相关的人和与事件不相关但有话语权的人。面对记者的提问，有些问题的回答不一定由新闻发言人提供，如果由事件相关人或者虽不相关但有话语权的人发声，也许会得到更佳的效果。一位德高望重的专业人士，以科学的态度、第三方的独立立场做出客观评论，可以大大提高公信度；一位现场目击者带来的情况介绍，可能会比发言人照本宣科地公布案情更具吸引力；一位死里逃生的获救幸存者口述亲身经历往往比发言人描述救援过程更动人。

6. 有序开放现场。记者最感兴趣的是事故现场，在确保安全和不影响调查取证的前提下，与其封锁现场，不如对记者开放现场，满足他们的现场采访要求，让记者有机会自己去现场寻找答案。这样做有益于取得公开、公正、透明、不掩饰的宣传效果。

7. 把握发布会时差。在重大事故、事件的信息发布工作中，千万不要忽略东西方的时差影响。西方国家为了做到及时发布信息，常常会在中国的午夜时分召开新闻发布会，因为此时是西方媒体的“活跃期”。当中国媒体进入“活跃期”时才发现，昨天午夜发布的信息已经被西方媒体的分析、评论所主导，导致中国主流媒体丧失了重大事件舆论的主导权。这是常常被忽略的一个十分重要的环节，也是重大公共事件信息发布的策略缺失。

2011年的“7·23”温州动车追尾事故铁道部首次新闻发布会是在7月24日深夜22时30分召开的。这次发布会忽略了时间节点这一重要的因素，虽然国内一些通讯社和网络媒体当晚及时做出发布会信息报道，但是当晚大多都是源自西方媒体铺天盖地的新闻分析和评论，率先锁定了话题、视角、观点，引导了舆论热点。次日国内媒体基本是被动地跟随公众所关注的热议话题展开报道。如果发布会能够安排在事故发生后的24小时内召开，也许影响公众的国际舆情将会是另一种局面。

（四）事故、事件新闻发布会的组织

事故、事件新闻发布稿的内容基本是五个要点：事件情况，各级领导做出的指示、决策和部署，当前救援及现场处置情况，社会公众反应和社会动员情况，后续工作安排。

发布会前的信息准备要尽量满足新闻六要素（5W +1H）：谁（who），什么时间（when），在哪里（where），发生了什么事情（what），为什么（why），后果如何（how）。

负责人在新闻发布会上对事故、事件的表态要点应注意三个方面。

第一，找好关注点。注意自己的关注点一定要与媒体和公众的关注点保持一致，特别是对事件中的人和事情的关注。

第二，代表组织申明态度和立场。应从维护公众利益的角度进行阐述。注意多一些微观信息的介绍和情节的描述。往往在一些重大公共安全事件发布会上，宏观信息较多，千篇一律的是宣布这次灾害是历史上多少年不遇，破坏力有多大，死了多少人，伤了多少人，倒塌房屋多少间，因灾经济损失多少等。这些信息的确很重要，但缺少有情节、有情感、有人物、有语言、有动作的细节描述。要善于“讲故事”，把握故事情节，绘声绘色，给记者们更多的现场感，引导记者的关注点。

第三，提出此后的行动计划、后续工作的具体措施和相关安排。通过媒体的报道让公众知道抢险救灾的行动计划和政府对公众配合的要求，以及发布临时的管制措施、动员、号召、激励等信息。

（五）发布会上怎么说

发布会上注意以下事项：知道多少说多少，滚动发布信息；时间第一性原则，信息准确、完整，全面次之；说真话，不掩饰，忌杜撰；加强微观信息的采集和发布，丰富发布信息的细节和情节；改变没稿不发言，只讲官话、套话的习惯，转变文风；客观发布信息，不推断，不预测，不假设定性、结果或结论，信息透明，丰富信息的细节、数据，言之有据；负责，坦诚，勇于担当，不推卸责任，不打官腔，不说套话，不说满话，少讲专业术语；对伤亡事件的信息发布发言人要融入情感，动之以情、晓之以理，用心沟通。

总之，要把握正确的舆论导向，提高新闻舆论传播力、引导力、影响力、公信力，加强创新传播手段和话语方式。意外事故、事件的发生往往不以我们的主观意志为转移，我们能做的就是在事件发生以后有没有快速反应，有没有行之有效的紧急救援措施，有没有秉承社会认同的原则妥善处理善后，有没有以开放的心态把事故信息和所做的一切及时、透明、迅速地告诉关注事故、事件的社会公众，尤其是及时告诉遇险者的家人，这些才是组织成熟的标志。

今天是互联网时代，期盼重大公共事件发生后我不说就不为人知，那是幼稚；我不说别人就要说，沸沸扬扬的舆论迫使我被动地再去说，已为时过晚。

公共事件的信息如果仅有一种声音，即便是谬论也会被公众普遍接受和认同；如果出现两种或以上的不同声音，公众的认同状态会被“稀释”，舆论将失去聚合力并产生分化效应，由此舆论影响力将会被分散。尤其是面对人民内部的利益矛盾和诉求，各级领导干部应该秉承客观、理性、冷静的态度。对话比对抗好，温情比冷漠好，面对比回避好，沟通比对峙好，主动比被动好，早说比迟讲好，公开比掩饰好，负责比推卸好。

（六）虚拟新闻发布法

有众多记者采访的大型新闻发布会上，经常会有记者为得不到提问机会而感到懊恼，甚至产生不满情绪。为了避免由此产生的不必要抵触情绪，要创造条件，让记者更多地提问。

这里介绍一种方法，几乎可以满足每一位记者的提问需求。首先，记者们在签到时，可以用智能手机扫描为这次发布会特别设置的二维码，不必等到发布会开始，扫码后即可提交采访问题。即便发布会结束后记者没有得到现场提问的机会，仍然可以通过这个途径继续就所感兴趣的问题提问。

其次，网络后台有四个工作小组同时工作。第一小组负责实时采集记者提出的问题，进行登记、分类、编号。整理后的问题立即转给第二小组进行信息处理，其中包括与相关部门沟通、检索核实信息、与相关部门进行信息会商等。处理后的信息素材转给第三小组进行撰稿，一问一答，简明扼要。随后发布稿提交第四小组，由新闻把关人对稿件校对、审核后签发，以网络虚拟发言人的形式一对一地回应提问记者或在网络平台上对记者们公开发布。

虚拟新闻发布法（见图5－2）也适用于重大疫情不便安排记者出席现场发布会或紧急情况下的国际间媒体采访和信息发布活动。这种方法有以下五个优点：迅速——便于实现滚动发布信息，尤其适合重大灾情、紧急疏散、临时管制、志愿者征召和群死群伤事件的动态信息发布；主动——记者与发布方是单独联系，能有效排除其他媒体的参与、介入或干扰，降低“羊群效应”；有序——有序采访方便更好地识别媒体记者身份，增强个性化沟通，且不受其他记者干扰，对重要媒体记者或重要提问还可以安排面对面的专访活动；直接——纯净的信息传播环境，且通过这个平台发布的

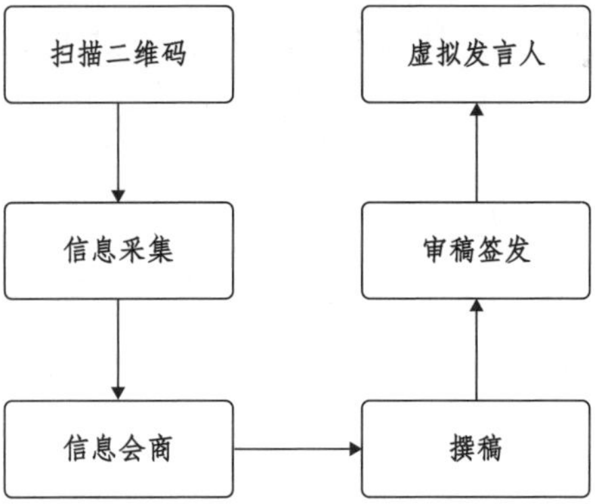

图5－2 虚拟新闻发布法示意图

信息比现场答记者问更加准确、更加丰富，不易被记者曲解或断章取义；双向——既发布又回应，这是一个十分便捷的动态采访途径，不仅不受新闻发布会现场环境的限制，而且也不受时间的限制，随时提问，及时回答，一问一答，双向沟通。

以上这些内容都是我近年来在诸多公共事件的信息发布工作中汲取的深刻教训和总结的宝贵经验，以期促使国家有关制度不断完善。各级领导干部和公共关系工作人员一定要及时掌握政策、制度的变化，按照新的要求与时俱进，使信息发布工作日臻完善和成熟。

七、媒体沟通的行为艺术

面对事故、事件发生，正确的做法是勇于接受现实，积极做出回应；勇于承认错误，主动承担责任；善于提出问题，减少问题掩盖；建立互动沟通，增进彼此认同。

我们在接受记者的采访提问过程中，常常也要面对一些比较敏感的问题，例如涉密信息问题、未经批准公布的信息问题、涉及法律限制的信息问题、涉及公民个人隐私的问题、与自己身份不相符的问题、令人感到尴尬或厌恶的问题等。切忌简单使用“无可奉告”“不知道”“不了解”“不清楚”“绝对没有”“不便回答”等语言回应，这会令记者感到不悦而增加对立情绪。这时发言人需要采取不卑不亢、委婉含蓄的态度，用智慧的语言与记者们沟通。以下六种方法在我以往的实践中被证明有效，读者不妨参考借鉴。

（一）勇于回答敏感问题

1. 搭桥法。例句：“我们不赞成……，但同时需要指出的是……。”“不是……，请允许我来解释一下……。”“我不知道……，我所知道的是……。”“我不会对此妄加猜测……，您应当关注的是……。”以上例句要求发言人在答记者问时不要仅仅简单做出肯定或否定的回答，而要多做一些对答案的解释或提示，让记者能够更加理解发言人立场的因果关系。

2. 警惕提问陷阱。在新闻发布会上或接受媒体采访中，发言人或受访者一定要警惕记者提问中的陷阱。一位“老谋深算”的职业记者可能会在采访中提出一些误导性的问题，这也许是出于考验受访人的智慧并无恶意，也可能是精心设计的陷阱。无论出于何种动机，受访人永远要记住，在记者面前说话必须留有余地，不可有问必答，口无遮拦，随心所欲。对记者既要敬畏，也要提防。例如重大公共安全事件发生后，人们在恐慌之中难免会对政府的行为有许许多多的问题、质疑、批评甚至怨言，作为政府主要领导人应该以包容之心面对，认真倾听，过滤掉毫无意义的情绪化恶语，提炼出有价值的箴言，有则改之，无则加勉。

2019 年末，新冠肺炎疫情肆虐传播初期，公众普遍陷入了恐慌和情绪躁动的状态，一家中央媒体专访了一位市长。记者问市长给自己的工作打多少分？市长随口回答为自己打 80 分。随着媒体的报道传播，这句话惹来更多媒体人和受众在网络上的斥责声，令这位市长的公众形象严重受损！我们客观分析，在突发公共卫生事件的紧张时刻，面对市民健康受到威胁、城市正常秩序受到影响的严峻形势下，作为一市之长的压力可想而知。出于职责所在，他可能正在竭尽全力地领导抗疫工作，也可能付出了许多鲜为人知的心血和努力，自我感觉已经尽职尽责，因此为自己打出了一个较高的良心分。这本无可非议，同时也可能是这位市长对公众发出的一个暗喻，我已经尽力了！可是这位市长的自我评价却不被广大群众所接受，究其原因失误在哪里呢？我们来做一个分析。首先这位市长的失误并非是在分值上，即便他为自己打一个不及格的分难道就不会遭到舆论的鞭笞吗？关键在于这位市长回答了一个本不该回答的问题。

面对这样的问题，市长可以巧妙地转换话题，例如他可以这样回答记者：“面对疫情的发生，严重威胁着市民们的健康安全，我作为一市之长面对着最严峻的考验，我是考生，群众是考官。我的工作应该由群众评价，成绩也应该由市民们打分！”试想如果是这样的回答，会产生怎样的效果呢？

这位市长的教训为我们积累了宝贵的经验，作为一位政府领导人或企业负责人，在遇到事故、事件时，如果记者在采访中提出“打分”之类的问题，一定要以“迂回思考法”审慎回答。哪有仆人面对主人、服务员面对顾客、公务员面对公众，自我打分的道理呢？要正确摆好自己的位置，从容面对记者的提问。这是具备公共关系意识和能力的展现，更是政治成熟的表现。

（二）善于向记者提问

向记者提问善用设问法："听口音您不是本地人吧？您对本地的历史了解多少？""您对这件事情怎样看？读者会认同您的这些观点吗？""您对所在媒体的受众了解吗？请问他们都是哪些社会成分？""这个事件中，您最感兴趣的问题是什么？为什么？""您很能干，是否需要我向您介绍一些本地的历史情况？""请告诉我您的读者会怎样看待这样的问题？您对这个问题又是怎样思考的？""您对处理这样的事件有什么好的建议吗？""您打算怎样向读者描述这一事件呢？有没有考虑到您的媒体所要承担的责任风险？"智慧型的新闻发言人不仅要知道该怎样回答记者问题，更要善于向记者提出问题。善于向记者提出问题是出于信息对称的考虑，是有效的沟通交流，是善于倾听的表现，是增进彼此了解的契机，是换位思考的启迪，是润滑彼此关系的策略，是"后果自负"的暗示，是彼此尊重的表现。

（三）妥善处理错误的媒体报道

如果错误不足以引起公众的注意或只是很快会被忘记的微弱反应，那么就什么都不做，很快就会过去。当媒体的错误足以引起纠纷或者形成被误导的舆情，则应当以职业化而非对抗的方式告诉记者和编辑，希望他们尽快做出纠正和更改。如果记者和编辑不肯做出纠正，那么可以考虑向这家媒体的主管、主办单位投诉，要求改正并致歉。但要有真凭实据，不要在投诉过程中掺杂强烈的情绪因素。如果媒体拒绝更正、刊登或申明致歉，那下一步的做法应是向媒体行业的行政管理部门投诉。如果无法协商解决，投诉无效，必要时也可以考虑召开媒体发布会，向其他媒体申明立场，做出澄清。实践证明这个方法十分有效，不过要慎用。如果以上措施都无效，唯一的做法就是付诸法律。但是这样可能会是旷日持久的诉讼，而且彼此隐私不受保护，结果难以预料。如果确有证据表明媒体对公众发布了不实信息，并造成恶劣影响和严重后果，政府行政管理部门有权对媒体发出警告或责令其道歉，甚至依法、依规对该媒体或记者做出行政处罚。

（四）正确对待媒体记者

作为组织或新闻发言人一定要学会争取舆论。要想有效地争取舆论，必须注意善待记者，特别是尊重记者的合法权益，保障记者现场采访便利，并向他们坦率介绍情况。新闻发言人也要注意信息发布的权限并遵守组织纪律，绝不可以越权回答记者提出的问题。要善于在记者的提问中过滤出自己无权回答的内容，并坦率告诉对方："非常抱歉！您富有想象力的问题超出了我的职责和授权，请您谅解。"

媒体往往希望获取独家新闻或者获得较为深入的话题的回应，因此会向采访对象提出独家专访的请求。依据国际媒体行业的惯例，媒体应该向被采访对象提前约访，不应推门而入。推门而入这种行为显然是一种有违媒体行规的冒失行为，也是对采访对象的不尊重。当记者向采访对象提出约访请求时，同时还应该提交一份采访提纲，让被采访人事先明了采访目的、内容、话题、问题等。被采访人有权决定接受或者拒绝采访，有权回答采访提纲中全部的问题，也有权选择部分话题接受采访，更有权利拒绝回答所有问题。采访结束后，除非紧急情况下，媒体一般应该将发布的稿件或音、视频给采访对象看一看，一方面避免内容有误，另一方面也是对采访对象的尊重和感谢。

对未经批准采访的境外记者不要生硬阻拦，而要婉拒，避免引发纠纷。如果怀疑境外采访人员的身份可能与入境申请理由不符，对采访身份或行为合法性产生怀疑，应及时向相关管理部门报告情况，同时避免与记者发生摩擦。

对各路媒体记者一视同仁，切勿厚此薄彼。如果在发布会现场个别发言人表现出对现场记者区别化的态度一定会令部分记者感觉"不爽"，从而惹来一些不必要的麻烦，尤其是一些小媒体、年轻记者看到其对中央媒体、境外有影响力的媒体或者知名媒体人过度热情，他们会产生失落和被漠视的感觉，可能会通过诋毁你形象的手法发出报道，以宣泄不满。为什么会这样呢？这是因为媒体从业人员有一个共同的职业性格，就是希望采访对象能够尊重他。记者的职业自尊心非常强，无论是资深记者还是刚刚出道的年轻记者都是如此，我们切忌无意中伤害记者们的职业自尊心。

新闻发言人是媒体记者的朋友，记者是新闻发言人的事业奠基人，同时双方也是博弈者。但是要注意新闻发言人与媒体记者要谨慎建立密切的私人关系，时刻警惕“友情陷阱”，尤其是一些主流媒体记者要特别谨慎小心，历史上不乏惨痛的教训，必须引以为戒。

事故、事件信息发布前，内部讨论无禁区，而对外发布时，有纪律。应该多熟悉各类媒体的运作程序、业务特点、组织结构，会有助于新闻策划。

（五）注意媒体沟通禁忌

这是一个既敏感又无法回避的重要话题。在与媒体交往的过程中，除了法律和制度层面的违法违纪行为底线切不可触碰，还要格外小心无意识的言行失误。

在事故、事件信息发布过程中，对原因、性质、后果等问题不推断，不预测，不假设定性、结果或结论。

在回答记者提问过程中，不打官腔，不说套话，不说满话，少讲专业术语。特别是注意在回答一些记者带有挑逗或挑衅性的问题时，千万注意谨慎使用强烈的词语或情绪化的“猛句”，例如：别有用心、丧心病狂、用心险恶、混淆视听、指手画脚、痴心妄想、颠倒是非、混淆黑白、悬崖勒马、背道而驰等。这种怒怼记者或指责对方的态度听起来十分犀利、强硬、霸气、爽快，殊不知提问记者在现场会十分尴尬，受众也会感到发言人仿佛“泼妇骂街”。因为记者和受众希望听到的是发言人对问题的实质内容做出澄清，而非滥用成语的情绪宣泄，况且这些“气势如虹”的成语会让不少外国记者一头雾水。公众人物面对媒体是一种典型的公共关系活动，目的是树立形象，表明立场，化解矛盾，讲究既要使自己摆脱不利，又不能伤害对方。如果咄咄逼人的表现令对方感到了尴尬，那就是沟通的失败，其结果往往会造成关系更加紧张和对立，并且引来许多起哄、看热闹的围观者，使自身形象受损。语言是文化的载体，新闻发言人的语言不仅展示着个人的文化修养，也体现着组织的文化底蕴。

历史上曾经发生过个别高级领导干部面对记者提出的敏感问题，大发雷霆、当场训斥、怒气冲天，他的情绪化表现使个人形象受到损害，有百害而无一利。一些典型案例甚至成为新闻学院教授们永恒的教材，应该吸取这些经验教训。尤其要注意在公共场合不攻击或责难记者、不讽刺挖苦记者，特别注意避免与记者纠缠，不引发新话题。新闻发言人不要变成新闻事件的当事人。高水平的答记者问需要有理有据，有礼有节，善用幽默，不卑不亢，思维敏捷，逻辑周延，亲和友善，严谨求实。

（六）注意非语言的信息畸变

人的特质差异决定了非语言沟通所传递的信息在不同人的思维反应中可能会产生信息畸变，这也是非语言沟通中普遍存在的不一致效应。

1992 年公安部发起每年 11 月 9 日为全国“消防宣传日”，全国在这一天将开展内容广泛、形式多样的消防安全宣传活动，以提高全民消防安全意识，推动消防工作社会化的进程。2019 年 11 月 9 日是我国第 28 届“消防宣传日”。某省一位领导在“119 消防宣传月”启动仪式上讲话时口误，将“119”说成“911”，引发网络舆论哗然。一时间嘲讽、曲解、批评声不绝于耳，然而却听不到理解、宽容、善意的另一种声音。一面倒的舆论批评本意已经完全不在于口误的本身，而是发生了语义内涵的信息畸变。类似公共场合领导人、专家、学者在发言中读错字、发错音、错用成语等口误现象屡有发生，司空见惯，但是公众似乎绝不容许发言者出现一丝一毫这样的失误，一时间讨伐声四起，最终无不都是偏离了口误的本身而另有所指。

在大型公共活动中，主要领导人主持仪式时出现这样的口误明显是一次失误，虽然在所难免，却会引起发言者与公众关系的紧张。面对因此引发的公众热议和舆情，领导大可不必懊恼，而应及时、主动回应。假如这位领导能够第一时间通过媒体或在网络上发出声音，试想结果会是怎样呢？

一些新闻发言人或领导人在记者面前的一举手一投足都会被细心的记者们所观察评论。在一些公共场合下发言口误、错别字、错用成语典故、不恰当的比喻甚至浓重的方言都可能会引起舆论点评，这是因为，公众对面前的演讲者往往会以“鉴赏”的心态品头论足，有时甚至近乎吹毛求疵。一句口误都会让听众的关注点偏离了演讲者的讲话内容、本意和重要性，从而产生信息畸变。

在某市一次应对重大突发公共卫生事件的新闻发布会上，全场记者和工作人员都佩戴口罩，主席台上坐着三位领导。其中一人不戴口罩，一人戴反了口罩，一人戴口罩露出了鼻子。这一场景被嗅觉敏锐的记者拍下照片在媒体上曝光，随之一片点评声。由于新闻发布会组织机构忽略了细节的安排和策划，进而影响了组织和领导者的形象。

这些教训提醒了我们，演讲者在公共场合下的一些习惯性的动作、表情、眼神、手势、服装、发型、佩饰、化妆等都可能成为记者眼中的“新闻”。因此发言者要知道自己的肢体表达所传递出的信息会因人而异的敏感，千万要引起警惕和重视。有时，无意或善意的表情也会产生截然相反的效果，特别是被一些国外媒体传播出误导的信息。个别别有用心的记者也会以非语言沟通的方式施放诱饵，构成新闻发言人或领导人上当受骗的陷阱。

新闻发言人有其特殊的职业要求，不是简单的组织对外发布信息的“喉舌”。新闻发言人要特别注意培养自身的修养，在公共场合要表现出有文化、有风度、有智慧、有胸襟、有魅力的形象。新闻发言人不能仅是伶牙俐齿，没有文化内涵的伶牙俐齿只能给人油嘴滑舌的感觉；新闻发言人不能仅会唇枪舌剑，没有风度的唇枪舌剑只能给人街头对骂、撒泼的感觉；新闻发言人不能仅在语境上针锋相对，没有智慧的针锋相对只能给人尖酸刻薄的感觉。

总之，新闻发言人需要一种特有的魅力。这种魅力不是靠小聪明形成的，魅力的背后是深厚的文化底蕴和精神修养，因此要努力把自己锻造成有风度、有智慧、有胸襟、有魅力的新闻发言人。

八、语言是社会治理的软实力

“语言是人类最重要的交际工具”，这是列宁的一句名言。语言随着社会的产生而产生，并随着社会的发展而发展。语言从产生的时候起就始终是一视同仁地为整个社会服务的，是社会发展与进步的载体。

据法国欧洲工商管理学院的学者研究分析，人类拥有 6 000 多种语言，其中最“强势”的 10 种语言依次是英语、汉语、法语、西班牙语、阿拉伯语、俄语、德语、日语、葡萄牙语和印地语。汉语是世界上使用人数最多的语言，地球上近五分之一人的母语是汉语。汉语也是世界上历史最悠久和最发达的语言之一。现代汉语越来越受到外来语的影响，并且不断吸收着更多的新词，同时也有越来越多非母语人士在学习和使用现代汉语。

在社会治理工作中，不仅各级组织的新闻发言人要不断提高语言能力，而且所有国家机关的工作人员和企业领导人也应该重视语言技能的学习。语言是为了沟通，“沟而不通”就是语言出了问题。现在一些人喜欢使用新词和术语以显示学识和声望，这无疑是一种有用的沟通方式，但是又会成为许多场合下交流的障碍。因为公众往往还不十分熟悉新词，而过于深奥的专业术语，又使得很多非专业的人士感到茫然，不能准确理解。“不熟悉”和“听不懂”就是沟通的障碍，其结果就是“沟而不通”的失败。当前，一股“造词”风盛行，严重影响着我国的社会文化生态。一些人喜欢创造一些新词，尤其是对一些理念、概念的表述，听起来虽然新颖、悦耳、华丽，但是新词往往没有准确的内涵定义，沟通中容易产生对词意的误读甚至“畸变”，尤其是面对广大社会公众的沟通过程中往往会适得其反。还有一种新词纯属“新词旧意”，试图用一种新颖的语境改变人们长期形成的语言表达习惯，大有新桃换旧符的感觉。

人们往往持有两种不同的语言观念，一种观点认为，越是听不懂的语言越有学问，因此努力在已有的传统观念的表述上不断创新表达方式，给人以赏心悦目的新颖感觉；而另一种截然相反的观点认为，把复杂的语言通俗化才更具价值，应该以大众所熟悉的表达方式营造有效的沟通环境。前者显然在故弄玄虚，并达不到语言沟通的目的和效果；后者是把深奥的思想和十分专业的知识以科普式的通俗语言讲给大众听，并且得到听众的普遍理解和广泛认同，进而达到沟通的目的。

普通话是国家通用的现代标准汉语。普通话是以北京语音为标准音，以北方官话为基础方言的现代标准汉语，也是联合国工作语言之一，亦被称为“国语”或“华语普通话”。

国家十分重视在中国大陆推广普通话是源于我国人口众多、地域辽阔、民族文化各异、语种混杂，如果没有一个统一的语言和规范的文字会对社会产生极大的不利影响。例如，近几十年大量来自全国各地的人成为北京市的新市民，其中有不少年纪较长的人由于普通话能力较弱，在与人沟通的过程中常常遇到很多麻烦。虽然他们非常能干，充满智慧与活力，但是在工作机会、事业发展、社会活动、生活品质等方面很难融入大都市的主流，阻碍了个人的发展空间，犹如定居海外的中国人不能使用当地国家语言一样，处处举步维艰。一些学者受方言的影响，在知识的传播与交流过程中遇到障碍，无法得到更多人的理解和认同。一些官员操着浓厚的方言，很难展现自我的魅力，职业生涯受到严重影响。

尤其是国家机关工作人员，讲好普通话是最基本的职业素质要求。因为任何组织的生存与发展依赖的是社会，组织必须适应社会环境，要与形形色色的人打交道。与其一个人掌握所有方言，不如练好普通话，这样在人际交往中会如鱼得水、游刃有余。我的一位朋友是北京一家媒体的总编辑，年逾五旬，操着浓厚的湖南话，嗓门很高，语速很快。在北京这样的大都市，聚集着五湖四海的弄潮儿。虽然这位朋友身居要职，可是与人沟通的障碍非常大，尽管他工作能力超凡、思想活跃，但总是感到不能游刃有余，苦不堪言。由此可见与人沟通的过程中，普通话能力强是何等重要呀！

有人形象地比喻现代三大制胜武器分别是：核技术（威慑力）、电脑（信息化）、口才（影响力）。由此可见语言表达能力的重要性。历史上很多赫赫有名的政治家都是口才超凡的演讲家，他们通过惟妙惟肖、生动感人的演讲，向公众表达着自己对社会、事物的看法、分析、判断和见解，使自己的思想被多数听众理解、认同。所以我认为，一位出色的领导者应该是思想家，而非事必躬亲的实干家。“想”是领导者的本职，而“干”则要动员更多人的参与。那怎样形成号召力呢？就是通过语言，把领导者的所思所想绘声绘色地传递给公众，形成号召力、凝聚力，最终形成实现领导者所想的行动力量。

还有就是，学好普通话的同时一定要注意提高修辞水平。一些领导干部在公众场合的发言由于读音错误或者引经据典用词不当而引起嘲讽、非议、批评，屡见不鲜，不仅讲话效果大打折扣，而且也会有损形象。特别要提示的是，故弄玄虚、卖弄文采的刻意行为是领导干部的职场大忌，搞不好就会弄巧成拙。

人人都能说话，但不一定人人都会讲话，更不一定人人都善于讲话。一些领导干部在公共场合不会讲话，这不是危言耸听，尤其在一些国际会议上，稍加留意就会发现各国与会代表的发言水平参差不齐，具有明显的差距。我曾注意到，在一些国际会议上，中国代表虽然有介绍自己所代表组织的强烈愿望，但是他们在讲话时不但有非常浓厚的、难以辨别的地方方言口音，而且语速非常快。在一些国际交流活动中，这不仅让在场的华人听着费劲，更让担任同声传译工作的翻译倍感吃力。乍一听，发言者讲话滔滔不绝、内容很多，但真正让人印象深刻、个性鲜明、言之有物的内容却很少，因为他们的讲话风格往往是千篇一律、套话连篇、没有特色、缺少个性。同时，他们的发言中讲宣传的多、讲问题分析的少；展望未来的话多、描述具体的内容少。这种现象在工作报告、社会动员、形势分析、项目推介、招商引资等活动中显得尤为突出。

在社会管理方面，无论是城镇化建设，还是工业化发展，各地常常会遇到化解各种利益矛盾的问题，例如征地拆迁、复转军人维权、劳动关系纠纷、消费者维权以及各类利益群体诉求等社会矛盾。这些是人民内部矛盾，本应用沟通和法制的方式化解矛盾，可是由于许多领导干部语言能力不足、沟通效果不佳，常在群众面前出现说不过、劝不回、追不上的现象，形成长期以来难以解决的越级上访、群访、闹访，甚至是爆发群体性公共事件等严重影响社会稳定的社会冲突。许多事件源于利益诉求，最后转变为政治诉求；一些地区的个别事件，逐步发展为跨地区、组织化、规模化的社会事件、政治事件乃至国际事件；多数本属于人民内部矛盾的问题，最终转变为具有破坏力的敌我矛盾。其中深层的问题和原因错综复杂，但是沟通能力不足是不容忽视的负面影响因素。各级领导干部不会沟通、不善沟通、不能有效沟通成为影响社会治理能力提升的主要障碍。

无论是出席重要会议、交际活动还是做群众工作，领导干部发言前必须认真做好一系列的准备，真正做到有备而来。发言的内容要做到言之有物，分析要做到言之有据。准备工作主要分为两大类，第一类是讲话前的心理准备，包括时间、场合、公众、环境、服饰、妆容和必要的精神状态调理；第二类是讲话的内容准备，其中包括话题、资料、计划、重点、顺序、导语、主体、结尾、答疑以及所要采用的发言方式。

当然，在这里也要提醒大家，必须提防荒谬会被演讲家作为真理传播，庸俗被演讲家推崇为高尚。因此，要特别警惕和善于识别演讲者的误导和煽动意图。

这里还要讲一下少数民族语言的问题。不同的少数民族各自都有着属于本民族的历史、文化、语言和文字，从而也形成了具有本民族特色的民俗、信仰、习惯。在这些民族自治地区推广普通话和汉语教学是十分必要且重要的。但是，切不可忽略了民族文化的传承和发扬，也不能苛求所有群众都能游刃有余地使用普通话交流，否则将会事与愿违。实践证明，在少数民族地区，使用当地群众最熟悉的民族语言沟通效果最佳。如同在外国，即便操着半生的当地语言沟通也会令当地人感到亲切、友善、受到尊重，从而达到事半功倍的沟通效果。

在少数民族或多民族混居地区，建立中华民族的通用语言和文字是十分必要且必需的。然而，各民族语言文字也要得到重视、保护和承传。涉及到历史、人文、政治、语言、文学、文字等文化领域，要双语并重，绝不能顾此失彼。

新加坡是一个多民族文化的国家，法定官方语言有四种：英语、汉语、马来语、淡米尔语（印度语）。国家立法规定英语是公共语言，而各族裔必须承传本民族语言、文字和文化，从小学一年级起必须接受双语教育。例如，华族孩子除了学习公共语言课程外，还必须学习汉语。有些家庭觉得中文考试很难，为了逃避学习中文就安排孩子到欧美国家上学，甚至不惜放弃国籍。一些欧美裔、马来族、印度族孩子的家庭教育环境较好，母语能力很强，他们其中很多人就选择学习汉语。尤其是年轻一代不仅能够熟练掌握英语和汉语，甚至不乏很多人具有第三种语言的能力。例如现任总理李显龙可以娴熟地使用英语、汉语、马来语在公众场合发表演讲而无需翻译，这也成为他在国际政治舞台上的个人魅力所在。同时，这也是新加坡国民素质和社会国际化程度的体现。语言是社会发展的载体，我国的各级干部在国际场合时，很多还需要依靠翻译沟通，由于翻译水平有限，可能导致文化冲突。随着中国在世界的影响力逐步扩大，各级领导干部的跨文化沟通能力显得尤为重要。文化冲突的破坏力很大，处理不好就是民族冲突、社会冲突乃至国际冲突。极力倡议汉族干部到少数民族地区工作时要努力学习当地的民族语言，外事干部必须熟知至少一门外国语。

我国一些民族语言虽然是小语种，但是在周边邻国可能就是他们的国家语言。如果一味强调和重视普通话推广和教育，忽略了少数民族语言的传承，今后的国际交流能力势必会降低。

第六章
公共安全管理

重点概述

这一章就公共安全管理体系的内涵做了比较细致的分析。重点阐述了“预防管理”与“应急管理”的区别以及对公共安全管理政策和制度的影响。

本章较为详细地分析了风险防控与应急响应工作的具体内容和工作方法，并对国家有关新政策、新制度和新要求做了梳理和重点剖析。尤其是以“双预防”工作的要求对比现行工作暴露出的短板，提示管理工作中的“五个不对称”也是导致事故发生的风险隐患。

本章还就风险评估方法、预案工作改进等论题做出较为细致的分析，并提出了两个改进建议。一是建议各级组织重视和加强安全管理总体保障计划的制订工作；二是建立公共安全事故独立调查委员会，提升对公共安全事故调查的工作法制化和社会参与程度，力求公正、公开、透明。创新体制、机制，健全和完善我国公共安全事故调查机制。

当前，中国企业要重视并倡导将安全管理工作作为重要的企业文化来推动，安全管理不能只是少数人的责任。工人的安全意识、法律权益、保障技能、专业知识都要得到系统的、全面的培训和教育。在一些工业发达国家，即使要获得一个煤矿矿工的职业资格，也必须经过至少3年的矿业学院教育和实际工作技能培训，在工作中还要经常参加定期的安全教育培训。

一、关注北纬 30°

（一）现实不再是幻想

2004 年初，美国电影导演罗兰·艾默里奇（Roland Emmerich）制作了一部科幻影片《后天》（*The Day After Tomorrow*）。影片以地球环境恶化为背景，叙述了一个由于严重的“温室效应”使地球瞬间陷入了第二次冰河世纪的骇人听闻的故事。那些居住在地球北纬 30°以南地带的人们，在毫无警惕、毫无准备、毫无对策和毫无经验的情况下，遭受突如其来的气候变化所造成的冰雪灾害打击，几乎严重到令灾区人民面临灭顶之灾的程度，场面惊心动魄。

然而，无独有偶，时隔 4 年后的 2008 年，《后天》成为中国大地的“今天”。1 月 10 日起，中国大陆江南一带普降第一场大雪，人们沉浸在“瑞雪兆丰年”的美好憧憬里，谁也不曾料想一场 50 多年未遇的冰雪灾害悄然来临。巧合的是这场自然灾害集中降临在北纬 30°以南地带，中国大陆处于这一纬度附近的 6 个省、自治区（湖南省、湖北省、贵州省、江西省、安徽省、广西壮族自治区）无一幸免，都成为重灾区，其他毗邻纬度的 13 个省也受到灾害打击。

据报道，几乎与此同时，亚洲、北美洲地区一些处于同一纬度的国家也遭遇到暴风雪、寒流的袭击。美国中西部、东北部地区暴雪夹着严寒对人们造成严重威胁；阿富汗居然积雪成灾，人民饱受疾苦之难；伊拉克首都巴格达市竟然出现百年未见的降雪奇观……

北纬 30°——美国电影人对“后天”的幻想正在无情地成为现实，这就更加迫使我国的政府管理人、从事公共危机管理研究的学者和专家、社会有识之士不得不对未来危机的防御问题有更加深入的思考，“后天”的浩劫一旦来临，我们该如何应对？“要建立起忧患意识，居安思危。”

（二）灾害的回顾与反思

反思 2008 年冰雪灾害发生后的灾害应对和紧急救援活动，我们可以通过以下记录做些总结。

1月10日，华中地区普降首场大雪。

1月20日，国家气象局与交通部联合发布《全国主要公路气象预报》，铁道部启动全国铁路应急预案。

1月21日，国务院应急办发布《关于做好防范应对强降温降雪天气的通知》，并对各地政府应急管理机构提出六点具体工作要求。

1月22日，第二场大雪引发部分地区电力供应显现危机，这些地区开始大面积、长时间停电。

1月23日，大雪、冰冻、停电造成铁路、公路、航空运输告急，大规模旅客滞留、交通受阻、道路拥堵局面急剧恶化。

1月24日，受灾害影响，南方电厂发电、用煤告急，越来越多地区的民众生活遭受寒冷、停电、停水、食品供应紧张、房屋倒塌等严重影响。

1月25日，部分地区出现新一轮降雪天气，加剧了紧张局势。

1月26日，京广线铁路南段受冰冻、断电影响，客运列车受到严重影响。

1月27日，中央气象台18时发布暴雪红色警报，国务院紧急召开了全国电视会议，布置能源、运输保障工作。

1月28日，温家宝亲赴湖南省、湖北省、广东省视察灾情，慰问受灾民众。

1月29日，中央政治局召开紧急会议，专题讨论抗灾问题。

1月30日，总参谋部下达军队参加各地抢险抗灾、紧急救援活动的行动命令。

2月1日，国务院煤电油运和抢险抗灾应急指挥中心宣布成立。此后，直接由中央领导的大规模的全面迎战冰雪灾害的抢险救灾行动真正拉开序幕。

然而，反思这非同寻常的历史时刻，在突如其来的自然灾害面前，似乎各地、各行业都心理准备不足，行动反应迟钝，第一时间在第一现场的防灾、自救、互救、避险的组织工作无力成为普遍的现象，从而暴露出我国在应对重大、突发公共安全事件中还存在着许多薄弱环节和问题亟待改善。

自2003年以来，我国危机管理工作取得了很大的进步与成绩。各级政府、各行业、各部门都相继建立应急管理机构和“应急预案”制度。这些措施无疑在灾害应对和抢险救灾行动中发挥了重要的作用，而2008年的冰雪灾害发生后，所暴露出的问题恰恰反映出全社会面对不可预知性灾害的防御能力仍然不足。这就把面对灾害的防御管理和应急反应区分为两个不同的概念。

2008年新年伊始的冰雪灾害绝非仅是冰凌、寒流、降雪、低温气象，也绝非仅关乎假日流动人潮的运输和能源保障问题。据报道，20世纪70年代陕西省宝鸡市电业部门就研发成功并应用了“带负荷融化线路覆冰技术”，却没有在全国得到推广。这次处于冰雪灾害重灾区的宝鸡市安然无恙，没有发生任何供电事故。这充分暴露出人们对常态下的公共安全管理工作重视不够、灾害预防准备不足，重大灾害发生时束手无策，处于被动地位。

此外，全民教育和全民预防体系薄弱也是这次冰雪灾害中暴露出的重要问题。这次重大灾害发生后，中国政府千方百计确保群众安全、维护公众利益的决心和行动令世界感动！然而，人民群众的利益被政府细心呵护似乎成为理所当然，政府承担全部的社会责任和风险似乎也是天经地义。一个成熟的社会体制，政府不应该是全部社会责任和风险的唯一承担者。每一个社会组织、每一位公民在灾害面前都应该承担自己的社会责任和风险。在重大公共安全事件发生时，都有无条件财产被征用、行为被约束、社会被动员、个人被征召的法律要约，任何社会组织和公民都有为国家利益和公众利益履行义务的责任。然而，我国在突发公共安全事件时，现行法律和制度显得强制力不够，对公民和社会法人无法表现出更加明确的具有法律意义的强制力，相关政策或制度也仅限于“鼓励”“配合”等不构成约束力的提倡，而公民和社会法人的行为、义务与法律责任界定模糊。试想，如果在抢险救灾活动中能够有效运用法律规范民众的行为，在抗灾抢险行动中依法广泛动员社会力量，依法组织和调动民众快速的自救、互救、避险行动，是否会形成另外一种局面？那将是一场真正意义的人民战争。

在这次灾害救援活动中，我也注意到一些地方政府领导更习惯于危机发生的第一时间首先向上级报告而不是立即决策并指挥行动。远在北京的中央领导人要亲赴第一线进行行动决策和现场指挥，这不能不被外界认为是一种不够成熟的国家危机管理体制。美国“9·11”事件发生的瞬间，首先做出行动决策和快速反应的是纽约市市长及其各专业组织，包括非政府组织、志愿者行动组织，而非国家总统。第一时间和第一现场的行动决策和指挥是生命拯救、控制事态发展、减少财产损失的最宝贵时机，理应由地方政府领导者主动采取行动并更多承担决策责任。

这是由危机决策与常规决策在机理上的不同决定的。然而，在我国灾害的救援行动中，习惯于高度统一的中央集中指挥和行动，地方自主快速反应行动能力发挥不够。中央政府似乎“扮演”地方政府的指导者、协调者和保障者角色更为恰当。指导者的责任是统筹信息、专家、政策资源，并给予地方政府指导；协调者的作用是将社会各种资源与力量有效整合，协调与平衡相关者之间的利益、风险、责任关系；保障者的角色是根据地方救灾的实际需求，组织、调动全国各方面的资源给予受灾地方政府有效支持，令地方政府领导者的决策得以在中央和全国的支持下实现最佳目标。这样的支持将会更加有利于充分发挥地方各级政府面对危机的应对处置能力；有利于地方各级政府领导人得到面对危机决策的锻炼机会；有利于地方各级政府领导者在灾害面前与社会更广大的公众建立起亲情关系，改善和调试社会和谐关系；有利于地方政府建立起依靠自身力量战胜灾害的主导意识；有利于发挥地方政府的主观能动性和快速反应优势；有利于分散社会风险和政府公共责任；有利于在重大灾害面前调动一切可以利用的社会资源投入抢险救灾活动中；有利于全国公共安全治理水平和治理能力的全面提升。

综上所述，灾害过后，我们依然要重视对“北纬30°”案例的深入研究，要从灾害破坏力和蒙受的巨大损失中吸取宝贵的经验和教训，要勇于抛弃一切阻碍创新思维的传统习惯和工作模式，探讨符合我国实际发展需要的公共危机管理理论，并建立起更加成熟的社会安全保障体制和机制。

二、预防管理与应急管理

预防管理是管理策略，也是常态下所采取的干预策略。预防管理是以风险控制的理论、方法介入组织管理的全过程，对预设的诸多风险点予以实时动态监测，做到对事故、事件发生隐患的早发现、早预警、早干预、早处置，努力避免事故、事件的发生。预防管理的工作绩效表现在制度和激励两方面。

风险控制是指发现流程中潜在的威胁，并建立识别、预警和防范的管理手段。

应急管理是行动策略，也是非常态下所采取的反应策略。这项管理主要强调对各种可预期事件的发生提前做好应对准备，也就是在各类事故、事件发生时能够采取最有效的应对措施并快速反应，体现行动力。应急管理的工作绩效表现在措施和责任落实两方面。

预防管理和应急管理是包含于公共安全管理属概念中的两个种概念（见图6－1）。这两个种概念共同构成了公共安全管理的整体概念。二者是交叉关系，彼此影响、相互作用。预防管理搞得好，应急管理压力会减小，成本会降低；应急管理搞得好，对各种事故、事件应对措施准备充分，一旦发生事故，反应迅速、措施有效，从而及时控制事态，减少损失，有助于很快恢复常态。

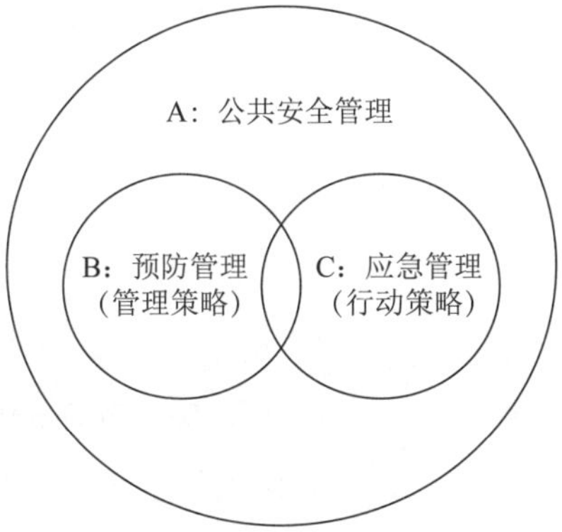

图6－1 公共安全管理概念逻辑

对预防管理与应急管理两个种概念的具体内涵做一个比较就不难看出，两项管理的策略不同、管理目标不同、管理内容不同、管理效果也不相同（见表6－1）。这个分析让我们得出结论：两项管理是完全不同的，两项管理共同构成了公共安全管理的整体概念。

这一重要认识关系到公共安全管理的政策、制度、标准、评价、组织、行动等一系列的科学规范。如果对概念之间的逻辑关系认识混淆，往往会造成重大决策失误。中国的应急管理建设可以追溯到2003年，近20年来各行各业、各级组织更多强调的是应急管理，而对预防管理明显认识不足，甚至把两项管理统称为应急管理，这是一个重要且有待商榷的学术问题。

表6-1 预防管理与应急管理比较

	预防管理	应急管理
管理策略	管理策略	行动策略
管理内容	组织工作过程中的风险控制	对可预期事件发生的应对准备
管理目标	体现公共危机管理驾驭力	体现公共危机管理行动力
管理效果	表现在制度和激励两方面	表现在措施和责任落实两方面

预防管理工作的重点是在组织中建立安全风险防控体系，组织风险又存在“常态安全风险”与“非常态安全风险”两种。“常态安全风险”是指组织发展环境中客观存在的可认识、可辨识、内容清楚、目标明确、后果可知的风险因素，亦称为“灰犀牛”。常见于我们曾经经历过的事情；或者其他人经历过，我们知道的事情；或者已被载入史册，有案可查的历史记录。

“非常态安全风险”是指事前缺乏感知、发生概率极低、史无前例、闻所未闻，危害力、影响力、破坏后果不可预知的偶发性风险因素，亦称为“黑天鹅”。

这些概念是安全风险防控体系建设中最基本的认识。公共安全事故、事件发生率与破坏力是评价灾害的两个关联性的评价指标，其关系通常表现为以下四种状态（见图6-2）。分析出了这样的关联性就能更有针对性地采取预防措施，把高易发高危害和低易发高危害作为风险防控重点，合理利用资源，避免眉毛胡子一把抓，以合理的资源分配取得最佳的防控效果。

2016年，国务院安全生产委员会办公室发布了《关于实施遏制重特大事故工作指南构建双重预防机制的意见》。这份文件首次提出了构建安全

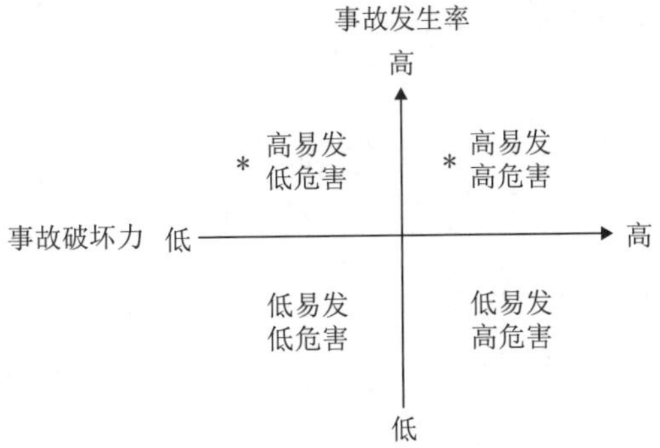

图 6－2　事故发生率与破坏力关系分析

风险分级管控和隐患排查治理双重预防机制的“双预防”概念。这是一个了不起的认知上的进步，是对预防管理工作在政策和制度方面的改进与完善。

源于实践的理论往往会与理论指导的实践产生认识上的悖论，这既是哲学认识论的争议话题，又是影响现实政策、制度、管理、行为的话语权博弈。找准对立统一的平衡判断和科学唯物的评估论证是避免失误的重要决策思考。

人们往往会将某一专业领域具有丰富经验和丰富知识的人称为专家，将在某一学科领域具有深入研究和学识水平的人称为学者。两个概念是交叉关系，既有共性又有区别。二者孰轻孰重呢？应该说同等轻重。在重要的政策、制度、管理、行为制定或执行过程中要完善科学论证机制，就要有一个让专家与学者面对面研讨、交流、辩论、切磋的机会，建立起一个“擂台”。对同一个命题各抒己见，畅所欲言。专家可以从学者的思考、研究、分析、判断、论证中理解学术的认识，学者也可以从专家丰富的经验、教训、经历、体验、办法中汲取感知的补充，结果是共同提出符合实际、切实可行、高质量的决策建议。造就专家型的学者和学者型的专家是社会发展的需要，是培养复合型专业人才的教育方向。

上述章节我们较为系统地梳理了公共安全事故、事件发生后的紧急救援和善后处理工作的内容、策略、方法。这些仅是完善社会治理体系和提高社会治理能力的部分内容，高层次的治理水平更应该立足防患于未然，通过有效的治理手段实现少出事甚至不出事的管理目标，因此系统研究和加强学习预防管理方面的知识是十分必要的。

三、风险控制与应急响应

预防管理的核心内容是风险控制。风险是不以人们的主观意志为转移而客观存在的，并可能对人们造成伤害、威胁或不利后果的潜在而不确定的环境因素。

风险具有不确定性，风险隐患是造成事故发生的根源，但事故可能会发生，也可能不发生，是否发生、何时发生、怎样发生往往无从预测。人们常常对风险管理存在认识上的误区，总认为长期以来我们就是这样在工作，且从未发生过事故，现在要搞风险管理，需要投入很多人力、物力、财力，是劳民伤财的。但是，血淋淋的案例又告诫着人们，已发生的这些事故都曾是未发生过的。因此，推动预防管理工作最大的障碍是人们的传统习惯和缺乏居安思危的意识。

无论是哪一类型的公共事故、事件发生都会造成以下三大危害：一是对生命及健康的危害；二是对社会经济及个人、公共财产造成的损失；三是对社会秩序及人民生活环境的破坏。

我国的应急管理工作始于2003年SARS冠状病毒疫情暴发后，时任国家领导人开始意识到，一个经济持续发展的国家不能不重视公共危机管理工作，不能不加强对公共安全事故、事件发生的应对能力。由此，建立了国务院应急管理办公室，随后各级政府也相继成立了应急办，应急机制的建设工作几乎涵盖了社会所有领域。编制应急预案这项工作深入全国乡（镇）、街道各级组织以及所有国有企业、事业单位，但在民营企业、民办教育和社会组织中仍相对比较薄弱。

2003年5月，在抗击SARS冠状病毒疫情的重要时刻，国家公布和实施了《突发公共卫生事件应急条例》，把应急管理工作纳入法制化轨道。

2006年1月，国务院发布实施《国家突发公共事件总体应急预案》。

2007年11月，实施《中华人民共和国突发事件应对法》，这是我国第一部相关领域的立法。这部法律把中国公共安全管理的重点分为四类：自然灾害、事故灾难、公共卫生事件和社会安全事件。

十几年来，国家高度重视应急管理工作，资源投入巨大。国家在治理过程中逐步加强和规范了应急管理体系建设，成绩斐然，全国各地、各行各业公共安全事故、事件的频发事态得到了明显遏制，安全生产事故发生率持续下降。

虽然安全形势总体态势向好，但受各行各业高速发展和社会环境变化的影响，每年大大小小的公共安全事故、事件时有发生，尤其是特别重大事故、事件仍然偶有发生。究其原因就是过去十几年重应急轻预防，工作重点都放在出事后怎么办，而较少考虑怎么办不出事，尤其是预防管理与应急管理的资源投入比严重失衡。在许多重大事故、事件的调查报告中经常看到同样的分析结论："这是一起本不该发生的责任事故。"为什么本不该发生的事故却屡屡发生？让我们不得不展开更加深入的思考和研究。

被誉为"政府再造大师"的美国学者戴维·奥斯本（David Osborne）[①]曾经指出：政府应该有预见能力，然而当政府专业化程度越来越高时，他们的注意力开始转移了，开始注重事后的处理，而非事先的预防，防患于未然的观念淡薄了。直到问题成了危机，再去采取应对措施。使用少量的钱预防，而不是花大量的钱治疗。精明的人注重解决问题，天才的人避免发生问题。

一些地方或行业为了实现持续高速的经济发展目标，存在注重效果而忽略过程的管理瑕疵，使整个系统长期处于亚健康状态。实现经济增长目标的过程风险控制很少被人问津，使行政规制不能涵盖所有的社会经济空间，这也许就是细节的疏漏。政府要提倡和重视"工匠精神"，也就是要重视公共安全管理过程中的每一个细节，以机械一般的精确、艺术一般的心态，重视安全预防管理工作。

我们应该清醒地看到，在中国经济发展的各个领域都可能存在着关乎生命的安全风险隐患。面对已经发生的重大安全事故，现行的法律、规定、行政监管似乎都会显得有一些被动和无奈。2016 年以来，国务院安全

---

① 戴维·奥斯本（David Osborne），曾为美国前总统克林顿在内的共和党和民主党主要政府领导人和候选人担任顾问；曾经担任旧金山的太平洋新闻社主编，《新共和》周刊的正式撰稿人。

生产委员会办公室相继发布了《标本兼治遏制重特大事故工作指南》《关于实施遏制重特大事故工作指南构建双重预防机制的意见》两份重要文件，提出了构建安全风险分级管控和隐患排查治理双重预防机制（简称“双预防”）的新思路和新要求。两份文件围绕构建“双预防”机制、健全监管体系、强化政策引导和技术支撑等几方面详细提出了方法和要求，这是顶层认识上的一大进步，开始从仅重视抓应急转为同时注重抓预防，难能可贵。在落实中央新的工作要求时，要特别关注由于组织内部管理存在五个不对称而带来的安全风险隐患。

一是预防与应急不对称。这种情况在城市建设发展中表现得尤为突出。在城市规划和建设中，鉴于各级政府财政资源有限，各级部门总是希望把有限的资源用于地面建设，用在看得见的工程中、用在有面子的项目中；而看不见的、地下的、不为人知的城市安全基础设施建设往往被忽略。随着城市化的快速发展，人口迅速增加，道路交通拥挤，高楼大厦林立，城市安全保障系统不负重荷，特别是遭遇气象和其他自然灾害引发的事故、事件时，抵御能力极差，最终造成重大损失。不能总将城市的安全事故归咎于多少年不遇的天灾，要检讨是否存在人祸。

二是问责与激励不对称。每当公共安全事故、事件发生，随后就是对相关部门和人员问责。对失职、渎职者问责无可非议，但是管理学研究认为，成功的管理需要两种手段。一个是明确的责任，要把具体的责任落实到每个组织、每个工作岗位中的每个人；另一个则是激励，要对长期恪尽职守、兢兢业业、努力工作并长期没有造成过事故、事件的工作人员予以奖励和表彰。然而，现在的情况是，各级领导者向下属更多强调的是责任，层层分解责任，落实责任制，却往往忽略了激励的重要性。有些应急管理部门的工作人员甚至还滋生了平安则永远被漠视、出事才会有出人头地的机会的心态。只有出事了，所在部门的工作才会被重视；只有出事了，自己的工作才会被彰显。这是一种被扭曲了的工作心态，一定要予以矫正。

著名的马斯洛需求层次理论[①]认为：人们无论何等身份、社会地位如何，都会有共同的五级需求，前三级是最基本的需求。第一级是为了维持自身生存的生理需求，需要有一份可以生存的食物和衣服；第二级是安全需求，这是人们希望保障自身安全、摆脱丧失工作和财产威胁、避免疾病侵袭和严酷的制约等方面的需求；第三级是情感的社交需求，这是人们对友爱及归属感的需求。当这三级基本的需求得到满足后，基本的需求就不能成为激励人们继续努力工作、创造价值的动力，进而会提出两级更高的需求，也就是精神层面的尊重需求和自我需求。他们有被尊重的需求，希望自己有稳定的社会地位，希望自我能力和成就得到社会的承认；还会有强烈的愿望需求，实现个人理想、抱负，发挥个人能力到最大限度，完成与自己的能力相称的一切事情。

马斯洛需求层次理论揭示了一个规律，当人们某一级需求相对被满足后，就会向更高一级需求发展，追求更高级的需求就成为驱使行为的动力。低级的需求基本得到满足后，它的激励作用就会降低，其优势地位将无法保持下去，高级的需求会取代它成为推动行为的新动力。

问责与激励的不对称会导致人们惧怕承担责任并有意识地规避责任风险。常见的行为习惯表现为遇事多请示，不主动拓展工作，强调执行力。建立激励制度可以激发人们的精神需求而促进其积极主动工作，勇于驾驭机会，善于担当责任，激发其创造力。

激励的形式多种多样，例如宣传、嘉奖、记功、晋级、加封、授勋、享有特殊待遇、授予荣誉称号等。要让长期工作在永久平安岗位上的人不再被漠视，而是成为被组织发现、被人们学习的榜样。

三是要求与保障不对称。一些组织的领导人长期养成了向下属发号施令的习惯，却缺乏保障意识。尽管下属接受工作指令后存在许多自身力量难以克服的困难和问题，但不敢向上级汇报，担心领导会因此不悦，影响自己在上级心中的印象，而这些困难和问题也许就是工作能否完成的决定

① “马斯洛需求层次理论”由亚伯拉罕·哈罗德·马斯洛（Abraham Harold Maslow）提出。马斯洛，国际著名心理学家，曾任教于美国康奈尔大学、纽约城市大学和布兰迪斯大学，主要学术贡献是自我实现的人本主义理论体系。

性影响因素。提出缺少保障的要求就是存在不确定风险的管理行为，各级领导干部要培养为下属提供保障和服务的意识，以确保能够实现组织既定的工作目标。

四是责任与资源不对称。很多干部深有体会，越是在基层工作，责任就越大，而且会有许许多多的上级对其发号施令，还伴随名目繁多的文件、政策、指示、要求、考评、审计、检查。庞大的社会管理机器里，每个系统都会发出各种指令，指令最终都会集中到最基层，并被要求得到落实。例如，我国行政管理体系的乡（镇）、街道就属于政府最基层的组织，其中的基层干部们面对的是“两个无限”和“三个有限”。第一个“无限”来自组织外部。他们每天要直接面对形形色色的社会群众。群众会提出“无限”的诉求、要求、愿望、希望。基层干部们不敢掉以轻心，都要认真面对。第二个“无限”来自组织内部。来自于直接的或间接的、相关的或不相关的上级，上级向基层组织发布“无限”的工作指令和要求，基层干部们无法拒绝。第一个有限是基层组织所拥有或可控的工作资源是有限的；第二个有限是基层组织的工作授权是有限的；第三个有限是基层组织干部们的工作精力和能力是有限的。

“两个无限”和“三个有限”让基层组织的干部们每天处于高度紧张、忙于应付各种工作的亚健康状态，工作容易产生纰漏，而导致事故风险隐患增加。

第五，行为与制度不对称。长期以来现行体制存在的一些弊端，形成了下级对上级指示无条件、绝对地执行，即便上级指示存在问题，往往也很少能够及时听到下级的意见反馈，下级只是僵化地接受上级指示，严格执行上级指示，忽略了上级指示中可能存在的问题和风险。在执行上级指示的过程中，因发生与法律、政策、制度、条例、规定相悖而导致的事故、事件屡见不鲜。下级只强化了执行力，缺少洞察力，只长肌肉，不长大脑。

健康的组织形态应是，下级不仅有良好的执行力，而且还有洞察力。上级领导仅是组织的代表者和决策者。他们不可能对所有工作领域的法律、法规、制度、政策、条例、标准都了如指掌，对所有工作都具有丰富的经历和经验。因此，下级在接受上级指令时，不应盲目执行，而应从业务部门的专家角度对上级领导的指示做风险分析，发现问题要及时提出。在提出问题时，千万不要仅提出问题，更重要的是提出解决方案。作为具体执行部门的人员，应该对与本职相关的政策、制度更加熟悉和了解，且有丰富的工作经验。

上级组织的领导人应该欢迎下级对自己发出的指示提出问题，甚至质疑。这是一种高度的工作责任感，应该予以鼓励。这也是在为上级领导保驾护航，避免决策失误给组织造成损失。

杜绝因组织管理中存在的五个不对称而形成的事故风险隐患，其根本是转变管理观念，打造健康的组织形态。管理是对人的行为实施有效的协调、约束或规范，从而实现既定目标的组织活动过程。强化风险管理首先从查找组织安全风险隐患做起。

安全风险管理是一个外延很大的概念，涉及到组织的方方面面，而每一个具体环节中对安全风险的排查又是一个内涵很深的认识。风险的存在可以从宏观到无限细小的微观，挑战着人们对风险的认识。认识越深刻、越仔细，暴露出的风险源就一定会越多、越具体。完全没有风险的环境是不存在的，完全排查出所有的风险也是不可能的，很多情况下即便认识或发现了风险也很难将其完全排除。但是，可以做到对这些风险采取预先防范，做到有备无患。应急管理工作的许多内容就是对可预期事件提前做好应对措施。

组织开展全面风险管理是国家建设发展中的创新治国理念，组织开展全面风险管理是公权与民权建立平衡并推动社会整体进步的管理战略变革，组织开展全面风险管理是节约资源、提高效率、增强抗风险能力和竞争力的手段，组织开展全面风险管理是提升政府管理力的有效方法。

四、风险评估、风险审计和应急预案

在加强预防与应急管理的工作中，应抓住三项重点工作：一是风险评估工作，二是风险审计工作，三是应急预案工作。

（一）风险评估工作

“双预防”机制主要包括五方面的工作内容：全面开展安全风险辨识，科学评定安全风险等级，有效管控安全风险，实施安全风险公告警示，建立完善隐患排查治理体系。

面对无法预知的事故，最好的办法就是有效地控制风险。由于社会组织之间的业态、功能、行业、规模各异，因此风险评估也具有差异化。风险评估专业性要求较高，目前专业人才稀缺。为了解决风险评估的普遍需求和资源稀缺的矛盾，根据这项工作的共性特征，本章设计了一个风险评估指导框架模型，作为科普工具供各类组织参考使用。

各类组织都不可避免存在着发生事故的风险，而事故一种是可预知的，另一种是不可预知的。预防能力强抵御风险的能力也会强，避险能力强就能够减少事故损失；预防能力弱抗风险的能力也会弱，事故发生率增高，事故造成的损失大。

任何一个事故，只要具有大于零的发生概率，就不能够假设它不会发生。凡是可能出错的事必定会出错。这是“墨菲定律”所揭示的道理。任何管理者都不能避免计划制订和执行永不出错，因此要时时刻刻做好准备，面对失误和失败的到来。组织风险管理最基础的工作就是编制风险评估分析报告。风险评估分析方案可以参照以下四步逐步进行。

第一步是提出问题。这是对组织风险存在状况的认识过程，需要进行缜密细致的调查工作，充分暴露风险。

调查工作切忌仅局限于在会议室听取汇报和少数职能部门的管理、技术人员去思考、想象问题，而是要深入组织内部、外部走访、调研。锁定哪些是组织利益相关人，并且区分利益关系，亲自接触访问。要对组织全部管理流程进行梳理，列出所有工作部门、岗位、职责、人员、分工。建立组织台账，组织内有多少部门、多少岗位，对每个岗位多少人、每个人的基本情况等数据要核查。

在这个基础上，让每个岗位的工作人员凭借本岗位的专业、经验提出可能存在的风险源和事故表象（症状）。最后，将所有调研中发现的安全隐患问题进行梳理、排序、合并同类项。

第二步是分析问题。对梳理出的问题逐一分析，这是一个实践的过程。要想准确找出各类事故隐患就会涉及工作环境、条件，而只有第一线的组织成员才最有感受和发言权。这一步的重点工作有两项，一是分析风险源和事故隐患存在的原因，二是查明每一种事故发生的环境、条件、过程、现象、破坏力。

以上第一、第二步完成了安全风险隐患的排查和认识，这也是从认识到实践的第一个过程。接下来就要进入措施阶段的研究工作，也是再一次从认识到实践的过程。

第三步是根据以上调研揭示出的组织安全风险提出治理方法，这是又一次认识的过程。对梳理和排查出的问题提出治理方案，必须注意要采用特别严谨的理论论证。对细分的每一个具体问题的解决办法和安全风险隐患治理计划最好能够提出两个以上的解决方案，这样才可以比较、论证和优化。

在这一步环节上同样不可忽略与组织最基层的成员沟通，他们凭借在具体工作岗位中积累的经验和具有的专业知识、技能，往往能够提出最切合实际的解决方案。

当所有问题都提出了具体解决办法后就要进行方案优选工作，这一阶段工作的重点是对预选方案的理论论证，其中包括方案是否符合法规、政策、制度、条例、标准，符合这些则具备了优选条件。也就是说，任何解决办法和措施都要有充分的依据，否则看起来合理的方案也可能存在法律风险。

第四步是做出行动计划。这是一次实践的过程，一切解决办法和治理方案最终都要落实在可行性上，因此制订行动策略和计划是关系到执行结果的重要环节。

针对已经设计好的解决办法和治理措施首先要明确做什么，然后是怎样去做。遵循以下步骤进行设计：目标要明确——每一项工作计划都要有十分明确的工作目标，对最终的结果或效果要做到可评估，切不可模糊不清。计划要周延——每一个行动计划要做到内容具体、严谨、可行、周延。切忌漏洞百出，在执行过程中发生太多意外，使得计划受阻或搁浅。策略要严谨——在执行计划中特别要注意选择策略，也就是同一项工作计划可能存在不同的行动方法。选择不同的方法会导致时间、成本、效果、影响截然不同。制定策略最重要的因素就是不可脱离客观实际，要在能力、资源、经验、环境、时间、成本等条件方面做出可行性分析和平衡，切不可冒进或盲动。行动要迅速——一旦做出目标、计划、策略，行动一定要及时、迅速。因为有些环境变量因素的影响是不以我们的主观意志为转移的，一旦久拖不决，则会时过境迁，只有把握时间、速战速决才是上策。

（二）风险审计工作

组织安全风险防范体系建设的另一项重要工作就是风险审计。

谈到审计，就会联想到与管理工作相关的财政、财务收支依据、会计准则和审计准则，以及有关的法律、法规进行审核和检查的活动。这一工作由独立的专职机构或人员，按一定的程序和方法进行，并在审核后提出审计报告。

其实审计的意义不仅于此，近年来，国家对内部审计做出全新的定义：内部审计是一种独立、客观的保证和咨询活动。其目的在于为组织增加价值和提高组织的运作效率。它通过系统化和规范化的方法，评价和改进风险管理、控制和治理程序的效果，帮助组织实现其目标。内部审计从以财务收支审计为主的模式向以内部控制和风险管理为主的模式转变。

在涉及公共安全的风险管理中，许多风险是存在但不可知的，这就要思考“风险转移”的可能性，把不可预知的风险变为可以预算的投资，用投资杠杆撬动风险转移。

多年前，中国保监会的一位负责人幽默地说：“发生灾害或事故时，在发达国家，人们首先想到的是保险公司；而在我国，人们首先想到的是政府！向政府伸手要财政救济和支持。”一语切中要害，暴露出我国的公共安全风险管理的短板。

谈到“风险转移”，人们已经比较熟悉的方法是与社会保险业相结合。人们开始逐步建立起“把不可预计的风险变为可以计划的投资，将风险转嫁给保险公司”的意识。这是人们价值观念的重要转变，是思想意识的进步。但是，与之相对应的是中国保险业还远远不能满足市场的需求，针对各类灾害的财产保险、人寿保险产品种类匮乏，中国保险业的高级精算师、产品设计师人才稀缺。保险经纪业刚刚起步，服务模式和理念尚未被公众所熟悉和了解。

应鼓励将风险评估工作加入风险审计，对暴露出的高风险、低易发且不可预知的事故、灾害做出投资预算，将风险转移给商业保险公司。例如，上一年的组织绩效、本年度业务状况、未来行业发展趋势，以及利润率、盈利状态、运营成本、负债等，做出组织可承受的预算及所获得的风险转移，把保险投资纳入组织运营成本。

随着灾害保险市场需求的增加，中国保险业的迅速成熟与进步成为当务之急。目前，中国保险业的主要问题不是缺乏市场需求，而是缺少产品供给。市场管理学认为，未被满足的市场需求就是商机；创造新的产品启发消费者新的需求就是商机。不过，中国保险业目前与发达国家的保险业相比在这两方面差距还很大，商机驾驭能力还比较稚嫩。

保险业的核心知识是精算学，我国高校在这一学科领域起步较晚，是20世纪80年代后期由天津大学率先从英国高校引进了这门课程。随着我国学成回国的留学人才日益增多，新的生机注入了我国保险业。

在“风险转移”概念中，当今还有一种新的理论逐步被广泛传播，就是“安全风险审计”。人们印象中的审计无外乎三类：其一是内部审计，其二是外部审计，其三是公权力审计（政府审计）。现在提出的“安全风险审计”赋予了上述三类审计活动新的内涵。

回顾我国在安全生产管理领域的变迁，1999年12月，设立国家煤矿安全监察局（2020年10月更名为国家矿山安全监察局）；2001年2月，组建国家安全生产监督管理局，同时运行煤矿安全监察职权，2005年2月，升格为国家安全生产监督管理总局；2018年3月，全国人大批准国务院机构改革方案，实施“大部制”，设立中华人民共和国应急管理部，取消国家安全生产监督管理总局。全国各级行政管理部门随之也进行了相应的机构改革，一些与公共安全管理相关部门的业务纷纷调整并入新组建的机构。

每一次的机构改革人员编制是否需要增加？机构是否扩充？地方隶属机构是否扩大？行政费用预算增加多少？这些财政投入的效果如何？绩效标准怎样制定？投入与产出效益比率计算标准如何？这些都成为“安全风

险审计”的具体内容。

在每一个新组建的部门中，预算的编制往往成为各行各业最关注的焦点，这会让大家知道国家财政在各领域的投入规模。假如新的机构公布国家将拿出500亿元资金解决某一高危行业安全生产的技术改造问题，那这些投资的预期绩效比如何？每一家企业获得多少资金最合理？国家资金投入后，安全生产环境改善幅度如何量化评估？通过安全生产环境的改善，有可能避免的事故损失是多少？投入产出效益如何？

安全风险审计就是站在加强事故预防和安全生产的角度，以经济学的分析方法，向政府或企业提出科学的适量投入、预期产出、提高绩效、转移风险的有效方法。这种方法不同于仅把资金投向保险公司规避经济损失的方法，而是将可以计划的资金合理、量化、适度投入改进事故预防措施，同时全过程监督投资效果，并做出避免事故损失、提高经济绩效的客观评估。

“安全风险审计”最大的特点是：强调预防为主，体现以人为本、生命价值；科学、有效地规划和监督政府或企业的专项资金运作过程及结果；向证券交易所、银行、保险公司、政府提供真实且规范的事故和安全生产技术、措施的资料，增加透明性和可度量性，避免投资风险，维护各方权益。

“安全风险审计”在中国还是全新的概念，与保险投资合并使用既可以“亡羊补牢”又能够“防患于未然”，更重要的是发挥了对生命安全更加积极和主动的保护作用。今后，我国如果能够把“安全风险审计”纳入传统审计内容中，将会有助于增强审计对象的安全风险防患管理能力。“安全风险审计”工作也是安全风险管控工作的重要内容，对预防管理工作的投入、运行、监管、效果等发挥科学管理作用。

（三）应急预案工作

近年来随着公共危机管理知识的逐步普及和我国公共安全管理体制、机制的不断完善，应急预案工作取得了很大的进步。在知识更新、制度完善和经验总结的过程中，各级组织对应急预案工作的认识也发生了很大的变化。虽然近20年来我国各领域在加强应急预案管理方面取得了长足的进步和成绩，但是我们还需要经常检讨存在的问题或面对的情况。我们面对内部、外部环境的瞬息万变时，必须要以满招损、谦受益的心态迎接新挑战。因此，要不断加强和深入探讨安全预案管理尚存在的盲区、误区、问题、教训，使这项工作不断取得进步。

自 2003 年以来，应急预案工作在各个领域如火如荼地开展，基本覆盖了各行各业的各级组织；应急管理工作前所未有地被全面纳入各级组织领导者的重要工作责任中；各项制度、政策、法规、标准、条例也相继出台并不断得到完善；安全管理监督、检查、责任机制进一步得到落实。由此带来的就是全社会对安全管理的重视、环境的改善、安全管理的科学化和制度化，以及各条战线安全事故、事件发生率的大幅度降低、应对能力和经验的提升。但是我们也应该认识到，公共危机管理学是一门新颖的前沿学科，在不断地探索、研究和发展中，与其他管理学科一样，学者们可能存在着对同一个命题的不同认识、不同立场、不同观点和不同见解。管理科学的研究永远不会是永恒的、一致的，或者是一成不变的。以下观点可能会引起读者们的不同看法，不求认同，只求多一种思路、多一个想法。

前文我们提出并详细论述了公共安全管理的概念包含着两方面内涵，一个是“预防管理”，另一个是“应急管理”。这是两个内涵完全不同的概念，逻辑关系是交叉的。大家现在把安全管理统称为“应急管理”，把所有预案统称为“应急预案”，这是对公共安全管理工作中逻辑概念的混淆，结果会导致管理过程出现偏差或进入误区。

在此影响下，纵观多年来应急预案的内容重点都是出事后怎么办，例如对事故、事件的等级判定，四级分级响应机制，报告制度和行动要求的制度性规范等。虽然也包括了安全隐患排查、风险防范措施等工作要求，强调了安全管理责任制，加强行业安全监管工作的重要性，但这些毕竟属于“预防管理”范畴。两项管理是相辅相成、相互影响、相互作用、密不可分的，两个概念应该包含于“公共安全管理”的属概念之中。两项管理是“公共安全管理”所包含的两部分截然不同的管理内涵。因此，在整体表述中，如果包括两部分内容，似乎使用“公共安全管理”而非“应急管理”逻辑更为周延。

分析可知，我国各类组织现有的应急预案普遍存在的不足，主要表现在四方面。

一是繁。应急预案应是一个简洁易懂的指导计划和行动规范，简洁、通俗、易懂、易记为最佳。

应急预案应该是全体组织成员都能够知晓和积极参与的行动准备计划。在一些组织中，应急预案往往是由组织的领导者和安全管理职能部门的少数人管理，而组织的多数人没有机会参与其中，甚至不熟悉预案内容。这是一种非常危险的情况，当事故、事件发生时，需要的是组织全体成员在第一时间做出快速且一致的反应，而非仅靠少数领导者和管理人员行动。在紧急情况下，完全没有指导和告知组织成员们该怎样做的时间和机会，因此一个有效的应急预案应该重视全体组织成员的参与，在平时就让大家熟悉预案的内容和应对事故发生时的行动规范。

事故、事件发生时，责任与风险必须由全体组织成员分担，而非仅是少数组织领导者、管理人员。多数的组织成员只被呵护而没有责任是不健康的组织形态。

个别组织的应急预案内容可能含有保密内容，可以采取预案副本的技术处理方式把少量的涉密内容与多数的非密内容进行隔离，让组织全体成员都能够了解和熟知预案内容的公开部分。

二是静。应急预案一定是一个动态的行动准备文件，而非静止的。

很多组织在应急预案管理工作中忽略了对预案的动态监测、考核、评价以及对内容的修改、时效、责任和执行等方面的制度设计。一个静止的预案可能是无效的预案，因为外部环境随时发生变化，组织内部人员也在流动，技术及措施也会不断进步和改变，唯独在原始环境与条件下编写的预案不变，将会使这个预案无法适应变化的新条件与环境，导致预案无效。

三是虚。一个没有经过逼真演练的预案是不可靠的，形同虚设。

逼真演练有别于一般演习，是全体组织成员分好角色对预案的一次行动、操作、分工的体验式训练。演习尤同演戏，一台好戏需要具有三个重要元素，一是好剧本，二是好导演，三是好演员，缺一不可。剧本如同应急预案，导演就是应急管理人员，演员就是全体组织成员。首先导演会对一个好剧本产生二次创作灵感，把剧本中的故事尝试转变为表演艺术，呈现在银幕或舞台上。然后就是根据剧情需要物色优秀的演员，而演员接戏后首先是阅读剧本，熟悉剧情和所要扮演的角色，然后听导演说戏，充分理解导演的创作意图。最后就是通过演员们各自的舞台经验和才艺再现剧本中的人物和情节，一台好戏由此产生。应急演习也是大同小异的过程，读戏、说戏、演戏也是学习、指导、演习的过程，是一次对角色的进入和体验。

然而事件的发生、发展过程并不以人的主观意志为转移，并且一切事故、事件的发生都存在着突发性、无序性、差异性、变化性的特征，最大的风险就是在毫无征兆、没有预警的情况下突然发生。在这样的紧急情况下，往往人们会立即产生两种行为变化，一是精神紧张，二是行为混乱。因此，身不由己、慌不择路地做出危险举动。慢性病复发、受到惊吓导致精神崩溃等问题都可能发生。

应急预案往往是基于理论、案例、制度、标准的原则编制的，在真实事故、事件发生时，一定会遇到许多始料不及、出乎意料的情况，而逼真演练的目的就是为了充分暴露真实事件发生时可能会发生的问题，以使预案更加完善且符合实际，从而更加有效。

逼真演练与演习最大的不同就是事先不被告知，模拟真实事故、事件发生，突然发出警报。目的是在接近真实的情景下检验组织成员的应对能力和人们的心理反应，从而评估应急预案的实际效果。

这里要特别提醒大家注意逼真演练的风险性，组织逼真演练必须做好一切防护准备工作，主要的准备工作有三项。一是指令系统一定要经过精心设计和检测，能够真正做到令行禁止，尤其是“停止行动”的指令发出后，全体人员能够及时收到。二是现场的医疗保障，重点是对创伤、心脑血管疾病的抢救和心理辅导。三是尽量不要组织综合性、大规模的逼真演练，而是分部门、岗位、事故类型的局部、有限的演练，做到绝对可控。任何超越了组织控制能力的逼真演练都会存在和增加事故风险，而且后果可能很严重。

四是僵。预案体系过于强调四级分级响应的行动机制，而忽略了事件发生后事态的潜在递延危险。

预案编写者应该对“突发事件”“紧急事件”“危机事件”有更加深

入和准确的认识，否则会给领导者造成极大的决策失误风险，也会对组织成员产生误导。这三个概念是事件判断与决策的核心。

对一些事故、事件的调查发现，责任单位的负责人会说“我们平时有应急预案，也经过上级主管部门的审查和验收”，但事故还是发生了，而且造成了重大伤亡和损失。这不免会让大家认为，真正发生事故、事件时，平时投入很多资源和精力编制的应急预案无效或没用，编制预案只是为了完成上级的指示和要求。研究发现，导致应急预案无效或无用的主要原因就是在应急预案中忽略了紧急决策与常规决策的区别。即便是重大突发公共安全事件也要求按照预案中规定的程序层层上报，由上级组织决策，越是重大事件越是严格要求不可越权决策，造成“制度裹挟”效应。

近年来，各地发生的一些重大事件都曾因此导致事态扩大，造成不可挽回的重大损失。一些原本仅是偶发的事故，由于决策和行动迟缓而变成社会事件、政治事件乃至国际事件，使事故的性质发生质变。特别是每当重大事故、事件发生，首先要做的事情是采集事故、事件规模、影响、破坏力、直接损失等数据，对比量化标准后，再决定启动哪级应急响应。相应级别的管理部门才会纷纷介入，进入角色。

这里回顾一个典型案例：2008 年的“中国毒奶粉事件”（亦称“结石宝宝事件”）。2008 年 6 月 28 日，某军队医院泌尿外科首次接诊到结石患儿病例，随后不到 10 天内，泌尿外科又陆续收治 3 名来自甘肃省内的结石患儿。婴儿仅仅是靠液体食物补充所需营养，怎么会患上肾结石呢？2008 年 7 月 16 日，医院向甘肃省卫生厅报告，并向省内及北京的专家咨询。随后，卫生部也组织专家介入调查，但一直未能得出结论。入住该医院的患儿迅速增至十余例，年龄集中在 6 至 11 个月。截至 9 月 11 日，甘肃全省共发现 59 例肾结石患儿，部分患儿已发展为肾功能不全，其中一例患儿因肾衰竭死亡。此后多省陆续报告同类病例。截至 2008 年 9 月 21 日，因使用婴幼儿奶粉而接受门诊治疗咨询且已康复的婴幼儿累计 39 965 人，全国确诊患儿 52 857 人，死亡 4 人。另截至 9 月 25 日，香港、澳门均报告有 1 例确诊患者。

甘肃省卫生厅接获报告后当日便组织甘肃省疾病预防控制中心的专家到医院调查，多名调查组专家重点怀疑三鹿奶粉，但因没有直接证据而无法下结论。三鹿牌奶粉是国产奶粉中的知名品牌，全国有多少婴幼儿在服用这一奶粉无从统计。

涉事生产企业是地处河北省石家庄市的大型中外合资企业三鹿集团，其最大海外股东是新西兰恒天然乳品公司。外方公司早在8月初获悉奶粉出现问题后，立即向中方合作伙伴调查质询，要求召回所生产奶粉。依据新西兰法律恒天然乳品公司及时向新西兰政府报告了所发现的情况，新西兰政府通过外交途径致函中国政府，经过一个多月的努力未果。企业既不召回产品，官方也不回复外交照会。地方官员置若罔闻，试图掩饰。9月5日，时任新西兰政府总理海伦·克拉克亲自打电话给中国国务院领导人，介绍了所掌握的情况，这才使国家领导人了解到国内所发生的公共食品安全问题，中央严令彻查，至此才揭开了中国“毒奶粉事件”的黑幕，并掀起了一股自上而下的行政问责与司法追责风暴。

9月24日，中国国家质检总局公布对全国109家婴幼儿奶粉生产企业生产的奶粉三聚氰胺检验报告，结果显示其中22家企业的产品都检出三聚氰胺含量超标。三聚氰胺这种物质的特性就是遇水产生结晶物质，长期饮用就会沉积在婴儿肾脏形成结石，重症会引发肾衰竭危及婴幼儿生命。此后中国主流媒体纷纷深入调查，曝光了不法奶农为获取更多的利润向鲜牛奶中人为添加三聚氰胺，以提高奶中的含氮量，谋取更高的收购价格。

事件引起各国的高度关注和对中国出产乳制品安全的担忧。该事件重创中国奶粉商品信誉，许多国家禁止了中国乳制品进口。

事件从首例患儿确诊到病因确定历经3个多月时间，随后的司法调查也有证据表明最早的消费者投诉可以追溯到2007年末。其间，存在企业为追求利益的故意行为和一些地方行政管理部门的谎报、瞒报行为，触犯了法律，诸多相关部门责任人受到了法律追究。

2009年3月20日，中央纪委监察部公布对此事件中负有重要责任的国家质检总局、农业部、卫生部、工商总局和食品药品监管局的有关人员做出严肃处理。司法部门也对奶牛养殖、收购、生产、销售整个过程链中的犯罪分子依法做出死刑、死缓、有期徒刑的判决。

这场触目惊心的事件令人引以为戒，教训是多方面的，其中之一就是为什么会从初始的病例发现迅速演化为社会事件乃至重大国际事件？为什么失去道德底线的经营生产者能够长期为所欲为，光天化日之下做着伤天害理的生意？为什么庞大的行政监管体系处处失守？其中有两点教训是值得反思和需要改进完善的。一是缺乏一个有效的上报制度。对于可能会引发社会公共安全事件的首个确诊病例发现时，主诊医生和所在医院能够在第一时间同时向各级主管部门报告，一改现在的逐级汇报和请示的制度。这样可以令国家最高行政管理部门及早获得风险信息，关注事态发展，主动督办，整体把控形势，变被动为主动。此时各地行政主管部门在中央部门的督办下，绝不能掉以轻心，或有意隐瞒，或掩盖事故、事件真相，从而杜绝瞒报、谎报、误判的机会空间。二是进一步增加信息公开透明，为媒体松绑，接受舆论监督。同时支持公众依法维权，纪检监察和司法超前介入。

总结长期从事国际紧急救援工作的经验，根据事故、事件现场的特征和属性做出紧急决策比遵循循规蹈矩、僵化教条的常规决策更具有实际意义。在应对重大事件时的信息判断与决策是无法按照常规决策的方式进行的。因此，要从制度上进行改革，例如，涉及生命安全的事故、事件发生时，当地管理部门要在平时给予的授权下采取紧急措施，争取时间控制事态发展，与此同时向上级组织报告。不仅报告事故、事件信息，也要报告正在采取的措施和控制效果。如果仅上报、不决策、不采取必要的措施，则视为失职。还有就是对涉及生命安全的事故、事件的决策授权要非常明确，从制度上做到平时授权明确、到位，战时各级严格履行职责，各负其责，要把拯救生命的行动授权和社会动员的综合决策权下沉到基层。

以上分析得出一个结论：预案不是万能的，预案更不是万无一失的。不能由于有了应急预案我们就高枕无忧、掉以轻心。应急预案做得再好，也仅是对可预期事件提前做好应对准备，而对不可预期的事件则是无从准备的。因此，我们不能只注重应对措施的准备，而且也要加强预防管理，努力避免或减少事故的发生。预防管理与应急管理两手都要抓紧、抓牢。把组织现行的应急预案规范为安全管理总体保障计划，将内容细分为两份子文件。一个是预防管理规则，把原来应急预案中的如下相关内容汇编到新文件中：岗位职责、调查研究和风险隐患排查、管理规划、财政物资计划与保障、安全教育、监督检查和考核评比、安全建设（含科技研发和新技术应用)、检讨改进（含管理评估)、风险审计等。这些属于组织常态管理策略，重点在于平时的制度建设。另一个是应急行动指南，把原来应急预案中的如下相关内容汇编到新文件中：指挥系统、应急演练、发出警报、组织动员、快速反应、资源调配、紧急救援、信息管理（含新闻发布)、公众管理、事故调查（含司法调查)、善后处理、灾后恢复等。这些内容都属于非常态下采取的行动策略，重点是事故、事件发生时的应对措施。

综上所述，制度建设和应对措施成为今后组织安全管理工作中的两项内容，开展有区别、精细化的管理，形成相互作用的综合管理效果。

总结以上论述，组织要建立起“三位一体”的全面安全保障系统（见图6-3)。预防管理工作的核心是组织风险管理。要把风险隐患排查和风险管控作为常态化工作，把激励和责任体现到组织制度建设上。应急管理工作是要把应对事故、事件的有效措施纳入非常态管理的准备中，常备不懈。而两项管理都要以法律为依托，严格将法律、法规、政策、制度、标准作为基本工作准则，做到一切管理工作都有法可依，守法有责，遵纪守法。

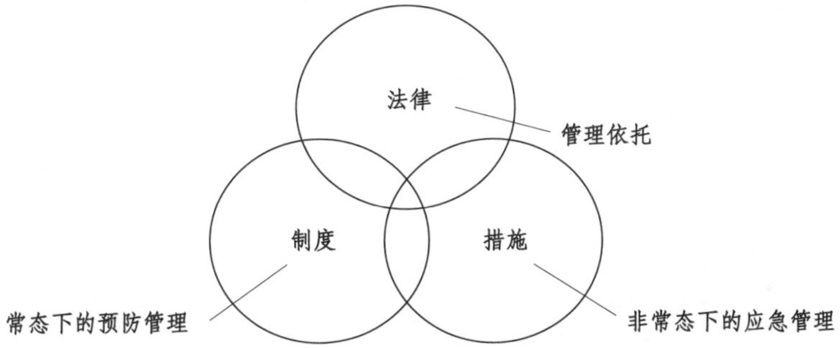

图6-3 “三位一体”全面安全保障系统示意图

五、安全管理总体保障计划设计

中央提出推进国家治理体系和治理能力现代化的目标是国家可持续发展的最高决策，也是各条战线、各行各业在发展中面对各种风险和挑战的自我完善和能力提升的根本之策。

出事一定是偶发的，不是常发的。因此，应急管理是非常态下考验组织应对能力的管理。更高级的管理理念是实现安全、不出事，使组织持久保持安全状态。因此，预防管理是常态下的一项持之以恒的管理，从以往的轻预防重应急转变为预防与应急并重，从过去重点着眼出事怎么办转变为预防为先的怎么办不出事。

生于忧患，死于安乐。忧患意识是一种清醒的预见意识和防范意识，是一种危机感、紧迫感、责任感和使命感。忧患意识的可贵就在于，能够从承平中预见危机，从有利中发现不利，未雨绸缪，防患于未然。

为落实近年来国务院有关部门就加强安全管理“双预防”的新要求，每一个组织都有必要重新审查和梳理十几年来业已建立的安全管理制度和预案，力求有创新、有发展、有进步。编制安全管理总体保障计划是在原“应急管理”理念和已有应急预案的基础上，为适应新的形势和环境做出的管理完善。

“双预防”是中央对预防管理工作的具体要求，为了实现这一工作目标，首先要做到调整、规范基础管理。这就需要制定一套符合组织实际情况的管理制度。图 6 -4 所示的是组织安全管理总体保障计划的设计流程图。

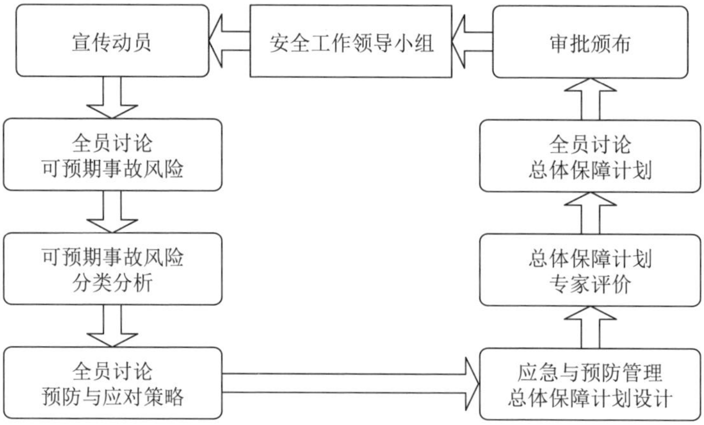

图 6 -4　安全管理总体保障计划设计流程图

基于以上认识，我们尝试按照流程完成安全管理总体保障计划的编制工作。

第一，根据中央“坚决落实安全生产责任制，切实做到党政同责、一岗双责、失职追责”的要求，组织好一把手挂帅领导这项重要工作，建立安全工作领导小组。小组成员要包含组织各部门的负责人，除业务部门外，还要有党、政、工、团、妇组织的负责人参加。当然，必须还要有经验丰富的预案编写专家。这一类人员也可以利用外部资源。

小组成员通过学习和讨论就组织的安全管理工作提出有待改进和完善的突出问题，就建立组织安全文化的理念达成共识并赋予其具体内涵。要争取达到更高的安全水平，所有人必须转变观念，对安全漏洞零容忍。只有当安全文化在每个人心里扎根时，才能更加有效地避免意外事故发生。“安全文化”的理念是目前国际流行的一种企业管理模式。这种模式不仅是针对生产安全管理者，更重要的是面对所有生产者。企业犹如一个人体，安全制度是肌体，安全文化是精神。在国际资本市场上，对上市公司的安全体系建设审查越来越重要。安全文化不仅是传统意义上的宣传和培训，而且是一种现代企业管理模式，是与企业绩效密切相关的高级管理形态。

组织的安全是涉及每一位组织成员切身利益的大事，因此也是全体组织成员共同的责任。要从根本上转变组织安全工作仅是领导者和职能管理部门责任的传统认识，要把组织风险和责任分散给全体组织成员，每个部门、每个岗位、每位工作人员都要有明确的具体责任。同时，还要重视建立组织安全文化，因为只有文化的影响力才能够让组织的多数人取得共识，并凝聚成实现组织目标的一股力量。组织安全文化不是简单地强加给组织成员的说教，而是促使每一位组织成员自觉地与组织建立相互依存的命运关系的理念。

第二，召开组织全员大会，把安全工作领导小组达成的共识和计划向全体组织成员传达。一把手宣讲组织安全文化的意义和内容，动员全体组织成员积极参与安全管理总体保障计划的编制工作，继而部署工作计划并提出具体要求。

第三，全员讨论和考试。宣传动员大会后，立即组织全员讨论，结合各自的本职工作畅谈对组织部署的工作认识，随后进行闭卷考试——你所在的工作岗位可能存在哪些事故风险和安全隐患？充分发挥每个人在各自岗位的工作经验、专业知识，仔细思考工作中的安全管理问题并作答。考试结束后，将考卷汇总，对不同部门、不同岗位的成员提出的共性问题合并同类项，对不同问题梳理排序，随后将整理好的答案交给安全工作领导小组。

第四，安全工作领导小组收到第一次全体组织成员的考试答卷后，对其进行问题分析，并请小组内的专家按照国家安全标准和条例规范对不同事故隐患分类。

安全工作领导小组的专家凭借其专业优势对全体成员提供的安全风险隐患和事故类型进行分类。以易发率和破坏力为参量，细分为高易发、高危害，低易发、高危害，高易发、低危害，低易发、低危害四种类型。从而准确、具体地把每一个可能发生的事故定性为红色、橙色、黄色、蓝色分级。

这样分类的目的是根据不同事故的危害程度采取不同的管理措施，合理支配有限的资源，避免眉毛胡子一把抓。红色类别特别防范，橙色类别重点防范，黄色类别常态防范，蓝色类别一般防范。这样的管理方式有利于精准防范、节约资源。再把分类后的事故类型列表反馈给提出问题的每个工作部门和岗位。

第五，将专家的分析报告发给组织成员进行第二次全员讨论。当大家看到分析报告后，每个人都会十分清楚各自所在部门和具体岗位的安全风险隐患、事故类型以及危害严重程度。有助于大家从经验、感觉转为定性的认知，知道应该怎样区分不同事故的危害程度，从而采取不同的防范措施。

这次讨论结束后再次闭卷考试。两道题：第一道题，根据你所在岗位的工作经验和专业知识，针对每一类事故发生时应该采取怎样的应对措施？第二道题，你所在工作岗位应该制定哪些必要的管理制度？答卷完成后送交安全工作领导小组研究分析。

第六，安全工作领导小组的专家根据答卷内容和小组讨论意见起草安全管理总体保障计划。这是最大的工作亮点，以往的应急预案都是由管理专家或咨询顾问撰写，通常是下级将上级的预案文件作为模板复制，或是借鉴行业预案作为参考改编，往往千篇一律，缺少组织个性化的内容。此外，由于以往预案都是由少数专家和管理者组成预案编制小组进行编写，在整体概念、文本规范、理论论述、法规引用等内容方面体现出非常专业的水平，但是存在着一个共同的问题，即对具体事故发生的应对措施越细分、越深入表述就会越模糊，最后也只能停留在原则或概念上，最重要的解决办法、行动规范和处置手段则无从表达，尤其是在应对各类事故的措施、策略、方法、指挥、行动方面更加缺少具有实际价值的指导内容。这是因为任何专家的经历和经验都有局限性，而处置措施和有效方法是需要从实践经验乃至从血的教训中积累而得的，因此导致以往的预案内容出现越具体越虚的共性问题。

现在推荐的方法充分调动了组织中每一位成员的积极性，让每个人都参与预案的编写过程，请他们提出各自岗位的事故隐患、应对各类事故的有效方法和管理制度的缺陷。把组织成员们的实践经验和专业知识贡献给专家，再发挥专家们的专业知识优势编撰组织的安全管理文件。依靠集体的智慧，发挥个人的能力，提高预案精细化水平，让安全管理总体保障计划更加具有实操性和价值意义。

第七，安全管理总体保障计划初稿编撰完成后，一定要广泛征求组织外部专家的意见和评价，这也是非常重要的一个环节。俗话说“外行看热闹，内行看门道”，尤其是没有利益关系的外部专家，往往眼光十分犀利，分析问题尖锐，适合对初稿“品头论足”。外部专家往往仁者见仁、智者见智，提出很多个人观点、认识、建议甚至批评，都要洗耳恭听。外部专家的意见哪怕有一条被采纳，也是一个重要的收获，将使得文件更加完善。至此，组织安全管理总体保障计划编撰工作基本完成。

第八，接下来组织全员第三次大会，把安全管理总体保障计划发给大家学习、讨论。这时相信没有一个人会说“组织的预案我只听说过，没见过！”“组织预案与我无关！”因为这项工作自始至终全员参与，大家都会发现预案的字里行间浸透着自己的贡献。换一个角度看，这也是把组织的安全责任真正分散给了全体组织成员，实现了管理风险责任分散的目标。

第九，最后一个工作环节就是向上级组织和属地行政主管部门征求意见并报备。

以上方法凸显出走群众路线的特色，依靠和发挥全体组织成员的力量改进和完善组织的安全管理工作。在这方面，习近平总书记特别强调：要坚持群众观点和群众路线，拓展人民群众参与公共安全治理的有效途径。要把公共安全教育纳入国民教育和精神文明建设体系，加强安全公益宣传，健全公共安全社会心理干预体系，积极引导社会舆论和公众情绪，动员全社会的力量来维护公共安全。

在公共安全管理工作中，还要强化的一项工作就是，建立重大公共事件的独立调查机制。目的是当事故、事件发生后通过独立调查方式减少公众的疑虑，避免利益关系合谋，避免行政干预，避免领导者意志影响，完善社会道德诚信体系，秉承专业、公正、真实，完善社会监督机制。

建议由各地人民代表大会授权，应急管理部（厅、局）会同各级人民检察院和纪检监察部门牵头组建公共安全事故独立调查委员会。常务委员会由人民代表、政协委员、工会、社会组织、新闻媒体、科研学术组织等各界代表组成。临时特邀委员可以针对具体事故根据需要向无直接利益关系的社会人士发出邀请。该委员会在各级人民代表大会授权下行使公共安全事故的独立调查职能，有权依法对各级政府、社会组织和公民开展勘验、取证、质询等调查活动。调查报告对人民代表大会负责。该组织性质为非政府组织，不具有执法权、裁决权和处罚权。各相关行政执法和司法部门依据公共安全事故独立调查委员会的调查报告行使各自的执法权。

第七章 新加坡公共安全体系建设

重点概述

他山之石，引以为鉴。在城市公共安全管理方面，新加坡有许多值得我们借鉴的宝贵经验。新加坡在全面防卫体系建设、社会公共安全文化传播、民族宗教关系、化解社会矛盾、防范非传统安全威胁、安全生产风险防控、紧急救援指挥系统、安全技术研发与装备等许多方面都积累了宝贵的经验，而且一直以开放的态度积极开展国际合作。

我国目前尚未拥有一所综合型的“公共安全暨紧急救援学院”，全国也没有一座多灾种高仿真综合模拟演练基地，各类专业救援队伍的训练标准化水平亟待提高。培养未来的专家型人才，培训现有的专业管理人员，承担公众教育责任，研究公共安全暨紧急救援法律、政策、理论和战略，开发实用新型的技术和产品等是全面加强国家安全治理体系和提高国家治理能力的一项系统工程。“公共安全暨紧急救援学院”的使命是创办我国系统的灾害预防和紧急救援教育培训课程，研究开发和引进国内外与其相关的新理论、新观念、新经验、新模式、新课程、新教法，并且在教育管理方面力求达到国际最先进的水平。在国内的专业教育领域实现三个目标：其一，最前沿的国际课程；其二，标新立异的优秀教育管理模式；其三，建立相关研究机构，在前沿理论、信息、技术方面进行科技研发，同时引进和开展国际合作，最终实现知识与科技成果的生产力转化。

纵观新加坡的国家安全治理理念，其核心就是全面防卫体系建设。这是面对未来危机的发生而做出的全社会动员和努力，国家发生的一切都与每一位国民相关，政府不应该是国家和社会危机发生时风险和责任的唯一承担者。此外，政府善于花钱买服务，买最好的服务，也是新加坡的经验之一。

我记得历史上新加坡国务资政李光耀先生在2007年11月访华时对中国外交部领导人说：“凡是中国人想做的事情，都会比新加坡做得更好。”是的，我们中国人不缺少能力和智慧，往往缺少的是认识。凡是我们认识到的事情没有什么困难不能克服，没有什么事情做不成。但是没有认识到的事情往往我们不会去做，即便勉强去做，也许很小的事情也做不好。因此，认识是根本，认识是成功的决定因素。

一、公共安全环境

新加坡处于扼守马六甲海峡和南中国海的独特地理位置，在第二次世界大战以前就被荷兰、英国视为东南亚最重要的战略要地和连接南中国海与印度洋的水上重要通道。

新加坡是一个都市化国家，领土面积狭小，人口密度每平方公里超过7 797人。常住人口超过40%是外国移民。多元种族、多元文化成为这个都市化小国的鲜明特色，同时也给社会公共安全管理增添了许多不确定的变量因素。新加坡政府把恐怖主义威胁列为第一防范要务，其后依次是疾病传播灾害、工业及公共场所事故灾害、自然灾害。

2019年《新加坡恐怖主义威胁评估报告》指出："新加坡面对的恐怖主义威胁仍高，但只有两成国人认为，我国可能在未来5年内遭受恐怖袭击。"这是新加坡内政部自2017年6月以来所做的第二次调查，目的在于评估国民对恐怖威胁的风险意识，可见新加坡政府十分重视和密切关注国民的态度。

尽管政治领袖多次重申，"恐怖袭击不是会不会发生，而是几时发生"，但只有两成国人认为眼前有受到恐袭的危险，这一点可以从两个方面来解读。一是这可能说明公众对政府防恐能力的信心；二是也可能显示公众把眼前的平安无事当作理所当然，而放松了警惕。

新加坡政府在2016年推出《全国保家安民计划》，并采取多项措施加强应对突发公共安全事件的能力，包括成立警方反恐紧急应对部队、快速部署部队以及原地反应小组等。此外，安全部门也加强在全岛各关键地点和口岸、海域的巡逻。新加坡政府在反恐工作上的积极作为，显著提高了人们对安全保障的信心。

新加坡政府领导人认为，"恐怖主义是无法由政府单独抗衡的，真正能够打败恐怖主义的是人民"。为此，新加坡政府各公共服务部门每年都要针对各自服务领域举行多种形式的演习训练活动。新加坡民防部队也会不断更新和发布包括急救、防火、和平与战争时期，以及恐怖分子袭击时的紧急应对程序（应急预案）。

恐怖袭击发生后的善后及修复过程，并不仅限于外在基础设施或服务的恢复，也必须考虑到恐怖袭击对社群关系的影响及心理与社会震撼，以及如何在恐怖袭击发生前在这些方面进行加强。让社区公众参与这类活动并建立公众的韧力，这是推出《社区参与计划》的原因。民防部队于2006年4月15日宣布，将把“新加坡紧急应对日”（Singapore Emergency Preparedness Days）活动的天数从48天增加至72天，以让更多人能够参加活动。“新加坡紧急应对日”活动建立起“有形防卫设施与无形防卫意识”的科学和整体概念，是跨部门协调能力与行动能力的检验，能够及时和有效地促进公民应急能力教育系统的改进与完善。

恐怖主义思想透过互联网的传播引发的一些人“思想激进化”案例，近年来，在新加坡也有更加频繁和上升的趋势。国内外环境的复杂化，致使新加坡国土安全形势一直很严峻，新加坡政府认为，再严密的防恐网络也不能确保万无一失，国民的警惕心仍是第一道防线。因此特别加强反恐信息公开，及时、动态向社会发布有关信息，时刻提醒国民提高警惕。

应对未来危机发生，新加坡政府建立了“本土危机管理部长委员会”，由内政部作为牵头部门，外交部、国防部、卫生部、新闻通讯及艺术部、贸工部是主要的成员单位。

新加坡是亚洲区域一个重要的金融资本市场，“反恐融资”是新加坡防范非传统安全威胁的新课题。恐怖活动的资金主要来自四个渠道——个人捐款、慈善、罪案及贸易，而资金流动的方式包含一般银行系统、非正式汇款及现金支付等。

随着洗钱活动在国际金融市场的蔓延，国际反洗钱合作的步伐也加快了，在此过程中金融机构的作用也日益受到重视。

“国际金融反洗钱特别工作小组”（FATF）成立于1989年，是联合国安理会领导下世界最具权威的国际组织之一，总部设在法国巴黎。这个组织负责推动国际社会制定法律条规与改革监管制度，在全球反洗黑钱与反恐融资领域发挥着重要的作用。2008年2月13日，新加坡成立“反恐融资协会”（Countering Financing of Terrorism）与国际组织紧密合作，近年来取得显著成效。

在2010年国际刑警组织会员国大会上由中国发起动议，将国际刑警组织（INTERPOL）全球总部从法国里昂迁往新加坡。由时任新加坡内政部常任秘书邱文晖出任国际刑警组织主席。地点设在新加坡纳比雅路（Napier Road Singapore）。

国际刑警组织成立于1923年，目前拥有194个成员国。该组织的职能是调查恐怖活动、有组织犯罪、贩卖毒品、走私军火、非法偷渡、贪污洗钱、儿童色情、高科技犯罪等。

2011年2月18日，中国与新加坡签订了《政府间安全合作备忘录》，主要内容包括中国公安部与新加坡内政部将继续在彼此所关注的领域加强合作，其中包括打击恐怖主义、洗黑钱、贩毒、非法入境等跨国犯罪案件，以及在灾害事件管理和紧急应对等方面进行经验交流及合作等内容。

二、全面防卫

新加坡有着一套别具特色的国家风险管理与危机防范体系。

一个十分脆弱的都市化小国如何面对复杂的安全环境呢？新加坡政府的策略就是努力打造起“全面防卫体系”（total defence）。1982年，新加坡国会以立法的形式通过了《新加坡全面防卫计划》，首次提出了“全面防卫思想”。每年2月15日是新加坡“全面防卫日”，这是新加坡一年一度的重要日子，旨在纪念新加坡1942年2月15日被日军占领和沦陷，同时也提醒国人重视国家防卫。每年这一天的傍晚6时20分，新加坡全岛响起空袭警报声，以提醒全体国民莫忘当年日军飞机对新加坡的首次轰炸。

全面防卫是面对未来危机的发生而做出的全社会动员和努力，国家发生的一切都与每一位国民相关。政府不该是国家和社会危机发生时的唯一风险与责任承担者，要教育广大公众临危不乱，行为有序。“全面防卫思想”的核心内涵是军事防卫、心理防卫、经济防卫、社会防卫、民事防卫，2019年又加入了一个“数码防卫”（网络安全）。国家在社会稳定与风险防范方面向全国人民灌输“居安思危”的思想意识；在社会机制和组织建设方面凸显出明确权力、任务、使命与责任；在资源配置与规划落实方面充分体现科学的决策力、管理力和行动力。“全面防卫体系”所包括的六方面内容各有要义。

（一）军事防卫（military defence）

在“军事防卫”方面，以国防部、军队、科研机构、军工企业、国际军事战略合作伙伴为主体形成的防卫力量和保障体系。

国防军备的目的是要阻止敌人的侵略企图，在阻止无效时也能够将来犯敌人速战速决歼灭。策略是依靠国民服役制度，依靠尖端军事装备，依靠先进科学技术，依靠国际战略合作。

新加坡实施兵役制度，年满 18 岁的适龄男青年必须服役两年。女青年不属于兵役制的征兵范畴，女军人是在众多优秀的报名女青年中严格精选出来的职业军人。她们经过与男兵同样的训练后会被培养成为各军种的指挥官，其中不乏女飞行员。这些女军人的人数大约占新加坡武装部队的 8%，都是新加坡青年人中的佼佼者。

职业军人、现役军人和预备役军人成为新加坡武装力量的主体。新加坡武装部队的陆、海、空、特种部队配备了现代化的装备，军人训练有素。预备役军人要每年回到部队进行体能、军事技能测试，保持召之即来的战斗力。

（二）心理防卫（psychological defence）

在“心理防卫”方面，新闻媒体、卫生机构、教育机构、社会团体承担着具体的社会责任。

心理防卫是指以国家为荣，效忠祖国，为祖国效力。强调保卫祖国主权与独立必须要团结，而团结是建立在对祖国的热情与荣誉基础之上的。无论发生什么危机或紧急情况，取得胜利或者失败、屈服都是建立在心理之上的。

新加坡政府的国民教育提倡不屈不挠、自强不息、坚定意志的精神。提倡全体国民为祖国而骄傲；勇于维护国家利益；危机发生时勇敢保卫祖国。这些教育是从小学生的《好公民》课本中就开始的，不同年龄段采用不同的宣教形式。

（三）经济防卫（economic defence）

在“经济防卫”方面，政府经济主管部门与金融管理机构负责组织、引导、监督、控制各类金融机构的健康运转，建立起一系列行之有效的监管措施和风险控制机制。

建立坚实的经济系统；制定有效的经济政策；训练多技能人力资源；做好充分的资金和物资储备；实施社会资源的统筹；从容应对未来的危机。

新加坡政府为在快速变化和发展中保持高度竞争力，鼓励国民不断提升技能和知识，以在变化的环境中胜任各种工作。要求人人终身学习和再训练，以维持经济竞争力。政府支持企业可持续发展和节约能源。在国民教育方面，新加坡政府大力宣传与提倡全体人民的共同价值观“自豪与关怀”，以引导和培养人民应对灾害威胁的行为意识与社会责任感。

《工作场所安全与卫生法》是新加坡唯一涉及安全生产的法律，法不在于多，而在于能够切实有效实施。新加坡这部法律强调从源头上杜绝或降低风险，而不是仅对已经产生的风险做出反应。

法律规定企业必须引入风险管理机制，内容包括：风险评估、风险监控，以及风险所涉及到的每个人。法律还规定责任与风险控制并行，谁有可能制造风险，谁就有责任采取有效措施控制风险。法律要求企业必须让从工人到业主的每一个人都能充分认识到自身的责任，实行“个人责任制”。当企业发生事故后不仅是要对企业依法处罚，而且还要追究企业负责人和员工个人的法律责任。

危险识别：把工作场所存在的危险按程度分为轻微、中等和严重三个等级，把事故发生概率分为很小、偶尔和频繁三个级别。

风险判断：对某种违法行为或某起事故做出风险判断，并且做出进一步评估后采取措施消除风险隐患，而非仅仅追究责任。

风险控制：企业必须对风险控制制订出明确的行动计划。

没有规矩，不成方圆，无法则无天。行业没有严密的规矩，国家没有严格的法律，必乱无疑。《工作场所安全与卫生法》的立法特色基于三大立法原则：（1）从源头减少工作危险，实行安全稽查员制度；（2）

业者视安全为己任以改善安全文化；（3）加大处罚力度，每个责任企业罚款最高额50万元新币，每个责任人罚款最高额20万元新币，监禁最长24个月。

根据法律规定，每一家生产型企业必须依法设立安全稽查员。企业要选拔最优秀的员工到人力部接受职业培训，通过严格的考试后获取政府颁发的“企业安全稽查员”岗位资质。从此这位员工具有了双重身份，既是企业员工，又是政府授权的安全稽查员。既要服从企业老板的管理，也要履行政府要求的职责。

稽查员在生产作业一线随时发现安全隐患时，他有权利建议老板停产检查，及时排除隐患。发现灭火器过期了，有权提醒老板立即更新。新加坡的企业老板们每当接到稽查员的提醒或建议时大都会“唯命是从”，立即采纳，否则，一旦发生事故他们就会被控上法庭，承担更加严重的法律责任。强制力是法制的属性，凡采取强制则属别无选择。只有公权力在对社会秩序实施保障的行动中才能够对公众产生具有法律效力的强制力行为。意大利现代新康德主义法学家韦基奥（G. Vecchio）指出：强制力与法律是两个在逻辑上具有必然联系的概念，哪里没有强制，哪里就没有法律。

与之比较，我国安全监督管理更多是政府的职责，监督执法队伍的不断扩大，加大了政府成本，并且不一定能够有效深入到每一个企业的每一个生产环节，未雨绸缪的能力有限。科学管理和规制建设是防患于未然的主动形态，与其事故发生后动用大量的资源和代价去“亡羊补牢”，不如树立科学管理观，注重规制建设，并与法制相匹配，形成完整的社会安全管理体系。

《工作场所安全与卫生法》立法初期所涵盖行业主要是建筑业、船厂、生产型工业企业。2006年3月1日起扩大管辖行业范围到运输业，含物流、空运、货运安全检查等相关行业；园林业，含园景维护业；水务业，含水供与污水处理业；酒店和餐饮业；保健和医疗服务业；兽医业；等等。这部法律取代了原《工业法令》，2011年9月，该法律已经延伸至所有工作场所，包括所有商业和政府办公机构。

新加坡“企业风险援助金”计划是新加坡政府为推行企业全面风险管

理所建立的援助计划，以提高企业开展全面企业风险管理的能力。这个计划从 2006 年 4 月开始实施，政府拨款帮助企业开展员工安全培训，专业咨询和顾问服务等。政府采取措施帮助企业做好准备，提高工作场所安全水平，以适应法律的规范与要求。为了执行政府的安全培训计划，政府承担所需培训费用和补贴员工工资。企业需要专业顾问帮助制定企业安全管理规章和风险隐患排查，政府提供有资质的专业顾问资源并补贴相关服务费用。企业更新安全技术或设备，政府给予高比例的补贴，以鼓励企业对安全设备更新的积极性。政府对企业所发布的每一项涉及安全生产的政策、规定、要求都有一个具体的资金支持配套计划，这种做法对中小企业效果最为明显。在新加坡，企业主们认识到政府的严格管理是为了维护企业的利益，双方立场是一致的，因此企业往往对政府发出的要求都会积极响应，极少出现抵触情绪。

新加坡人力部对未遵守法令的公司会发出警告信，并督促改进。随后被抽查企业中约有近半数进行了风险评估和安全管理改进。

新加坡工业意外死亡人数（每 10 万工人）：2004 年 4.9 人；2006 年 3.1 人；2010 年 2.9 人；2012 年 2.1 人；2015 年 1.8 人；2017 年 1.5 人。其中建筑业死亡率约占 40%。2018 年 11 月 7 日，新加坡人力部兼国家发展部政务部长扎吉哈对媒体表示：“我国的工业意外死亡率已经从 10 年前的 2.9 起下降到现在的 1.2 起，但是现在不是自满的时候，我们希望在 2028 年之前把死亡率降到 1 起以下。”

另据新加坡人力部提供的数据，目前世界上只有荷兰、瑞典、英国、德国这四个欧洲国家，工业意外死亡率低于十万分之一。现在新加坡已经成为亚洲工业意外死亡率最低的国家。

此外，根据新加坡《消防安全法》，新加坡民防部队负责工业、商业消防管理，工厂除安全稽查员之外还必须有一位专职防火经理。工厂或商业楼面积超过 5 000 平方米或人流超过 1 000 人/小时的商业场所都要设立最少 5 个人的公司应急小组（company emergency response team），这些人都必须经过新加坡民防学院的专业培训，获取岗位资格。他们要在发生火患的第一时间有能力立即主动采取措施控制险情。

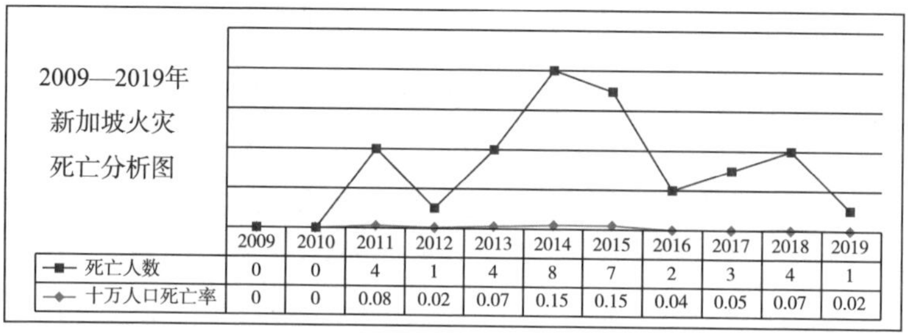

	2009	2010	2011	2012	2013	2014	2015	2016	2017	2018	2019
死亡人数	0	0	4	1	4	8	7	2	3	4	1
十万人口死亡率	0	0	0.08	0.02	0.07	0.15	0.15	0.04	0.05	0.07	0.02

图7-1　新加坡火灾死亡人数与人口死亡率分析

2008至2010年新加坡曾连续三年创下全国火灾死亡人数为零的优异记录，2019年全国火灾死亡率为每十万人口0.02%，堪称世界最好的水平（见图7-1）。

新加坡安全生产管理的经验总结：法制、管理与服务、科技、教育。

（四）社会防卫（social defence）

在“社会防卫”方面，社区基层领袖、社会团体、社区民众联络所、内政部等成为主导力量。

新加坡政府倡导不同种族、不同信仰的国民都能够和谐相处，安居乐业。了解彼此文化与习俗，各民族之间建立稳固的和睦关系，增强社会凝聚力。

新加坡立法保护弱势族群权利，促进民族间的融合与互信，尊重不同种族、宗教、信仰和文化。鼓励公众关心和帮助不幸的人士，政府与公众保持密切、有效沟通。

国际公认新加坡属于发达国家。与其他经济发展迅速的国家一样，新加坡也存在着社会分配差距过大所引起的一系列问题。“基尼系数”（Gini coefficient）是分析和衡量一个国家的国民收入分配与社会稳定关系的指标。

新加坡统计局最新数据显示，即使在不纳入政府额外补助与津贴的情况下，反映本地受雇居民住户收入差距的基尼系数也显著地从2018年的0.458降低到2019年的0.452，比2001年的0.454还要低。新加坡社会贫富阶层之间的工作收入差距逐步缩小。

中国的基尼系数在 2019 年底达到 0. 465，相较于上一年的 0. 468 有所下降。2003 年至 2018 年期间平均值为 0. 475。该数据的历史最高值出现于 2008 年，达 0. 491，而历史最低值则出现于 2015 年，为 0. 462。

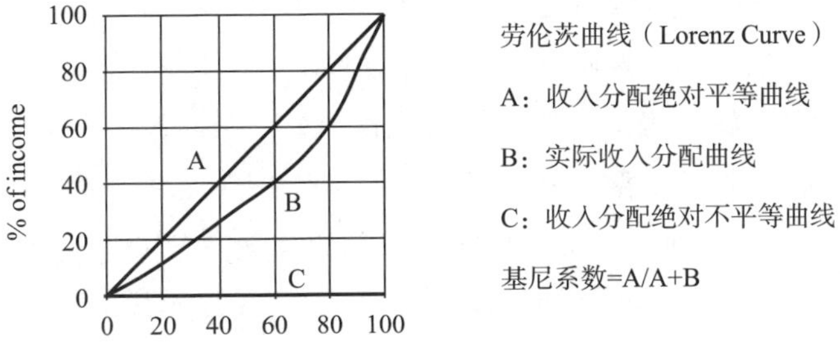

图 7 – 2　基尼系数分析图

如图 7 – 2 所示，当实际收入 B 偏离收入绝对平等曲线 A ≤ 0. 2 时，属于收入分配高度平均（事实上不存在）；0. 2—0. 3 时收入比较平均；0. 3—0. 4 时收入相对合理；0. 4—0. 5 时收入差距较大；≥0. 5 时表示收入差距悬殊。基尼系数越小，居民之间的年收入分配越平均；基尼系数越大，年收入分配越不平均。而 0. 4 是收入差距警戒线，超过这条“警戒线”时，贫富两极分化较为容易引起社会阶层的对立从而导致社会动荡。

在多民族、多宗教、多移民的都市化小国如何实现社会关系和谐稳定，成为新加坡国家治理体系中的一个十分重要的课题。在宗教与种族和谐问题方面，新加坡同样面对民族矛盾与宗教冲突可能会导致的社会安全风险。新加坡领导人认识到宗教及种族和谐是社会稳定中最重要的组成部分。国民必须能够接纳、学习和包容相互间的差异，政府也必须深入了解不同宗教及文化之间的差异。唯有这样，居民才能在和谐关系中生活。

新加坡政府在防恐工作中特别注意到，在其他国家发生恐怖主义事件后，随之而来的往往就是种族间的仇视犯罪，必须加以防范。不同民族和宗教的彼此了解、包容，和睦相处是在和平时期所必须要建立的安全基础。

发生于 1969 年 5 月 31 日的新加坡种族暴动，是 1965 年新加坡独立后至今两次暴动的其中一次。受马来西亚发生的“5 · 13”事件的种族冲突影响，这次暴动导致了多人死亡和受伤。此次发生在马来西亚的事件本与新加坡无关，但马来西亚的群体暴动影响扩散至新加坡，导致新加坡发生暴动并持续了7天。

2013年新加坡发生了“小印度骚乱”。2013年12月8日21时23分，一名印度客工在小印度跑马埔路和翰莎路的十字路口被一辆私人巴士撞倒后当场丧命，引发工友及路人不满，逾400名外籍客工参与此事，他们包围袭击了肇事车辆、警车和随后赶到的救护车，多辆救护车被暴徒及滋事者毁坏，暴乱共持续了两个多小时。这起事件是新加坡独立后的第二起骚乱，也是自1969年种族暴动后四十余年来的首宗社会骚乱事件。

事件发生后，新加坡政府迅速采取了以下应对措施：(1) 检讨“小印度”地区商业机构的禁酒法律执行情况；(2) 检讨外劳福利、待遇是否公平，采访外籍劳工，听取他们的诉求；(3) 引导新加坡国民正确看待事件，缓解对外籍劳工的不满情绪；(4) 及时责令印度电视台、《纽约时报》等境外媒体驻新加坡记者，要求对事件的失实报道予以道歉并纠正；(5) 及时照会印度驻新加坡外交机构，并为死者善后工作提供帮助；(6) 动态发布信息，开放现场，允许各国记者采访，主动引导舆论；(7) 表彰警察、民防和公众的有功人员；(8) 总统、总理及时表态，定性事件为偶发孤立性事件，稳定公众心理；(9) 严肃法律，迅速逮捕、起诉犯罪嫌疑人和遣送滋事者出境；(10) 就车祸交通事故，邀请独立专家参与调查和提出意见；(11) 欢迎学者对事件进行深度分析、评论，检讨社会管理问题，促使政府改进工作；(12) 迅速启动《紧急状态法》(临时法案)，扩大警员在现场的处置权力。

12月10日，新加坡律师公会根据《刑事法援助计划》为24名犯罪嫌疑人提供义务辩护律师服务。

12月13日，时任副总理兼国家安全统筹部部长、内政部部长张志贤正式委任4人成立独立调查委员会，彻查事件起因，要求在6个月内做出报告。调查委员会组成人员：前高庭法官塞尔凡（77岁）担任主席、前警察总监的郑大峇（72岁）、全国职工总会荣誉会长德培华（65岁）、西海岸公民咨询委员会主席蔡添水（61岁）。

调查委员会职权范围包括：确定骚乱事件发生的诱因以及警方与民防人员如何应对这起事件；评估“小印度”等外籍员工聚集地的管制措施是

否足够，并针对改善管理与降低类似事件发生的风险提出改进建议；按照《调查法令》第139A节条文行使权力。

新加坡政府处理这次骚乱不仅是依法追究行为人的法律责任，更重要的是调查分析事件诱因，找出问题所在，从根本上辨识风险源，提出改进方案，避免类似事件再次发生。

新加坡政府向全体国民提出“种族和谐”全民教育理念：各民族政治地位平等；缩小种族之间的经济差距；推行双语言政策；实施各民族居住融合政策；坚持政教分离；推动国民教育。

新加坡政府提倡种族和谐的精神，自1997年7月21日全国首次举办“种族和谐日”，此后又将它立法确定为新加坡的一个重要节日。这一天全国不同种族、宗教界都会举办交流活动，不同民族的邻居互致祝贺，加强彼此了解和增进关系融合。此外，华人农历新年、佛教的卫塞节、伊斯兰教的开斋节和哈芝节、印度教的屠妖节以及基督教的圣诞节和耶稣受难日都是新加坡的法定公共假日。

新加坡政府在宗教文化传播、宗教言论、宗教习俗、宗教合法地位、社区杂居等方面都有非常严格的立法和管制措施，宗教和民族问题在新加坡是非常敏感的社会话题。

在新加坡大多数公众都是居住在政府兴建的组屋区，而每一座居民楼的房屋都是按照民族配比出售的，不允许出现单一族群的聚居区，房主在转售房屋时也不可忽视这个要求。

新加坡法律严格规定雇主在就业和工作方面不得有任何种族歧视的行为发生，男女同工同酬。

新加坡从小学一年级开始就推行双语教学制度，除了公共语言英语教学外，不同民族的学生必须选择一门母语或其他语言课程，每一个孩子都要掌握至少两种语言。一些少数族群的孩子们不仅能够掌握英语和母语，而且很多还选择了华语。许多华人学生也能熟练掌握马来语或泰米尔语。新加坡人与不同族群的语言沟通能力较强，从而也奠定了文化包容和国际化跨文化沟通的优势。

在公众诉求方面，新加坡政府多年来执行着一个行之有效的制度，就是“议员民众接待日”，国会议员们每周要在本选区接待那些有诉求的公众。作者曾多次走访了议员的接待活动。晚上七点过后社区民众联络所内灯火通明，一些社区居民坐在大厅内依次等候议员的接待。这些议员都是本社区的居民们投票选出的，因此对他们有很强的信任感。议员们也会珍惜这种与选民直接沟通的机会，以体现自己的亲民形象，争取邻居们的信任。

征得同意，我随机旁听了几位居民的投诉。一位说："最近新加坡公交车车资又涨价了，我们一家几人工作每天都要乘坐公交车，看起来车资涨了仅仅几分钱，可是对我们家来讲一个月下来就是不少的负担增加。车资调整前政府为什么不听一听我们的意见？"

另一位长者对议员诉说着自己的不满："我家附近又建起了几座漂亮的新楼房，而我住的楼房老旧了，政府为什么不能给粉刷一下，让我们住的房子也美一美？"

还有一位阿婆情绪激动地对议员讲道："我住在一座老式的组屋楼房内，电梯只停双层，不停单层。我恰恰就住在单层，每天都要上一层或下一层才能够乘电梯。我现在年纪大了，越来越感到不方便。"

还有一位服役士兵的家长似乎因孩子在部队受到了长官不公平的对待，也在宣泄着不满的情绪。

只见议员们十分认真地聆听和记录着每一位居民的诉求，并且亲切地安慰着他们。接待结束后我走上前去询问这些议员："对于社区居民提出的这些诉求你们如何处理呢？"一位议员向我详细介绍了后续的工作流程。首先他们会把整理出的接待记录根据内容和问题转发给相应的政府、军队管理部门。这些部门在接到议员转来的群众意见后，必须在五个工作日内直接联系投诉者本人。一般会出现三种情况：其一，群众反映的情况政府已经着手在解决的过程中，只不过投诉者不知道，详细介绍情况后请他耐心再等一等。其二，群众反映的情况政府不知道，向投诉人进一步了解情况，并立案调查，随后会将结果及解决意见及时反馈给投诉人。其三，由于种种原因可能一时还无法满足群众的诉求，就把实际情况解释给投诉人，争取他的理解，并承诺一旦具备了条件会及时解决，政府不会放弃。一般情况下通过有效的沟通，都能得到群众的理解和配合。

“有没有议员转给政府部门的投诉被漠视，甚至不理睬投诉人呢?”我好奇地问道。议员对我说：“新加坡总理公署对政府部门有一个制度，就是各部门必须重视议员反映的群众的诉求。收到投诉的部门必须要在五个工作日内直接联系投诉人，并将结果反馈给议员。”“如果政府部门没有做到会怎样呢？您是不是要继续联系这个部门呢?”我追问道。“如果有这样的情况发生，我不会再去向这个部门过问这件事情。我会在下一次国会开会时当着所有国会议员的面去质询那位主管部长。”议员从容地答道。“那结果会是如何呢?”我似乎有些咄咄逼人地追问道。议员笑了笑说：“我还没有遇到过这样的情况，因为我知道每一位部长都不会让属下给自己惹来这样的麻烦，搞不好会被处分呀！当然那位惹事的公务员也许会因此丢掉饭碗。”

由此我联想到一次在新加坡公共服务学院授课的亲身经历，当我介绍到中国社会发展中的利益矛盾时，一位公务员提问：“请问老师什么是上访？什么是群访？什么是截访？什么是闹访?”他们感到这些词汇非常陌生，因为新加坡没有人会到政府去上访，政府也无访可截。新加坡有非常健全的民众诉求表达通道，有把政府、公务员、群众利益捆绑在一起的有效机制，有把每一位民众诉求限定在个体行为上的有效措施，而不会衍生成为群体性公共事件。议员们真正在代表着选区民众的利益转达呼声和监督政府作为。当然如果议员做得不好，失去的则会是下一届的选票。在新加坡我的邻居们遇到困难时最常讲的一句话就是：“有问题去找议员呀!”

（五）民事防卫（civil defence）

在“民事防卫”方面，1989年在原新加坡消防部队的基础上重组建立了新加坡民防部队，由总统赋予“国家拯救灾害总指挥机构”的新使命和责任。该部队与警察部队、社区民众联络所、社区基层领袖一道筑起了社会治安和灾害拯救的防卫体系。

应对未来危机的最好方法是充分准备，努力学习各种知识。新加坡政府领导人认为，训练有素的社区民众有助于提升国家的安全与治安。教育与训练公众是新加坡政府常年开展的一项社会活动，训练内容包括：辨识危险征兆，及时有效报告；准备紧急应变物资；实施现场急救；有效避险、自救、互救；寻找避难场所和获取救援物资。

在《社区应急准备计划》下的公众培训课程内容包括：急救包功能介绍；止鼻血；创伤止血；烧、烫伤治疗；骨折固定；窒息抢救；单人（CPR）心肺复苏；无担架运输伤亡人员；火灾应急措施；灭火器的使用；火场逃生技能；衣物着火应急措施；建筑物撤离措施；水、食物和燃料的配给及献血流程；生活用品的储备；公共预警系统；熟知各种类型的掩体；准备及占据民房掩体；公共掩体的进入、停留、撤离；户外藏身避难；化学品中毒特征；化学品伤员的净化；新加坡民防部队（SCDF）应急反应系统；危险化学品（IPP）防护；何为炭疽热及如何应对炭疽热恐慌；如何应对炸弹威胁。

新加坡的社会公共安全文化可以抽象地用两个字来表达，就是“决心”。他们把“决心”英语单词的七个字母拆分后各具内容，组成“决心”的全部内涵：

rehearse（演练）：加强预先演练，制定有效预案。

early（及早）：及早充实知识，学习专业技能，关键时刻节省宝贵时间。

seek（寻求）：寻求帮助与支援，团结互助。

oneself（自己）：与政府合作，维护自身安全。

love（热爱）：热爱祖国，保卫家园，人人有责。

vigilance（警惕）：提高警惕性，发现可疑征兆。

emergency（紧急情况）：面对突发事件，有备无患。

七个英文字母把决心的内容全部涵盖，这就是文化的影响力。形象、易记、易理解、共识，是设计公共安全文化理念的几个重要效果要素。

（六）数码防卫（digital defence）

公众必须保证安全，培养良好的上网习惯，保持警惕不要被假信息混淆视听，以及做有责任感的网上公民，表现出媒体素养。

网络安全威胁来自世界，现在公众必须抗衡的是网络诈骗、虚假新闻和网络袭击，吁请公众做好准备，培养网络安全意识和提升网络安全技能，以对抗数码时代（互联网时代）的威胁。

2019 年 5 月 8 日，新加坡国会通过了一项新的立法——《防止网络假信息和网络操纵法案》（*Protection from Online Falsehoods and Manipulation Bill*）。这部新的立法将会赋予政府更多的权力，对发布假信息的个人或网络平台可以行使强制措施，迫使其更正或撤下假新闻。对于恶意散播假信息，企图损害公共利益的个人或机构，政府还能依法向他们追究刑事责任。法案也明确规定：恶意在新加坡散播假信息的个人或组织，须承担刑事责任。如果罪名成立组织可被判罚款高达 100 万元（新币）；个人可被判坐牢长达 10 年、罚款最高 10 万元。

这部法律对假信息做出法理定义："假信息泛指虚假的事实陈述，涵盖所有捏造的信息，但也包括完全改变其原有含义的事实扭曲。基于事实的个人看法、批评、讽刺或谐仿，则不算是假信息。"

政府执法行为限定，假信息必须证实对国家公共利益造成了负面影响，政府才能正式采取行动。法案定义公共利益包括：公共卫生、公共秩序、公共财政和国家安全，外交关系，选举或公投结果，公众对公共机构的信心等。

法案赋予政府一系列精细标准、多样化的手段，来应对各类假信息。例如，对于大部分的假新闻，政府只要求作者在涉事文章旁刊登更正即可，公众可以自行辨识双方说辞并做出判断。

但如果假信息的影响太大，政府可能要求作者把整篇文章撤下；而如果该信息已被广泛传播难以删除，政府则可能要求在报章、社交媒体平台等刊登广泛性更正，向公众澄清事实真相。

对于传播假信息文章的网络平台，政府可要求它们刊登更正或屏蔽该文章。若发现有机器人写作程序自动创建社交媒体账户，大肆传播假信息文章，政府也可要求该平台关闭相关虚假账户。

新加坡律政部强调，上述各类措施并不是刑事处罚。只有当相关个人、组织或网络平台拒绝遵守以上规定时，才会启用刑事处罚。强制力是在特定的环境与条件下对公众所实施的特殊管制行为，因此其行为外延与内涵的限制及明确至关重要。如果出现外延无限大或内涵不明确，就必然会导致强制力的执行人行为规范模糊，失去公共理性，甚至超越职权、触犯法律、违背道德、激化矛盾、引发冲突，其结果会与初衷适得其反，成为不和谐、不稳定的诱发因素。

在新冠肺炎疫情期间，新加坡政府每天都在政府网站上及时发布对假信息的辟谣，方便公众对所关注信息的及时检索、比对、核实。同时政府也会向社会公开披露对假信息传播者的实名警告，其中包括对个人和境内外媒体。疫情期间发生多起政府公务员擅自对外泄漏政府信息的行为，也被提起法律责任的追究，并且向社会公布。

2019 年，新加坡政府宣布把“数码防卫”纳入全面防卫体系中，这也是自 1984 年设立“全面防卫日”以来首次增加新内容，成为全面防卫体系第六个重要的安全支柱。

新加坡在开展对公众的“全面防卫”教育时，把前五项内容形象地用五指来表达。拇指代表军事防卫，紧握武器；食指代表心理防卫，积极思考；中指代表经济防卫，保持竞争力；无名指代表社会防卫，对家庭与社会的承诺；小指代表民事防卫，触及最细小的地方。由于“数码防卫”来自虚拟社会，也就没有手指可代表，或者是双手五指全开，表示操作电脑键盘。这种十分形象的宣教对多语种国家公众的交流十分有效，尤其是对青少年教育。

以上“全面防卫”体系结构所涉及到的各个机构、行业与部门形成了一个完整的“内政群英”集体，并各自制订出积极应变计划，从而达到国家在风险防范和灾害应对时的系统可靠性的控制目标。

三、民防部队

995：是新加坡民防部队紧急求救电话。

70995：是新加坡民防部队紧急求助短信（特别为语言听力障碍或聋哑人使用）。

1777：是新加坡非紧急救护车服务。

新加坡民防部队是新加坡的国家品牌，隶属于新加坡内政部领导。与警察部队、内部安全局、移民与关卡局、中央肃毒局、监狱管理局、赌场管制局统称“内政精英”。该部队属于兵役制，1982 年，新加坡启动国家民防计划。作为新加坡警察部队的组成部分，民防部队成为执行国家抢险救灾紧急预案的先头部队。1986 年，新加坡民防部队成为新加坡内政部下属的一个独立组织。由于新加坡民防部队和新加坡消防局功能相似，1989 年 4 月 15 日，两部门合并统称为新加坡民防部队。

新加坡民防部队承担着一系列国家赋予的重要使命。包括提供消防、抢险救灾、紧急营救、医疗救护等任务。自 1997 年起成为新加坡政府授权在本土发生战争、动乱、事故、灾害的紧急救援和灾难拯救的总指挥和行动组织。新加坡民防部队全天候处理各种威胁生命安全的紧急事务。其紧急预案和灾害管理行动依据三个主要法令：1986 年的《民防法》、1993 年的《消防安全法》、1997 年的《民防避难法》。民防部队总监是新加坡紧急救援行动的总指挥，在“民防灾难应变计划”下各政府部门将充分予以响应和配合，以便能对各种灾难事件采取相应的紧急应变措施。

在一般民事灾难救援活动中，民防部队的总监是总统授权的灾害拯救行动总指挥和行动决策者，而其他各部领导人则充当保障者的重要角色。民防部队总指挥是一位资深的专家型高级指挥员，在灾害拯救行动中，所需要动员社会力量的援助与配合都由各部部长根据民防部队总监的请求在各自管辖和职责内行使快速反应的援助保障活动。其中包括：医疗、药品、外交、新闻、司法、戒严、管制、物资 、财力、人力、运输、军队、警察、海关、边防以及征用民间资源等。其特色是授权明确、分工细致、各司其职、互相配合、反应迅速、注重效果。

在灾难发生时，国家和政府领导人避免到现场直接干预拯救行动，不直接发出行动指令，而是时时关注局势变化，宏观调控各方力量，慰问罹难者亲属，安抚伤员，稳定局势，为灾难拯救行动营造安定局面，在公众中建立起精神寄托和战胜灾害的全民信心。

新加坡政府明确了自身的定位，在公共安全和紧急救援事务中，政府不仅负责立法和加强监督、稽查和管制，有效行使公权力，而且负责与各行业代表共同组成拥有执行权力的“工作场所安全与卫生理事会”。理事会经常向公众公布各企业的安全记录，向银行、证券交易所、保险公司等机构提供准确的企业安全信息；检讨和修订安全标准。此外，新加坡政府还善于利用“外智”解决国家重大安全课题和向国际公示发展信息。新加坡为了保持在安全生产领域始终处于国际先进水平，政府还成立了“国际咨询委员会”，长期邀请国际专家检讨和提升新加坡的安全管理结构。

新加坡危机处理小组的跨部门单位有卫生部、外交部、贸工部、国防部、社会发展青年及体育部、新闻通讯及艺术部、警察部队等的执行部门。危机处理小组向国家本土危机管理委员会负责。

新加坡民防部队与武装部队一样拥有训练有素的职业军人、现役军人和预备役军人，紧急情况下能够实现快速动员和集结。新加坡民防部队内设火灾消防、医疗救护、防空壕建设与管理、防火安全管理、公众教育五个分工明确的职能部门，追求专业化和卓越绩效管理。

新加坡民防部队在社会公共安全体系中肩负着三个重要使命：一是战斗队。在紧急救援行动中是专业化、现代化、军事化的战斗部队。二是宣传队。在平时担负着公众教育与训练的职责。领导与训练民防志愿者组织，在每一所中学建立学生民防制服组织，14 岁以上新加坡国民都可以自愿加入民防志愿者组织。紧急情况发生时，社区民防志愿者将协助和引导社区居民快速进入掩体，帮助老、弱、病、残居民转移和自救、避险等。三是工作队。被政府授权实行全国工业、商业、社区、政府机构的安全监管和执法责任。例如，强制执行消防安全法规和工程项目的安全审批、检查以及危险品监管等。

新加坡民防部队与新加坡人力部、新加坡生产力标准化与创新局合作，各自分工负责城市建设中的规划、建设、使用以及维护过程中的安全风险分析、评估、监督以及管理责任。其中包括涉及安全的项目申报、审批、制度、培训、稽查、标准、评估、诉讼、制裁等公权力行为，一切立足于防患于未然的安全保障立场。

新加坡民防部队拥有最现代化的紧急救援装备。移动指挥车由总指挥、新闻发布、组织协调、后勤保障、通讯系统五辆功能各异的特种车辆组成，能够迅速抵达事故现场建立起行之有效的指挥中心。流动指挥车具备了先进的科技装备，让指挥员能够更有效和更全面地执行任务。

新加坡民防部队的指导思想是加强事故应变的管理机制；强化预案及行动力；重视预防准备；严格执行管制条例。

新加坡是亚洲区域化工业的重要枢纽，无论是科研、生产、海运都有举足轻重的地位。产业重点分布在毗邻的裕廊岛上，这里是新加坡最重要的工业安全防范区。化学危险品事故的危害对海洋、都市都是难以预测的。辨识化学物质种类和了解周边环境状况是平时就要重视的工作。

裕廊岛汇聚着诸如巴斯夫（BASF）、埃克森美孚（Exxon Mobil）、朗盛（Lanxess）、三井化学（Mitsui Chemi casl）、壳牌石油（Shell）等国际大型化工企业。化工产业是新加坡仅有的为数不多的大型工业，其安全生产的重要性可见一斑。危化品事故在处理过程中，最重要的是，指挥员必须掌握及时的动态信息和准确的技术资料，为此新加坡民防部队把中国发生的“8·12”天津港火灾爆炸事件和“3·21”响水化工厂爆炸事件作为典型案例进行研究并作为训练教材，加强管理改进和模拟事故演练。部队配备了最先进的危险化学物质管理系统（HIMS），利用危险物质探测器读取现场气体采样，并将之转换成数据信息计算出气体的流动方式。

在城市安全管理方面，2006 年 1 月 8 日，新加坡民防部队组织了代号为“北极星 V”的特别行动联合演练。这次活动针对公共交通系统的地铁列车遭遇生化袭击和爆炸事件进行逼真的模拟演练。演练是要测试 22 个联动机构（包括新捷运和地铁这两家公共交通公司）的协作和紧急反应机制。演练结果表明，民防部队能够快速对“伤者”做出反应、封锁受影响的地铁站和公共汽车转换站、设置急救站和有效疏导人潮。

在当日最后一班地铁列车行进过程中，没有预先告知车上旅客，突然通过列车广播系统发布了危险警报。这时不仅检验着民防部队应急响应能力，也在考验着车上的每一位乘客。民防部队的专家在现场仔细观察和发现在慌乱中暴露出的薄弱环节和没有意料到的问题，这些信息采集都十分有助于此后对预案的进一步改进和完善。

这次演练更加凸显出公共交通沿线的志愿者组织所发挥的非常重要的作用，来自 22 个不同机构的 2 000 人和 3 400 位公众参加了这次演练。

一位国际专家观摩了此次演练后对民防部队总监说：“新加坡能够组织这样的演练让人难以置信，这类活动危险性极高，搞不好会死人的呀!”时任民防部队陈赞诚总监严肃地回答：“我们已经充分做好了最坏的准备，与其未来遭受打击时蒙受更大损失，不如现在承担一些风险。”这表现出新加坡民防部队强化应急预案的决心和努力。新加坡政府斥巨资组织大规模社会“逼真”演练的目的在于模拟真实情景下检验应对计划的疏漏及不足，以求不断改进和完善其应急响应预案。只有在模拟情景接近真实的状态下才能够观察和发现到拯救行动在物质、组织、心理、行动以及协调等方面的应对问题、能力和效果。这次演练达到了检验各部门及公共交通业者应付恐怖攻击能力的目的，同时也教育公众“防恐”不单是政府部门的事，更是关系到全国人民切身利益的问题。

事后新加坡传媒集团配合这项演练制作了一部多集、多语种的电视连续剧《防恐不乱》在各电视频道播放，以此来提醒公众对恐怖主义活动必须保持高度警惕。影片把世界其他城市曾经发生的恐怖袭击活动情节配上本地公众熟悉的地名、地标、环境，犹如新加坡遭遇到了恐怖袭击，力求取得现场感的氛围和效果，在电视屏幕上再现其恐怖场面和生命拯救行动，展开扣人心弦的剧情，以此教育公众学会应对身边发生的恐怖活动。

如今，在新加坡的公共场所和交通工具上随处可以索取有关安全防范的宣传手册，地铁车厢内也不时听到用英语、泰米尔语、马来语和华语播出的提示：“各位旅客，为了您的安全请保管好随身携带的物品。如果发现可疑物品请及时联络我们的执勤人员或拨打电话 999！”“999”是新加坡警察部队的紧急报警电话号码。

为了防范恐怖袭击时可能会造成大量人员伤亡，需要许多专业救援人员，新加坡民防部队组建了一支特别拯救营。这支部队的任务是：灾害现场的消防行动；危险物品排除；有毒物质的隔离与净化；生命搜索与拯救；基本防生化医疗等。

在特种装备方面，新加坡民防部队装备了目前世界最先进的特种专业车辆、器材。净化救护车可以同时运载 12 位躺卧的伤员，具有 6 辆救护车的容量，集净化设施、救护车、输送人员和装备为一体，具有三合一的功能。这种车辆可以在事故现场 7 分钟内开展净化作业，每小时可处理 60 位可行走的轻伤员，每小时可处理 10 位躺卧的重伤员。可以运载 26 名救援人员，储存完善的拯救设备。实施第一现场的医疗救护，并且在送院前迅速进行净化受化学物质、放射性物质感染的伤员是非常重要的，这样做可以增加伤员的生存概率，防止二次感染，阻断危险物质传播扩散源。

特别净化车配备的净化系统每小时可净化多达 10000 平方米的受污染地区，车内还装备了便携式仪器，如引擎喷雾器用于净化车辆与建筑物内部。

新加坡民防部队还积极开展对化学物质和生物（细菌）物质应变处理的研究与技术开发，不断提升应变处理能力，逐步强化与完善其应对措施。每一位战士都能够在现场执行探测危险和化学物质；采集生物样本；开展在受污染区域实施生命拯救；有效实施现场隔离和净化伤员等任务。

医疗救援车能在 5 分钟内设立好，在事故现场可以同时处理 8 位重伤员。

危险化学物质流动过滤车可在现场吸收并中和处理大量因事故导致或恐怖袭击释放的有毒气体。其中包括对高速公路上危险品运输车辆泄漏的化学液体、气体的过滤净化。

新加坡民防部队对危险化学品和放射性物质管理行使监管权，制定严格的管制条例，监控及禁止化学及放射性物质、危险物品被非法滥用或被盗取。设立和不断更新监控系统确保危险物品的进口、运输及储存得到有效的管理，始终把预防作为第一道安全防线。

它自 2003 年开始对危险化学品和爆炸品运载司机实施准证制度，通过图像技术对司机进行安全扫描，司机必须参与紧急应变训练。自 2005 年 7 月 1 日起，民防部队设立危险品运输车辆追踪系统，对运输危险物质车辆的行踪进行监控，中央监控系统可以实时追踪车辆行踪、司机身份和运载物品。以下可疑行为都会触动民防部队的警报系统：非法移动追踪器、非法驶离规定路线、不按规定时间运载危险物品、中途非法卸载货品等。情况发生时警报系统将瞬间被激活，立即可对行迹可疑车辆进行远程制动，并采取处置行动。

新加坡民防部队的先进装备许多都是从实战出发自行研发的专利技术，是根据实战需要和新加坡环境而设计的。从民防部队总监到各部队指挥员、士兵都积极参与技术革新活动，群策群力。通过专业的精神、卓越的行动和高素质的服务在消防、救援和紧急救护服务方面成为世界级的专业机构。民防部队设立总创意官，任何部队官兵都可以随时提出个人的改进建议和设想，经过总创意官主持的专业评估和分析判断其可行性，提交给部队高层指挥官决策。这就是靠集体的智慧保持部队的创新精神。

为了解决稠密商业区、社区和地下设施的消防问题，新加坡民防部队在世界首先装备了自行设计的机动性能极佳的小型消防车，而且通过媒体向社会公众征集名字。“红犀牛”就是在广大公众热情参与下，在众多候选中脱颖而出的名字，投选者是一位普通的新加坡公民，他为此获得新加坡民防部队授予的殊荣和奖金。

前民防部队总监陈赞诚说：“我们的装备设计出自实战经验，因此非常实用，而价格却远远低于国际市场同类产品。唯一感到遗憾的是，我们是按照最严重的灾害准备的，至今还没有机会在实战中去使用这些装备，如果在中国就能够派上更多的用场，以拯救生命。”

消防摩托车也是集消防官兵的实战经验设计的灵活轻便、机动性强的运载装备。两辆车为一个战斗小组，由消防指挥员和医务人员组成。车辆配备了轻型消防和便携医疗、通信设备。一旦接到消防报警电话，首先出动。两位指挥员各司其职，以最快速度抵达现场后对火情和人员伤亡情况分别做出专业评估。如果是小事故，他们二人即可现场解决。如果事故较为严重，他们会根据专业判断调动合理的消防和医疗力量到现场救援。

这种做法既可以有效避免盲目派出过多的救援车辆，造成资源浪费，又可以克服公路交通阻塞引起的行动延误困难。公众报警有时也会夸大险情，由专业人员到现场调动力量会更加精准有效。新加坡民防部队在接到报警后执行严格的行动规范，消防车 8 分钟内抵达现场，救护车 11 分钟内抵达现场，因此全岛的服务半径分布和部队布防也是经过周密设计和建设的。

1999 年，新加坡民防部队设立民防学院。学院致力于高素质理念、系统理论研究、正规化教育、高科技装备和“逼真”演练。

新加坡民防学院是新兵训练、指挥员培养、职业安全教育和国际民防培训的教育训练基地。这里的基本教育训练课程包括呼吸设备，化学安全须知，应急反应队伍的生、化、放射、爆炸危害（CBRE），消防，高层建筑应急反应队伍，工业企业应急反应队伍，高级高角度救援，狭窄空间的进入和救援，危险物品的紧急处理，危险物品运输司机培训，事故管理，基础生命紧急抢救资格，灭火器使用和维护，火灾安全知识，注册检查员火灾安全，防火安全经理。

还有一些是培养高级指挥员和国际教官的国际学位课程。新加坡人力部也会委托民防学院对企业安全稽查员、消防经理进行培训、训练、考核。新加坡民防学院为来自五十多个国家的学员提供培训，并受邀在中东等国家派驻教官，帮助当地进行系统的训练。多年来，中国一些部门也陆续派出各类专业人员到新加坡民防学院接受培训和技术交流。

新加坡民防学院最亮眼的是拥有两所高仿真度大规模演练场，规模大、安全性强、科技含量高、模拟逼真度高、训练项目多等独具匠心的设计理念在全球业内实属罕见。高仿真的模拟训练可以使专业救援人员获得强烈的现场感，提高行动的敏捷度，加强心理承受力，减少精神紧张，磨砺现场判断力和经验。特别对新兵战胜恐惧感是最有效的训练手段。高仿真度大规模演练场的一切训练科目既展现出极逼真的场景，也充分考虑到受训学员的人身安全，具有完备的保护措施，进而避免训练伤亡事件发生，使官兵训练安全始终处于完全可控的状态之下。

两个模拟训练基地包括：炼油槽、大型石油液化储罐、化学工厂和仓储、餐厅、酒吧、墓穴、厨房火灾、爆炸、建筑物倒塌、室内火患、舰船失火和生命拯救、交通事故、呼吸耗氧和方向辨识等仿真场景。涉及烟雾、气味、水、气体、灯光、声音、震感、黑暗等模拟环境。训练科目包括电梯井救援、高角度救援、地下室浸水训练、切割及破坏训练、建筑支撑训练、狭窄空间救援、隧道浸水救援、搜索训练、生命探测、入口及通道训练、金属隔栅强行破拆、高空自杀救援、高空训练、气体泄漏救援、溢油及法兰事故救援、喷射火训练、烟气训练、黑暗方向辨识、体能与耗氧训练、自我保护与自救等。

一些欧美国家的专家参观后惊叹：“没想到一个小小的新加坡，居然有当今世界最先进的高仿真模拟综合训练基地!”

让人们更加关注的是，近年来在各国发生的一系列特别重大灾难中都会看到新加坡民防部队在灾害现场参与生命拯救行动的生动场面，这一行动已经成为国际合作与援助的一种新形式，受到联合国及众多国际组织的赞誉，堪称国际典范。

在2008年中国“5·12”汶川大地震发生后，新加坡民防部队派出了由55人组成的国际救援队，这支队伍携带着先进的搜救仪器和四只搜救犬出现在什邡市的极重灾区，这也是第一支抵达赈灾现场的外国国际救援队。

每当救援队寻找到一位遇难者，他们都会摘下头盔，向死者默哀！与此同时，新加坡政府率先向中国援助20万美元支持抗震救灾。广大公众发起了大规模募捐活动，将47吨赈灾物资、超过两亿元人民币的社会捐款及时送到了灾区。

2004年12月26日凌晨，印度洋9.3级地震引发大海啸。由38人组成的中国国际救援队最早赶赴印度尼西亚开展赈灾活动。飞机在印尼棉兰机场着陆后，救援队看到当地机场已经瘫痪，政府也停止了运作。没有人接收救援物资；救援队不知该怎样到最严重的受灾地区开展救援；队员中没有人能够讲印尼语，出现沟通障碍等。在举步维艰的情况下，中国国家地震局紧急联系了时任联合国授权的印度洋海啸救援指挥协调中心总指挥、新加坡民防部队总监陈赞诚。陈总监获悉中国国际救援队在印尼行动受阻，立即调动新加坡民防部队中能够讲印尼语和华语的官兵组成国际救援队，在空军的支援下乘两架“大力神”军用直升机紧急飞赴棉兰。两支队伍会合后，一起把中国救援物资运抵重灾区班达亚齐，并共同投入到当地的赈灾活动中，谱写了中国与新加坡合作开展国际灾难救援的靓丽华章。

1990年7月16日，菲律宾大地震救援；1993年12月31日，马来西亚吉隆坡高层建筑倒塌救援；2005年10月8日，巴基斯坦南亚大地震救援；2011年3月11日，日本大地震引发海啸救援；2018年3月8日，老挝阿塔佩乌省溃坝水灾救援……30多年来，新加坡民防部队已经18次赴境外参与国际人道救援活动，成为小国外交关系中一张十分亮眼的“名片”。

四、社会动员

（一）《社区安全与保安计划》

新加坡政府制订了一套促使全民参与的应急动员计划，以确保国家一旦遭到恐怖袭击或遭遇重大灾害全体国民都能保持团结，行动一致。新加坡领导人认为，政府推动这个把社会各个阶层、各个团体和学校都包括在内的社区参与计划的目的，就是要促使国家在灾害发生时，能够做出政府与国民的集体反应，懂得如何应对。

新加坡政府在全国推广《社区安全与保安计划》，通过社区参与活动同各阶层民众及社会团体进行交流，研究如何在危机发生之前加强国民应对灾害和恐怖主义威胁的思想准备，同时避免新加坡这个多元种族及多元宗教社会在遭受灾害之后，出现族群关系紧张甚至民族仇视的局面。《社区安全与保安计划》包括和平时期公众教育与训练的社区参与计划和紧急时期的全民应急动员计划。整个计划的推广与执行主要由新加坡内政部所属的“内政群英”分工负责实施。“内政群英”特指新加坡内政部所领导的七个职能机构，即移民与关卡局、中央肃毒局、赌场管理局、刑事调查局、监狱管理局、民防部队、警察部队。

（二）灾害应急的财力保障模式

在应对灾害风险的政府财力准备方面，新加坡前国会财政预算及审计委员会主席坦然告诉我：“面对灾害所造成的损失和应对准备金是无从预算和计划的，因为不可确定的影响因素太多了。新加坡的做法是在灾害发生时各政府机构立即调动所属的现有资源进行拯救活动，与此同时国会会在总理的要求下召开紧急会议，对各行动部门的资金不足或垫付给予紧急追加或补充。这笔计划外的资金将可能会动用到国家储备金而不是国家年度财政预算。”

新加坡前民防部队总监陈赞诚说：“突发事件的灾害准备金确实难以预算，但是预防灾害的投资却是可以准确预算的。在预防准备方面政府各部门都会在其职能范围内确定明确的工作内容和计划，从而很容易就能够在物资准备、科技研发、改进装备、人员培训、训练演习、全民教育等方面做出政府预算。其中民防部队在灾害拯救计划方面就承担了对公共场所、生产和商业机构、社区家庭等的灾害预测、损失评估、应对预案等方面的预算编制工作。”

在新加坡政府财政预算案中，每年都会有几百亿新元为每个政府部门提供在本财政年度与之相关的开支预算。该预算案中除常规的国防和治安建设与管理预算外，并没有针对某一灾害发生的专项准备金预算。应对突发灾害和国际人道援助等方面的政府额外开支，则会在本年度预算中做出补充拨款。新加坡国会每年都会在讨论下一年度的财政预算中，对各政府主管部门编制的预算计划进行质询、审查、讨论和审批。对上一年度的预算外透支予以审计和追加。这些经费包括抢险救灾和灾后恢复与重建等不可预算开支。对于可预算的防灾经费则必须提前提交所需经费的项目计划和概算。新加坡的国防、国土安全预算属于特别预算，其内容一般情况下不对外公开披露。

除了政府财力保障计划，新加坡政府还十分重视“灾害应急商业保险机制”的完善。新加坡政府在公共风险的分析、预测与防御措施方面，注重将不可预计的风险转为可以计划的投资，将部分风险最大限度地转移到商业保险市场之中。据了解，新加坡保险市场非常繁荣。目前有各类保险公司一百多家，各类保险中介服务公司二百多家。新加坡金融管理局于2000年就对其市场采取由直接管理转为直接监督，并且采取全面开放的政策，撤销了过去外国投资者在本地保险公司不能持有超过49%股权的限制，并鼓励该国保险公司相互合并或与其他金融机构结盟。此外，金融管理局还推出一系列措施，提升保险公司的企业监管和服务行为水准，以保障保户的利益。金融管理局指出，开放保险业的目的在于促进市场的现代化和效率，为新加坡人提供更多种类、更有价值的保险产品与服务，以此加强新加坡作为国际金融中心的地位。

新加坡的保险产品种类繁多，有些适合本土风险保障，有些适合海外高风险地区的安全保障。许多保险经纪公司从客户需求角度向保险公司寻求适合的保险产品，而有些则为客户量身设计产品，并寻找保险公司承保。这些保险经纪公司为许多政府机构和企业提供特定对象的保险策略咨询和研究、选择或设计保险产品、担任常年保险顾问。保险经纪服务业在新加坡保险市场上发挥了重要的促进作用。政府也会采取财政转移支付策略为政府公共设施和国民人身及财产安全做许多基本的社会保障保险。这些保险在风险实际发生时会大幅度降低政府的经济与责任压力。政府的策略也为保险公司营造了一个稳定而又长期的规模市场环境。

（三）制度建设与法律体系

新加坡是一个崇尚“法律之上没有权威，法律之内最大自由，法律之外没有民主，法律面前人人平等”的法治化国家。新加坡具有完备的法律体系，靠“有法必依、执法必严、严刑峻法”治理出了一个安全有序的社会环境。

新加坡已经编织了一个在全世界都堪称最先进的法律网络，严密的法网覆盖了社会经济与人民生活的各个方面。商业法律法规采用国际原则，具体分为基本移植和重新制定两种，既有英美法系，也有新加坡法。目前，新加坡现行法律有四百多部，法律适用的范围非常广泛，从政府权力、商业往来、民事纠纷、城市交通，一直到人民生活的各个方面几乎无所不包，细到对烟、酒、口香糖的生产、销售、购买、食用管制，以及对公共场合下个人行为的严格规范等。一旦发现无法可循或需要修正法律，立即由国会立法或修法。另外，新加坡法院还时常援引可作判案根据的判例，使得法律适用更加广泛，其中包括作为最高法律的宪法、国会法规与条例、立法法、补充性立法、司法判例、法律承认的惯例等。

（四）法律的公众性

新加坡有一套严格的执法机制和执法程序，强调法律的公众性及法律面前人人平等，任何人在新加坡违反法律都要受到法律的制裁，没有其他办法可以变通。独立的司法体系严谨地将此原则付诸实施，不论是内阁部长、普通人民、富贵名人、贫穷市民，不论种族、宗教、肤色、语言，也不论是外国人还是新加坡公民，都一律受到法院依法庭程序平等的审理，也都同样享有诉讼及辩护的权利。

政府高层领导人更是带头执法、守法、护法，用表率作用彰显法律面前人人平等。新加坡法院的判例中有判处内阁部长及商业事务局局长贪污和欺骗而坐牢的；也有判处美国青年涂鸦私人财产而被施以鞭刑、坐牢、永远不准入境的；还有判菲律宾女用人谋杀罪名成立而被处以绞刑的；更有军事法庭对现任国家领导人的孩子违纪而依法惩戒的。在新加坡，凡被发现并被证明涉及贿赂和贪污案件的外国公司，都被列入黑名单，永远不得参加建设工程的招投标活动。

设在中国香港的“政治及经济风险咨询机构”（PERC）很多年以前就把新加坡法律制度的效率与可靠性列为亚洲第一。新加坡透明公正的司法体系，使市场活动的参与者能够获得充分的信息，减少了投资的不确定性影响和风险，提高了社会的经济效率，增强了广大投资者，特别是海外投资者的信心。

（五）安全生产法律保护

新加坡在涉及公共安全领域的制度建设和法律配套也是比较健全和有效的。为了改进工业安全条件，新加坡国会于2006年1月17日通过了《工作场所安全及卫生法案》，取代了原有的《工厂法令》。实施这一法案的政府机构是新加坡人力部。新法案的三项立法原则是：注重从源头减少工作危险；业者视安全为己任，以改善安全文化；提高惩罚力度，加大违法成本。

新加坡人力部在解释提高惩罚力度的依据时表示，必须确保不遵守安全行为规范的惩罚足够严厉，以让人们彻底改善职业安全及卫生的文化。罚款额度必须反映安全管理不当的真实成本，包括工程被迫中止的代价及对公众造成的影响后果等。

新加坡政府检讨安全法令是基于2004年尼诰大道施工时发生意外坍塌，造成4人死亡和100多万元经济损失而做出的修宪行动。这一法令将会使工人利益得到更好的保障。该法令已经逐步适用于所有政府、工业、商业、服务业的工作场所。如今新加坡安全生产事故的意外死亡率评价指标超过了欧洲主要工业国家的最先进工业安全管理水平。

新加坡总理李显龙认为，新加坡所拥有的四大核心要素是应该加以维持的，那就是与世界的联系（connected）、开放（open）、可靠（reliable）和进取精神（enterprising）。

五、平安新加坡

在危机决策研究方面，2006年3月新加坡国家安全统筹部下属的职能机构“国家安全协调秘书处”与新加坡国防与战略研究院联合设立了“卓越国家安全中心”（Centre of Excellence for National Security），以作为政府的国家安全决策智库机构。“卓越国家安全中心”隶属新加坡国防与战略研究院，该院的定位是为选定的国家安全课题积累知识，为决策者和其他国家安全机构提供有益的建议。时任该中心主任的是古玛·拉马克里士那（Kumar Ramakrishna）副教授，他原是国防与战略研究院的研究员，由他领导的一支由国际研究人员组成的队伍主要研究三个领域的国家安全问题。这三个领域是交通安全、社会恢复、风险评估与侦测。

交通安全研究小组探讨的层面很广，包括航空、陆路交通、海事和供应链的安全。社会恢复研究小组则探讨社会各阶层在发生恐怖攻击后的恢复能力。风险评估与侦测（risk assessment / horizon scanning）研究小组则探讨其概念、方法以及跨政府部门的应用工具等。

过去几年，新加坡政府推出了全面的防恐措施，其中包括构建国家安全战略框架；设立国家安全协调秘书处以统筹不同政府部门工作、资源和专才；加强国家安全保障，提高国家应对常规军事威胁以及恐怖威胁的防卫能力。政府也非常注重培养公众的防恐意识，加强社区凝聚力以及唤起人民的责任感与认同感。

新加坡在国家安全防卫中积极拓展国际合作关系。2007 年 11 月签署了《东盟经济共同体宣言》；积极开展对本区域国家的防恐、灾害防御、疾病传播等信息和区域合作战略研究；新加坡先后与美国、澳大利亚、中国签署了国防安全合作条约，内容包括应对恐怖袭击、边境安全以及灾难生命拯救等国际合作。特别是 2019 年 10 月 20 日新加坡国防部长与中国国防部长签署了两军《防务交流与安全合作协定》，标志着两国在军事合作领域开启了更加紧密的友好合作。合作机制下的“双边军事热线”、两国防长对话机制、合作军事训练与演习、海事安全合作、后勤互相支援等具体项目已经陆续顺利展开。

由于国际风险局势的变幻莫测以及国内危机防范更加紧迫，新加坡政府敏锐地意识到，以往在情报采集、处理、使用方面各机构自成系统，这种体制已经不适应新的形势发展需要，从而集中人力、物力、财力资源，完善并加强了国家安全统筹部的决策与领导职能。

新加坡在全球率先启动“风险评估与侦测安全机制”，把应急防卫提升到常态的全面风险与危机管理。英国科技研发公司“快速未来”（Fast Future Ventures）的总裁塔尔瓦说：“新加坡是全球第一个建立‘风险评估与侦测机制’信息系统的国家，而这也是该领域最具雄心的一个开发计划。”这一科技成果将使新加坡武装部队、民防部队和其他国家安全机构在新加坡安全协调中心的网络系统中彼此更加集中和精准地分享有价值的信息情报。

早在2005年10月，新加坡政府就已经着手建立一套风险评估与侦测机制，以全面搜集、分析和解读各种情报及灾难预测，特别是捕捉那些看起来微不足道的微弱信号，力求充分掌握各种可能构成威胁的情况。风险评估内容包括自然灾害、疾病疫情、人为破坏、事故灾难以及战争和国际恐怖主义威胁灾害等。

风险评估与侦测机制（risk assessment and horizon scanning system）是由新加坡国家安全协调中心、新加坡国防科技局和新加坡国防科技研究院（DSO National Laboratories）与两个主要咨询顾问机构——美国阿灵顿学院（Arlington Institute）和“未来学”研究机构“尖端认知”（Cognitive Edge）公司——合作共同研发的风险预警系统，是全球第一个应用大数据技术实现的模拟灾害风险和破坏力的科技成果，于2007年3月对世界公布。这个机制的重点放在国家安全威胁上，最终目标是广泛应用于预测经济发展趋势等领域。

风险评估与侦测机制如同一台“远程预警雷达”，全面搜集、分析及解读各种情报和信息，分析安全威胁的变化趋势，以及利用所搜集的情报组建模拟环境，并掌握各种可构成安全威胁的状况，力求在危机发生前就能够主动采取防范措施。

机制侦测和研究的重点不仅限于恐怖主义活动，也包括常规军事威胁、传染病疫情、自然灾害、金融市场风险和足以导致国家经济出现动荡甚至崩溃的突发情况。

当时主持这一计划的政府领导人是时任新加坡国务资政兼国家安全统筹部部长的贾古玛教授。他认为：“由于新加坡所面对的环境日趋复杂，政府必须以更加广阔的视角去看待威胁国家安全的问题，精细地推演出各种可能出现的严重情况，才能长期确保国家安全。”新加坡政府认为，在和平时期除恐怖主义威胁外，严重的自然灾害和疾病疫情虽然发生概率很低，但是破坏力十分惊人。因此，必须模拟发生事件后任何可能的后果并及早拟定应对策略。

新加坡的旅游业也是国家重要的支柱产业。旅行使人增长知识，旅行让人开阔眼界。然而大家最关心的莫过于旅行安全，俗话说天有不测风云。人类用自己的智慧创造出了高度发达的交通工具，由此人们可以自由往来穿梭于世界各地，整个世界彷佛缩小了。

新加坡是一个城市化小国，国民自嘲是“小红点”。新加坡与中国的国情差异非常大，国家与国家之间可比性极低，可是城市与城市之间却可比性极高。

就城市安全而言，指的是市民生活环境不受威胁、没有不安或恐惧感，这其中包括与我们生活最紧密的食品安全、空气安全、饮水安全、疾控安全以及社会安全等内容。新加坡政府领导人公开向公众承诺“我们就是要让妇女和儿童夜间走在街头也会感到安全”，这听似简单的一句话，要做到谈何容易！这句话不仅是政府的决心，也需要全体国民的贡献。

中国对公共安全的分类和威胁度划分依次是自然灾害、安全生产事故、公共卫生事件和社会安全事件。而在新加坡由于地理位置和社会环境的不同，首要防范的却是恐怖主义威胁，其次才依次为疾病传播、工业及公共场所事故、自然灾害。

新加坡曾经面对四次重大恐怖活动威胁：一是在樟宜国际机场；二是在义顺地铁站；三是在最繁华的商业街乌节路的义安城；四是针对某外国驻新加坡使馆的攻击活动。而这四次重大恐怖活动都以“流产”告终。新加坡长期致力于“全民防卫体系”建设，在保障社会安全中发挥着极为重要的作用。

新加坡政府从不做取悦公众的承诺：“人民的健康和安全是我们政府的责任。”他们的领导人认为公众的健康与安全首先应该是自己的责任，在危险事件发生时政府和所拥有的力量不可能在第一时间出现在现场呵护好每一位公民的健康或安全，而能够减少损失的最有效措施莫过于现场群众能够在第一时间以正确的方法保护好自己，迅速开展自救、互救和紧急避险。

政府的责任是在平时就及时、透明公开社会风险信息；鼓励引导社会组织积极参与公众教育与训练活动；确保全民防卫体系建设的财政保障和重大事件发生时的决策与社会动员。

2018 年 6 月 12 日，美国与朝鲜领导人在新加坡会晤引起全世界的高度关注，这是两国历史上第一次最高领导人的会晤。半个多世纪以来，美、朝两国一直处于敌对状态，双方互不信任。但在选择会晤地点问题上两国却达成共识，共同选择了新加坡这个“小红点”作为两国首脑首次会晤的地点。

新加坡政府为了保障这次重要活动的安全和做好东道国的接待准备工作，投入了大量的人力、物力和财力，并且公开了财政预算。一时间互联网上舆论哗然，很多新加坡公民质疑政府花纳税人的钱财为别人做事，甚至出现了对政府严厉的不满和批评声音。面对公众的负面舆论，新加坡政府并没有采取删除网络信息、施行舆情管制等“维护大局稳定”的措施，而是政府领导人亲自参与公众热点话题的讨论，在公开场合和个人博客上解释了政府的立场。“你们应该知道，世界这么大，美、朝领导人为什么会选择在新加坡会晤？因为他们共同认为新加坡是最安全的地方。这是向全世界发出的信息，请问要想达到这样的宣传效果，你要投入多少广告费?”“新加坡是世界上最安全的国家，这个共识一旦被世界各国接受，未来带给我们的将会是什么?”

政府领导人与公众的直接沟通，加强了公众对政府决策的理解，仅仅几天喧哗的网络批评声音就烟消云散了。

这次新加坡政府对网论舆情的引导和政府决策的成功实践不仅增进了政府与公众的互信关系，而且得到了国际社会的普遍赞誉!

第八章
平安中国体系建设

重点概述

本章围绕着平安中国建设的论题做了较为深入的论述。根据中央提出的“维护公共安全体系要从最基础的地方做起”的指示精神，系统提出了平安中国公共安全保障体系的四个具体内容，并且详细论述了体系建设的方向、思路、方法和解决方案。

本章提出了公共安全治理不能仅注重强化公共服务，也要重视发展商业服务和社会服务，三种服务共同发展和成熟才能构建整体公共安全保障的强大支柱。

本章还就“应急产业”概念的形成做了一些历史回顾，并且对当前加快其产业发展过程中存在的一些问题做出了分析，并提出了建议。

最后，特别提出在平安中国建设过程中，要重视和加强鼓励、引导、扶持公益与慈善事业，这是公众参与公共安全保障体系的重要形式和宝贵资源。

习近平总书记提出，要把安全发展贯穿国家发展各领域和全过程，防范和化解影响我国现代化进程的各种风险，筑牢国家安全屏障；要加强国家安全体系和能力建设，确保国家经济安全，保障人民生命安全，维护社会稳定和安全。平安中国的建设就是中国公共安全保障体系的建设。

为了加快形成源头治理、动态管理、应急处置相结合的社会管理机制，不断巩固和完善中国公共安全保障体系的建设成果，需要在全面规划、重点发展、科学管理、力求实效等方面下功夫。

我们注意到，曾几何时，一些领导人和媒体人在分析企业的安全生产事故时几乎异口同声地谴责企业负责人或民企业主见利忘义、忽视安全生产、无视政策法规，似乎他们就是罪魁祸首和事故根源。那么在这些企业没有发生事故时，当地监管部门就没有发现企业存在安全风险隐患吗？就没有人去检验那些企业负责人或民企业主的“见利忘义”吗？

不可否认，个别企业负责人和民企业主确实存在利欲熏心、忽视安全生产的情况。但是，我相信没有一个人愿意发生事故，草菅人命。事故使企业的财产瞬间化为乌有，死人了还要承担赔偿责任，法律也要追究企业负责人和民企业主的过失和法律责任，不是坐牢就是倾家荡产。这都不符合他们的主观意愿，意外事故的发生会使他们感到万般无奈，还有那些因此受到“株连”并被追究责任的各级行政管理部门的责任人。因此，对事故发生原因的调查工作也要以唯物主义的科学态度讲求实事求是、客观分析，着眼于从根本上查明事故原因，而避免简单化、模式化的归罪。

习近平总书记提出，维护公共安全体系，要从最基础的地方做起；要把基层一线作为公共安全的主战场，坚持重心下移、力量下沉、保障下倾，实现城乡安全监管执法和综合治理网格化、一体化；要提高公共安全体系精细化水平，每一个环节都要深入考虑和谋划。

根据中国国情，平安中国建设主要包括四个领域的规划和发展，即全民预防体系、社会管理体系、技术产业体系和安全服务体系。在公共安全管理体系下的这四个子体系涵盖了涉及公共安全的所有领域，其中包括国际关系、军事国防、国家安全、经济安全、社会治安、安全生产、校园安全、交通安全、公共卫生、自然灾害、社区安全、民生保障等方方面面。

一、全民预防体系

“人民的利益重于一切，群众的健康和安全是我们政府的责任。”这句话是很多政府领导人的座右铭，也是他们指导日常工作的行为准则。这句话也让公众最爱听，最叫好！

常识告诉我们，任何公共安全事故、事件发生的第一时间，政府和专业救援力量不可能出现在现场，呵护好每一位安全受到威胁的现场公民。能够减少损失的措施莫过于公众在第一时间、第一现场以正确的方法开展自救、互救和紧急避险。因此，在公共危机管理中，我们要辩证地认识政府与群众的责任关系，以科学的思维、实事求是的态度定位政府的角色，切忌仅以良好的愿望和善良的初衷做全知全能的政府。全知全能的政府必然就是高风险和负全责的政府，人民在无知中享受着幸福的生活，而政府却承担着无限的风险和责任。

要把公共安全风险意识和责任分散给社会，让每一位公民都懂得，面对公共安全事故、事件的发生首先是要保护好自己，首先对自己承担起呵护健康和生命的责任。

全民预防体系的建设就是要让广大的人民群众能够正确认识个人与社会、社会与政府之间的关系，强调公民的社会责任和义务，建立起个人、社会、政府共同缔造的公共安全保障体系，形成一种充分体现国民素质和健康的社会安全文化。在公共安全治理过程中，也应秉承共商、共建、共享、共担的原则，引导和调动全社会各类组织与公众积极参与，为各界创造参与的机会和平台。

全民预防体系的建设需要广泛征求公众的意见，制定发展规划，组织社会资源，给予财政保障。具体地说，政府可以积极引导和促进以下四个方面的工作。

第一，各地区依据国家有关法律，结合当地实际情况推动地方立法。鼓励群众积极参与全民预防的社会活动，明确公民在社会公共安全领域的权利、责任和义务。立法规定紧急状态下的动员、征召、征用、戒严、封闭、管制、限制措施；立法规定公共安全事故、事件中，群众的立功、表彰、奖励、追授荣誉称号的办法；立法规定公共安全事故、事件中，对责任人、破坏分子等犯罪行为人的惩戒、处罚办法；等等。

第二，根据国家颁布的政府信息公开条例，提升涉及公共安全的信息透明度，政府将获得的危害信息及时、透明地向社会发布。例如，每天发布当地的天气、气象、疫情、交通、治安、事故、食品以及环境等安全预警信息，逐步建立起以大城市为中心、覆盖本区域的公共安全综合预报信息发布平台，完善信息传播的公共服务。这一举措要一改以往担心发布灾害预警信息会引起公众恐慌的心态，通过发布每日安全信息培养公众居安思危的意识，从而使社会公众逐步认知到，生活虽然幸福，风险却与我们常伴，时刻要有警惕心。切忌等到突如其来的灾害发生了，公众才知晓，那时公众会更加恐慌，并因而埋怨或批评政府。

第三，政府鼓励和引导有资源、有能力、有专业优势的社会组织和各类机构积极参与公众教育与训练计划，例如红十字会、法学会、律师协会、消防协会、民防协会、民间救援队、医学会、工会、妇联、学生会、老教授协会，以及各类专业学会、协会、研究会等非政府组织。鼓励每一个社会组织都根据自身优势和专业特长肩负起一部分公共安全课题调研和社会培训职责，作为一种常态的社会教育活动深入企业、商业、政府、学校、村镇、街道、社区，覆盖本地各类人员群体，持之以恒。经过训练的公众可以依托所在单位或生产、居住地建立起群众自救组织——层层有系统、有建制、有指挥。全民皆“兵”，召之即来，来即能战，建立起具有快速反应能力的国家各级动员体系。

第四，地方立法对社会公共安全教育预算予以保证；地方人大批准每年度的预算和决算；政府各行政管理部门负责编制和执行预算；政府主管部门做好评估、审计、监督工作。要实现全民预防体系的建设目标，必须要有地方财政的大力投入，各地要重视社会公共安全文化的建设，弘扬正确的社会价值观，凝聚广大公众的爱国、爱市、爱家乡的共识，让每一位公民都能自觉地承担起保障社会公共安全的责任。

二、社会管理体系

法律是国家公共安全治理体系的保障基础，也是建设平安中国应遵循的行为规范和准绳。社会管理体系包括管理政策、管理制度、管理规划、管理教育、管理人才、管理文化等诸多方面。

（一）管理政策

各地要围绕社会公共安全体系建设制定一系列的鼓励、优惠政策，其中包括产业、人事、财政、税收、金融等，以打造良好的投资发展环境和具有吸引力的产业发展空间。还有一个不容忽视的工作就是法制环境建设。没有良好的法制环境就没有良好的经济发展环境；没有良好的法制环境就没有良好的社会和谐环境；没有良好的法制环境就没有良好的公共安全环境；没有良好的法制环境就没有良好的对外开放环境；没有良好的法制环境就没有良好的宜居生态环境。

（二）管理制度

我们每天都在谈论管理，那么什么是管理呢？管理是对人的行为实施有效的协调、约束或规范，从而实现既定目标的组织活动过程。制度是要求人们共同遵守的规章或准则，无论是城市还是乡村，无论是企业还是政府，任何社会管理或是组织管理都必须用制度来规范人的行为，有效的社会管理要依靠有效的制度来实现。

社会公共安全管理方面的制度建设还存在许多短板和问题，特别是涉及公共安全事故、事件发生的紧急情况，存在着各级领导者授权不明、组织职责不明、部门之间权责不明、公众行为的法律界定不明、舆论传播的正当性判断不明等短板。由于制度缺失，面对危机时，会导致决策迟缓、不知所措、互相推诿、滥用公权、公众对立、舆论混杂等社会问题集中凸显。只有平时在法律框架下建立起深入人心、周密的制度，遇有重大公共安全事故、事件时，才能保持人心所向、社会稳定。各级组织在紧急应对时，更多应是按照制度规范行动，而非仅是遵照领导者个人的意志行事。

（三）管理规划

一个地区、一个行业要想做出具有长远战略性的公共安全管理规划，就必须更加细致、深入地了解各自所处的环境，建立起既符合国情又与国际接轨的系统化、专业化、国际化、标准化的公共安全管理规划格局。其中重点内容包括对现行法制、体制、机制缺陷及改进的研究、对发生大规模灾难与危机事件的研究、对维护社会安全的基础设施的研究、对不确定条件下的有效协调与反应能力的研究、对预见新型和潜在灾难的前兆研究、对中国公共安全暨紧急救援服务产业发展的研究。中国幅员辽阔、地域差异很大，很难做出“大而统”“大而全”的布局，一定要因地而异、因地制宜。

（四）管理教育

“公共危机管理学”是一门新颖的前沿学科，是自 2001 年美国发生“9・11”恐怖袭击事件后，一些海外大学才开始格外关注的一门新学科。我国高校是 2003 年 SARS 疫情后才陆续开始这门学科的研究。至今，我国高等教育在相关领域的学科建设还有很大的发展空间，本科、研究生的学科规划、学科目录、教学大纲和所设专业尚不完整，现有力量与社会的需求相差甚远。

在面对社会公众的培训或科普教育方面，合格的教师更是稀缺，高质量的教材稀少，没有形成发展纲要和专业的教学体系，基本处于不成系统的碎片化知识传播局面。

（五）管理人才

要把培养公共安全管理人才纳入各地的社会发展规划，职业教育、大专教育、本科教育、研究生教育都要设置公共安全基本知识的公共课程和专业知识的必修、选修课程，改进学生的知识结构。不久的将来，让我国的知识劳动者都能具有不同程度的公共安全管理知识和技能，尤其是培养出各行各业所需要的专业人才，尽快破解人才稀缺的难题。

（六）管理文化

目前我国还没有形成覆盖全社会、涉及全体国民的公共安全文化。公共安全文化应分两个层级。

第一层是社会层次的安全文化概念。安全文化概念是建立在中国传统文化和共同价值观基础上围绕公共安全形成的全民共识和理念。文化是软实力，社会文化不受民族、地域、信仰、职业、阶层、受教育程度的影响，成为公众普遍认同的价值观和行为准则。价值观倾向属于世界各国政府都尤为关注的意识形态领域，越是教育、经济发达的国家在这方面的引导力就越强。意识形态是对事物的理解、认知，是一种对事物的感观思想，是观念、观点、概念、思想、价值观等要素的总和。人的意识形态受思维能力、环境、信息（教育、宣传）、价值取向等因素影响，具有强烈的现实性。不同的意识形态，对同一种事物的理解、认知也不同，具有强烈的阶级性。

第二层是形态各异的组织安全文化。这是不同行业、职业、群体所建立的、令多数组织成员所认同的价值观。组织的安全文化必须形成以利益驱使为导向的影响力，让每个人都知道组织安全文化的建立与个人利益息息相关，关心和维护组织的安全就是重视和呵护自己的安全，扩大利益共识，缩小不同立场。

倡导公共安全文化是改变传统模式、习惯作风、行为方式的思想飞跃，是确保社会长治久安、和谐稳定的思想意识。公共安全文化的普及与教育关系到全社会的责任关系和价值观的转变，关系到公权与民权利益的保障，是社会发展中意识形态的哲学思考。弘扬公共安全文化是一项十分复杂且要持之以恒的系统工程，文化表现形式和传播手段多种多样、创意空间十分广阔，甚至还能够有力地牵动相关产业的发展。

三、技术产业体系

技术产业体系包括科研业、制造业、救援业、保险业、传播业、金融业、咨询业、通信业、交通业等，成为相互作用和依托的庞大产业链。

科技是生产力，科技改变世界。在灾害预防和紧急救援事业中，重视和提升科技含量至关重要。科技应用不仅可以转变人们的传统思维和行为方式，还可以大大提高工作效率、有效保护生命。科技应用含量是中国公共安全预防和应急管理现代化的重要指标。

随着互联网、移动通信、人工智能、大数据、5G技术的日臻成熟和普及应用，中国已经形成了基础技术和研发实力较为强大的发展优势。中国在人才、政策、经济、产业链多方面形成了规模化产业格局。尤其是近年来，在公共安全领域的技术研发取得了骄人的成就，硕果累累。不过，毕竟我国经历了半个多世纪的和平时期，与很多国家比较，许多事故、事件我们没有经历过，缺少相关的认识和经验。但是，过去没有发生过的事情不意味着未来在我国不会发生，在公共安全技术研究方面更要学习和借鉴其他国家宝贵的经验及先进的成果，居安思危、防患未然。

目前在“应急产业”① 形成和发展过程中存在的一些问题要引起我们的高度重视并应尽快得到解决。重点提出以下三方面带有普遍性的问题。

（一）技术研发不足

各地热衷于把更多资源投向高、精、尖、高附加值的项目，而对一些技术含量不高、市场需求很大的实用新型技术研发不足。例如，现场救援最常使用的手动便携呼吸器、体温保温膜、一人即可操作的遗体推车、伤员塑形担架、爬楼担架、便携液压牵引器、生化物质快速检测仪、放射性物质快速测试仪乃至能够解决被困遇险人员给养问题的特殊口服营养液、特殊频率的呼救口哨和救生防护用品等，往往缺少关注和研发投入。

围绕公共安全保障体系建设的需要，科技研发工作也要覆盖全社会的各个行业和风险领域，不断拓展科研视角和研发领域，特别是适合在最基层的企业、厂矿、学校、部队、乡镇以及公共场合普及推广的紧急救援技术及产品。科研力量和资源投入要以需求为导向，扩大覆盖面，适当下沉。

---

① 笔者认为似乎称为“公共安全产业”更为贴切，产业内涵将会更加丰富。

如果我们的各级政府和抢险抗灾职能部门在各类灾害预防和救援指挥中也能够采用高科技手段装备远程移动通信指挥系统、远程环境及疫情移动检测系统、远程移动救援及医疗会诊系统、远程灾情移动监视和信息采集系统，那该是一个什么样的新局面？

当灾害发生时，各级政府领导人可以瞬间同时得到灾害现场的视频、音频、数据信息，及时准确地了解灾情，而无须像以往那样焦急地等待报告，星夜兼程赶赴现场，不仅令当地失去宝贵的第一救援时间，还给现场带来极大压力。通过双向信息沟通，可以在第一时间立即组织各类专家在各级指挥中心对灾害现场的自救行动发出专家指导意见和行动指令，待专业救援人员赶到现场后，为现场指挥员提供全方位的资源保障和技术支持。

以往在灾害事件发生时，会有方方面面的人员，乃至记者、家属、外国驻华外交官纷纷赶往现场，给当地的接待工作造成极大的压力和资源的紧张。采用现代技术就可以在各级指挥中心让各方面人员及时掌握所需要的信息，实现对灾害现场信息最迅速、最准确、最有效的采集和取证。这对调查、分析、判断、责任、法律、赔偿、善后、定损、评估、新闻等都是至关重要的依据和可靠的信息源。在偏远地区、通信信号盲区和通信设施瘫痪地区，也可以实现与各级指挥中心的有效通信保障。

（二）技术装备不足

在公共安全装备制造方面，现在各地在国家产业政策的鼓励下，纷纷创建“应急产业园”，打造新业态和产业链。但是一窝蜂的投资热，很多规划听起来令人热血沸腾，静下心来仔细评估却发现其暴露出很多浮躁、浮夸且华而不实的问题，例如应急救援特种车产业。

各地争相上新项目，扩规模，增产能，加大投资，但是我国目前还有许多车型长期依赖进口，一些适合我国城乡环境的车型尚属空白。尤其是在群死群伤重特大事故、事件发生时，或遇重大矿山事故时，生化、辐射群体感染时，我国各地对实施现场多人抢救的全天候特种专用车有很大需求空间，需求亟待得到满足。目前，国内民用车产能过剩，企业效益下滑，经营发展举步维艰，而这对于拥有雄厚技术、产能的车企是一个可选的转型方向。

目前各地在“应急产业园”发展项目中存在着盲目性，浮现出重复建设、负债增长、恶性竞争、依赖单一政府采购、资源浪费等潜在发展风险。还有一些地方规划的“应急产业园”长期找不到切入点，基础设施投入巨大，土地搁置荒废，究其原因是缺少调研和缜密的产业指导规划。国家产业发展指导目录的编制要微观且精细，可以在市场前景、国内外类比、外贸市场、国内需求、产业规模、产值预估、生产环境、条件要求等维度，依托大数据提供更加科学的产业引导和论证依据。

要理性看待和客观评估我国公共安全技术装备与国际最新技术水平的差距，这样才能够发现问题和找寻产业契机。

当战士们还在冒着生命危险跳入洪流中筑起“钢铁长城”时，遥控爆破气囊堵决口的技术已经被应用；当我们还在使用传统的棉被、皮毛在高寒地区为伤员维持体温时，仅重 10.8 克的特殊人体保温薄膜技术已经在国外被普遍使用；当我们还在对高速公路失火汽车感到施救困难时，一种便携式化学液体分子束喷射灭火枪已经装备在新加坡民防部队的小型消防车上；当我们面对一具具传染病患者遗体感到望而生畏时，一种特殊材料制作的超密封尸袋已经发挥出有效抑制病毒、细菌传播的作用；当我们还在为矿井下工人作业环境监控手段感到束手无策时，德国矿工每人都装备了与地面安全控制中心实时联络的信息采集器；当我们还在认为矿井下的瓦斯气体是引发事故的“天敌”时，德国已经拥有收集井下瓦斯的技术，95% 的瓦斯被有效利用，变为资源和财富；当我们还在为引进昂贵的大型消防车感到兴奋时，由新加坡民众命名的“红犀牛”微型消防车、消防摩托车已经穿梭在社区、都市、高速公路上承担起消防快速反应的重任……

（三）技术应用不足

我国在公共安全技术应用和科研成果转化方面，尚未形成规范的经纪人服务体系，因此在宣传、推广、对接等诸多方面遇到阻力。一些科研成果长期无法实现市场转化、科研单位缺乏市场需求信息、需求单位找不到研发机构等现象都较为普遍。

2020 年，新冠肺炎疫情在世界传播，我们注意到很多国家都暴露出防疫用品、装备、技术、产能不足的问题。这恰恰是中国技术、产品、产能输出的极好机会，不仅是应对突发公共卫生事件，在其他方面的公共安全技术、产品亦是如此。在产业规划方面，不仅要满足国内需求，也要放眼国际市场。

中国还要注意发挥本国的地缘优势，与诸多世界和区域国际组织合作，成为亚洲国际救援物资的储备基地、供应基地、制造基地、研发基地。中国约有2.2万千米的陆路边境线，与俄罗斯、哈萨克斯坦、吉尔吉斯斯坦、塔吉克斯坦、蒙古、朝鲜、越南、老挝、缅甸、印度、不丹、尼泊尔、巴基斯坦、阿富汗14个国家接壤。海上邻国有韩国、日本、菲律宾、印度尼西亚、马来西亚、文莱6个国家。中国有生产加工能力极强的制造业，有海、陆、空连接各国的物流网络，有先进的北斗卫星及高速互联网通信系统，具有设立国际区域救援物资储备基地的极佳综合条件。

在公共安全技术、产品应用方面，要着眼国内、国际两个需求市场，编织起具有反应快速、仓储强大、物流顺畅、保障力强的救援物资储备基地，为本区域乃至世界各国的公共安全保障做出大国贡献。

四、安全服务体系的三种服务模式

建设平安中国是不是要完全依赖公共服务呢？答案是否定的。公共安全服务体系不能只建立良好的公共服务，还要发展商业服务和社会服务，由三种服务模式共同构成一个完整的服务体系和保障格局。只有善于充分利用社会资源，才能延伸驾驭能力。

（一）公共服务模式

公共服务不同于公共行政。公共服务是有国家介入的一种服务活动，而公共行政则是以国家行政部门即政府为主体的一种权力运作。公共服务基本上是由政府财政投入，以保证公民的某种直接需求得到满足，如教育和医疗保健等。公共行政则是规范公民开展社会活动的行为并满足公民的其他间接需求。公共服务可以由公民根据个人需要进行一定程度的选择，公共行政则要求公民必须接受并遵守。公共服务涉及的人与人之间的关系是平等的，公共行政则是自上而下的等级式体制。例如，公立学校和公立医院是专门的公共服务机构，政府则是专门的公共行政机构。

公共安全服务是通过国家权力介入或公共资源投入为公民提供的安全保障，如军队、警察和消防等方面的服务，国内与国际间的公共救助与灾害援助，以及金融保险与消费拉动等。公共服务只能向社会公众提供基本的、平等的服务，具有很大的局限性。

作者曾于1991年向中央政府提出“把涉外救援工作从以往的政府包办转为国际化、专业化、产业化的服务，建立中国的紧急救援服务产业”。建议提出后，引起许多人的质疑：“在中国发生的涉外救援活动怎么能够成为产业化服务？本来就该是政府的职责，尤其是涉及到外国人的事情。”但是这个建议还是引起了一些时任国家领导人的重视，尤其是近年来随着社会的发展和人们观念的转变，国家已经把应急产业作为重要的战略纳入国家发展规划，全国已经逐步建立起一个庞大的产业格局。

2014年12月，国务院发布《国务院办公厅关于加快应急产业发展的意见》，明确提出：“应急产业是为突发事件预防与应急准备、监测与预警、处置与救援提供专用产品和服务的产业。”还明确且具体提出：到2020年，应急产业规模显著扩大，应急产业体系基本形成，为防范和处置突发事件提供有力支撑，并成为推动经济社会发展的重要动力。《意见》部署了六项主要任务：加快关键技术和装备研发；优化应急产业结构；推动产业集聚发展，建立物资和生产能力储备基地、应急产业示范基地；支持企业发展，培育大型企业集团，扶持中小微企业；推广应急产品和应急服务；加强国际交流合作。

为了满足人们对多样化的服务需求，除了基本公共服务保障，还应大力发展与之衔接的商业服务和社会服务，让产业结构多元化，尤其是要大力提倡社会服务。社会服务主要体现在公益性服务方面，是一种鼓励社会公众参与、弘扬善意与志愿精神并为特定社会人群奉献的服务。

（二）商业服务模式

商业服务具有公共服务无法替代的优势。商业服务往往是为了满足部分公众有选择性的、个性的需求而建立的服务，其中旅行健康安全保险、灾害保险就是最典型的产品，还有特定职业或生活环境的安全教育培训与技能训练、紧急救援服务、全球旅行安全咨询与法律援助服务等。这是一种专业细分的服务，虽然不是所有公众都需要，但也是社会安全保障体系中不可或缺的组成部分。目前在中国随着国内外旅游、商务、学习、工作、移居等迁徙行为，以及商业服务市场的需求与日俱增，产业发展前景非常好。

紧急救援服务产业关乎人的健康、生命与安全，关乎社会关系的和谐与稳定。在事故预防与紧急救援方面，我国应该思考如何推动这个新兴的社会服务产业发展。例如，鼓励在各类事故、灾害的紧急救援活动中提供专业化紧急救援服务的救援公司发展，并以此为基础，衍生出一系列新的服务行业，其中包括应对备灾活动的专业物流、仓储公司、安全生产管理专业技能的培训公司、处理事故预防与紧急救援相关信息的技术服务公司、安全风险审计顾问公司、保险经纪公司、救援技术装备研发公司、基于国际先进技术而创立的特种救援产品制造公司等。

近年来，中国外交部提出“外交为民”的工作准则，并不断加强驻外使领馆对中国公民的境外安全保护工作。然而，无论国内还是国外，政府对每一位公民的呵护能力是十分有限的。走产业化的路，与政府的力量和资源形成互补，才能够形成更加缜密和有效的安全保障体系。并且积极推进该产业形成广泛的合作联盟，编织跨行业的服务产业链，与各国国际紧急救援机构、保险、医疗、殡葬、交通、通信以及科研、生产、教育、旅行等各类相关社会服务行业建立最广泛的、新型的业务合作关系，按照市场化的模式和规律营造起全面保障安全的绿色屏障。

根据以往的经验，紧急救援服务包括两大类，一类源自社会的公共危害救援；另一类是涉及个人的危险救助。这两类既相互独立又密不可分。社会的安全环境对个人的生存和生活环境有直接的影响，而个人生存和生活环境的改善和保障可以促进整个社会关系和谐发展。我们的目标是竭尽全力满足各方面的服务需求，充分开发、调动各种可利用的社会资源，尽快推动紧急救援服务产业及其衍生产业的发展，使得中国的社会保障体系日臻完善。

这一产业发展的最大障碍是受传统观念掣肘，大多数人还存在对政府无限依赖的心理，只要遇到困难或危险，首先想到的是找政府。例如，近年来一些“驴友”探险遇险时首先是向政府求救，一旦发生闪失就会招致“驴友”和围观的网民不满，甚至口诛笔伐，政府承担着无限的责任与风险；而另一些公众也对政府耗费纳税人的钱财，把公共资源大量投入对个别人的施救过程中深感不满。

我们回顾一起近年发生的“驴友”安全事件案例，以下是《新京报》于2019年5月25日发出的报道。

《6驴友被困雪山1人身亡　专家：国内救援行业尚存空白》

新京报讯（记者倪兆中）5月23日，6名驴友在新疆伊犁尼勒克县境内雪山徒步时，遭遇暴风雪被困，其中1人因严重失温身亡，其余5人被安全救出。蓝天救援队总指挥张勇今日（5月25日）接受新京报记者采访时表示，户外探险应做足充分准备。国际紧急救援专家崔和平认为，救援领域可引入商业行为，驴友遇险需要救援时应支付相应费用。

新京报此前报道，5月23日凌晨，新疆伊犁尼勒克县6名驴友徒步进山遭遇暴风雪，1人严重失温急需救援。当地消防、民警、牧民组成43人救援队，历时7小时与驴友团队会合，但1名福建籍驴友因身体失温已死亡。其余5人被护送下山。

伊犁州尼勒克县消防中队中队长马志强告诉新京报记者，事发地距离消防中队有200多公里，接到警情后，消防人员当日早晨就前往事发地进行救援。当日下午3时，消防人员行至一山沟处，因雪崩车辆受阻无法前行，在等待其他救援人员集结后，徒步进入山区。

马志强说，救援人员徒步两个半小时之后，当晚7时许寻找到5名驴友，被告知还有1名驴友已经死亡，其遗体被原地保留。救援人员遂将5名驴友带至附近一小镇安顿，并做身体检查。次日，又在其中1名驴友的带领下，将遇难驴友的尸体运回，整个救援行动持续至24日傍晚结束。

以上曾是引起社会公众关注和热议的一起涉及旅行安全的案例，媒体详细报道了救援活动的困难、风险和人、财、物等资源的大量投入。“获救人员该不该支付救援费用?”一时间公众就“驴友”的行为、法律责任、救援经费等话题展开了热议，揭示出在公共安全保障方面亟待改进和完善的问题。于2007年创建的北京市蓝天救援队，是由一些热爱旅游探险的青年人在北京市红十字会指导下自发建立的志愿者组织，如今已经成为民间志愿者组织的知名品牌，并在全国各地得到推广。蓝天救援队成为各地都十分重要的民间紧急救援队伍。但是他们常被一些难题困扰。在开展救援活动时，发生的费用谁承担？红十字会每年在政府财政支持下给予蓝天救援队一定的资助，但是救援开展时，其开销是无法预估的，而且各地财政支付能力也很有限。另外一个不容忽视的重要问题就是，救援人员的安全风险和行为责任的承担问题。

在完善社会公共安全保障体系的工作中，我们不可忽视对一般性公共风险的分析与研究。“公共安全保障体系”的概念也应该涵盖一般的民事事件（民事责任事故、民事责任纠纷等）、健康保障、财物安全保障等方面。根据我国举办大型国际活动的经验，疾病、交通事故、意外伤害、财物遗失是最常见、最频发的事件，关系到所有参加活动人员的切身利益。政府要采取更加开放的策略，调动一切可以利用的资源承担安全保障的服务，同时也可使公共风险责任得以分散。如果任何事故的发生仅依赖政府承担公共风险的全部责任，将会导致道德风险泛滥。

因此，应该让人们开始关注保险的话题。保险是指投保人向保险人支付保险费，保险人对于合同约定的可能发生的事故发生后造成的损失承担赔偿责任，或者被保险人死亡、伤残、疾病、达到合同约定的年龄和期限等条件时，承担支付保险金责任的商业行为。从经济角度看，保险是分摊意外事故损失的一种财务安排；从法律角度看，保险是一种合同行为，是一方同意补偿另一方损失的一种契约安排；从社会角度看，保险是社会保障制度的重要组成部分；从风险管理角度看，保险是风险管理的一种工具。传统意义的保险都是在投保人发生事故后保险人根据实际损失确定后（定损），履行合同约定给予赔偿。遇有人员伤亡也要待盖棺定论后，才能向投保人或其权益继承人给付赔偿金。

保险业发达的西方国家在20世纪70年代就开始尝试把保险人的事后理赔转向在投保人遇到危险、伤害或困难过程中给予救援资金支持的新模式，使其得以从困境中解脱并减小损失风险。一种以保险业为依托的紧急救援服务业应运而生，在保险公司的委托下，给予投保人及时且专业的紧急救援服务，所产生的费用则由保险公司承担，让投保人真正受益于保险。

中国保险业的恢复和发展较晚，是近几十年来才逐步建立起了商业财险、寿险的商业格局。尤其是在公共安全方面的保险产品还很稀缺，尚不能满足社会多样化的需求，产品研发与创新滞后。随着经济全球化、“一带一路”倡议的广泛响应，中国企业和公民对各类安全风险的意识逐步增强，迫切需要国内外旅行安全保险和紧急救援服务。然而，目前中国还没有建立较为成熟、具有全球保障能力且具有自主管理实力的商业保险和紧急救援服务产业。这是目前我国在公共安全社会治理体系中的突出短板。

公共管理是现代政府的重要职能之一，抵御公共风险又在公共管理的范畴内。由于公共风险难以预测且往往损失巨大，会超出社会个体预防、应对和灾后恢复的能力范围，所以政府应该成为这种公共风险的最后承担者。而其中的关键问题是，政府应该如何承担，以及在多大程度上承担预防和应对公共危机的风险责任？公共资源永远是稀缺的、有限的。预算资金总量与执行政府各项公共管理职能的支出需求永远是矛盾的。一味地要求政府承担全部风险责任，可能导致市场主体与社会成员的风险防范意识淡薄，而政府却不堪重负。因此，需要合理划分政府、市场、社会之间的公共风险责任，构建完善的政府危机管理财力保障机制，保证政府既能在危机发生时游刃有余，又不影响正常的财政支出。

（三）社会服务模式

在社会服务体系建设方面，要重视公益和慈善事业对公共安全管理的特殊贡献，善于引导这些力量融入社会公共安全保障体系中。通过弘扬全社会的公共安全文化，增强广大人民群众的社会责任感，发挥爱心、热心、善心和奉献精神，搭建起形式多样的公众参与平台，包括社会公共安全事故、事件的慈善救助与捐赠平台、普惠广大公众的公益平台等。在面对特别重大的自然灾害、突发公共卫生事件、失业、饥荒等引发的社会骚乱时，某种意义下，社会公益和慈善活动所发挥的社会效果往往是政府无法替代的。把社会公益和慈善纳入公共安全保障体系，是一项非常重要且有现实意义的工作。

什么是公益事业？公益是针对社会、公众、环保、生态、资源、安全等突出问题，以唤起人们的意识、觉悟、爱心、奉献为目的，为实现社会发展进步，由国家倡导并动员社会志愿者参与的、由非政府组织响应并开展的非营利性公共计划、项目、活动。公益事业的受益者是广义的人民。

什么是慈善事业？慈善是具有一定经济条件或行为能力的公民出于信仰、善良、道义、爱心对社会弱势群体给予关怀、爱护、资助、帮助的社会奉献。慈善是社会文明程度的体现，是受到法律保护、国家鼓励、社会尊敬的公民行为。这种行为既可以是自然人行为，也可以是组织行为。慈善活动的受益者往往是个人或特定的社会群体。

社会公共安全事故、事件发生后，世界各国都有很多抢险救灾、赈济灾民、守望相助、传递爱心的感人故事。在很多国家，公益和慈善已经成为公民的社会责任与行为时尚，是社会生活不可或缺的一部分，是整体国民素质的体现。

当今人类社会存在着贫富差距、种族歧视、性别歧视、权贵腐败、特权垄断、分配不公等由于人类自身劣根性而导致的社会分化，由此滋生了不同社会阶层之间的仇视、愤恨和对立，导致社会动荡不安。慈善与公益事业在化解社会矛盾、调节社会关系、构建社会和谐等方面，能够发挥无可替代的特殊作用。

拥有 2.8 亿人口，被称为“千岛之国”的印度尼西亚有 300 多个民族及数百种语言及方言。法定宗教有伊斯兰教、基督教、天主教、印度教、佛教及儒教。华人是影响力最大的少数族群，仅占三成的人口却掌控着七成以上的经济财富。因此，也造成了历史上多次针对华人的种族杀戮。

比如，1998 年 5 月 13 日至 16 日，发生在印尼棉兰、雅加达、梭罗等城市的一系列针对华裔社群的暴乱持续了 3 天，数万名华人受到有组织的虐待与杀戮，这就是印尼历史上记载的“黑色五月暴动”。当时印尼处在“亚洲金融风暴”的动荡时期，华人和原住民之间存在严重的贫富差距。

原住民把目标瞄向了相对富裕的华人，加之一些势力的背后怂恿、煽动，导致事件的发生。

华商企业家们意识到了事态的严重性和诱发原因。在一些有影响力的企业家的引领下，越来越多华商企业家通过商会和慈善组织积极开展爱心行善的活动。这些华商企业筹集了大量的食品、生活用品发送到贫苦的群众手中，努力创造就业机会，帮助他们改善生活。

2002 年 2 月，雅加达受暴雨影响发生洪灾，许多知名华人企业家亲自参与赈灾活动，以慈善组织的志愿者身份带领员工们上街清扫垃圾、施工疏通河道、防疫消毒、治理水患。他们还支持慈善组织征召多国医务志愿者到印尼开展义诊活动，为灾民建设“大爱村”，让众多贫困家庭有了新的居所，同时建学校、建医院这些善举也都受到当地民众的普遍欢迎。还有一些企业每年采购大米等生活必需品通过慈善机构向生活困难的群众发放，让贫困家庭受益。

2004 年 12 月 26 日，印尼苏门答腊岛发生 9.1 级地震，引发印度洋大海啸。海啸殃及了印度洋沿岸的 12 个国家，巨大的破坏力瞬间吞噬了超过 30 万人的宝贵生命!

灾害发生后，印尼华商积极响应慈善组织的号召，投入赈灾活动，为社会做出重大贡献。爱撒人间，普惠大众。华商的行为得到了政府、军队、警察的支持，有效地改善了社会族群关系，同时也为企业营造出良好的可持续发展环境。

2020 年 1 月，在中国新冠肺炎疫情最严重的时刻，印尼金光集团在华投资企业积极响应中国侨联倡议，立即向中国武汉大笔捐款捐物，支持抗疫救灾活动。该企业在中国采购大批抗疫物资运到印尼，保障当地医疗机构的需求。印尼华商在世界各国积极参与当地的公益与慈善活动，把爱心奉献给当地，所到之处都受到了热烈欢迎。

印度尼西亚的慈济功德会在各界华商领袖的支持下，建立起超过百万人的志愿者队伍，对各地社会弱势人群的关爱行动已经形成常态和文化，深入人心。用爱心化解仇恨似乎是改善社会关系、增进不同族群相互了解、完善社会治理体系的有效良策。与此同时，在实施共建“一带一路”的倡议下，中国企业走出国门，在与各国的合作发展中如何积极参与当地的公益与慈善活动，成为一个不容忽略且十分重要的公共关系课题。在这方面，中国企业需要培训、借鉴、调查、研究、规划、设计和行动。

五、创新企业治理模式

最后，我们还要提出一个创新企业治理模式的问题，尤其是生产型的各类所有制企业，要从管理模式入手，完善企业安全生产的有效管理机制，建立企业职业经理人制度。例如，近年来从中央到地方高度重视对中小煤矿的治理整顿工作，试图从事故高发行业入手降低事故发生率和伤亡率。几年来，对一些分散的、各自为政的煤矿全面进行了清理整顿，对不符合生产条件的采取有效措施使之关闭；将适合开采和有发展潜力的组成企业集团。很多煤矿主（包括被关闭煤矿的矿主）和投资人成为新企业集团的股东和董事会董事。

在这样新的组织结构下，政府管理部门应该出笼配套的引导政策，鼓励企业在董事会的决议下公开招聘国内外专家型的矿山职业经理人，担任企业领导者。矿山职业经理人的资质应该由政府行政主管部门制定标准、规范培训、严格考核。企业职业经理人的资质由政府职能部门审查、监督和管理。

董事会授权企业集团职业经理人根据生产需要、专业知识、管理经验和企业状况选聘合格的总工程师、总经济师、安全总监、生产总监、市场总监等专家型管理者。企业职业经理人和管理者的责任就是在董事会授权下，以专业的水准管理煤矿，组织生产，保障安全，获得效益。

现代的集团董事会扮演着宏观管理角色，要做出融资、扩股、保障企业职业经理人需求、监督企业健康状态、照顾股东权益、分配企业盈利、审查发展规划等重大决策。董事会还可以邀请独立董事代表小股东或股民利益监督企业运作。独立董事可以以其专业经验代表投资一方参与董事会工作。董事会顾问是受聘的专家型人才，对董事会的工作提出指导建议，预警企业安全风险，提示企业健康状态。

形成“集合型”企业集团治理结构不仅有利于企业向规模化发展，而且有利于推行现代企业管理观念。把过去企业负责人最头痛的“利益相关者”问题（灰色地带问题）转移给董事会处理，而企业职业经理人则集中精力发展生产。

在资本方面，如果企业职业经理人在经营管理中遇到安全技术改造、生产流动资金等问题，董事会可以根据利益关系和实际情况采取借贷、扩股、股权转让、企业拍卖、企业上市等多种方法筹措解决，从而减少政府“操心、包办、输血”。遵循市场规律，科学经营，企业的生存、发展、自立是能够自主实现的。

附　录
案例回顾

案例一　空难——紧急救援（1992年）

1992年10月8日15时30分，武汉航空公司一架伊尔—14客机在甘肃省定西县白碌乡华家村附近山上坠毁。

机上共载有35名乘员，其中法国游客14位，中国台湾游客11位，中国大陆乘客3位（旅行社人员），机组人员7位。事故导致9位法国游客和5位机组人员不幸罹难。

这是一次非常复杂的救援和善后过程，最终取得圆满的结果。这也是一个公共关系的经典案例，具有研究和借鉴价值。我们将对这次国际救援活动进行详细回顾，请注意全过程中的每一个细节的问题出现和解决的方法，尤其是运作的思维方式和公关手段。

10月9日凌晨，亚洲国际紧急救援中心北京办事处24小时服务热线接获国家旅游局发来的信息后立即向新加坡总部、中国香港办事处、法国驻华使馆、法国保险公司分别通报了情况。经确认，14位法国游客都属于法国保险公司的投保人，并且属于亚洲国际紧急救援中心的服务对象。法国保险公司迅速授权亚洲国际紧急救援中心开展救援服务，保险公司将承担全部救援费用。

面对这一紧急情况，当务之急是要立即组织救援队并尽快赶赴当地。在紧张组织救援队的同时，还急需一架包机承担运送救援队和转运伤员的全程飞行任务。但是，当时中国的通用航空力量十分薄弱、民航运力十分紧张，各航空公司都无法提供包机保障这次的紧急救援活动。

就在我们被这个看来无法克服的困难困扰时，我想到也许可以请求中国军队支持，便立即向国家旅游局发出紧急援助请求。很快，中央批准了我们的请求，决定派空军支持救援活动，整个过程不到一小时。当我们得知这一消息时，救援队的中外籍工作人员都不相信这竟是真的！

应有关部门安排，与我们同机前往兰州的还有国家旅游局的两位官员、法国驻中国大使馆总领事路易女士和两位随行秘书、中国国际旅行社何儒昌副总经理和四位随行工作人员，尤其是北京协和医院派出了资深急救医学专家马遂教授做技术支持，他成为这次伤员转运最重要的力量骨干。

当时，我感觉还缺少一个人，就是记者。在以往的经验中，这类空难事件都是国际媒体特别关注的信息，也必然会引起世界公众的关注。与其别人说，不如自己说。每次重大救援活动我都会主动邀请媒体记者随行采访，及时报道事件的发展情况和救援善后工作，以满足媒体、公众，尤其是伤亡人员家属对信息的迫切需求。

我立即打电话给时任新华社国内部主任的张述臣，简单介绍了事件情况，并希望得到新华社的支持。张主任在电话里对我说："情况紧急，你们先出发吧，我会做出安排。"

当日下午 14 时 30 分，包机从北京南苑机场起飞。这是一架崭新的波音 737 型客机，从舱内布置看得出是国家领导人使用的专机。飞行中一位外籍医生说："在这样的救援活动中，中国政府居然能够派出国家领导人的专机支持我们，真令我难以相信啊！""对！这就是在中国，这就是中国政府对生命拯救的态度！"我回应了这位朋友的感叹。在我过去 13 年的国际救援生涯中，这样的事情经历得太多了！

飞行途中，机长把我叫到驾驶舱问："伤员在兰州机场吗?""不，伤员在兰州军区总医院。"机长顿时紧张地说："我以为伤员在机场候机呢！我们只能把你们送到，就要立即返航！"这句话犹如晴天霹雳，我焦躁地说："机长，我们还不了解伤员的情况，需要去医院。如果顺利，计划明天转运伤员，飞机能不能今天不要返航呀?"机长说："不行呀！我们不能未经批准擅自在外场停留过夜。""这是一次救援活动，属于特殊情况，能不能请示一下呢?"我急切地问道。"部队的命令我们只能执行，无权去请示或擅自改变。"机长回应中似乎特别理解我此刻的心情，善意地暗示我"要请示，你去请示呀！"哦！对了，我不是军人，我完全理解了机长的意思。

这时，路易领事希望与我单独谈谈。我们坐在前舱办公桌前，她问：“你是不是准备接上伤员就离开当地？尸体怎样处理？谁来协调当地的关系？我是第一次到兰州，在这里人生地不熟，希望你能够帮助我。”我完全理解路易领事的担忧，对她说：“路易领事，请您放心。我计划安排救援队的医护人员转运伤员。他们离开后，我会留下来处理尸体的善后工作。”此时，路易领事长长地出了一口气，看来她最大的忧虑解除了，也看得出她处理这方面事务没有经验，需要我的帮助。借势我向她提出了一个请求——能不能成为我们救援队的成员？“什么意思？”她诧异地问我。“因为处理这样的事情需要与当地各方接触，关系非常复杂。我们一定要按照共同的计划开展工作，不能因为职责不同各自为政，否则会发生很多意想不到的麻烦。我们都是为了一个目的，就是顺利安排伤员及时转运，将遗体和遗物尽快运返法国。”路易领事完全赞同我的想法，爽快地回答：“我愿意成为你救援队的成员，大家一起努力处理好各项事务。”哈！我的救援队居然又多了一位外交官。

下午 4 时 30 分，飞机在兰州中川机场着陆，机舱门刚刚打开，一位身挎照相机的男士匆匆迎了过来，焦急地问：“谁是崔先生？”“我是！”我想这位可能是新华社国内部张主任安排的记者朋友吧？果然不出所料，他说：“我是新华社驻甘肃分社记者王安，总社要求我配合您的工作，请问现在您可以接受我的采访吗？”“不可以！”我果断地拒绝了他，接着说：“我们刚刚到达，情况还不是很清楚。不过我有一个请求，您能不能成为我们救援队的成员，跟上我们，以便随时采集您所需的信息。明天转运伤员时，我接受您的采访，可以吗？”王记者同样非常爽快地接受了我的邀请，至此，我的救援队又增添了一位记者。

随后，我匆匆跑到一间场站办公室，拿起电话向北京请示飞机能否在中川机场过夜。万万没有想到，经过简短的汇报，不一会儿，北京方面的值班人员转达了让我兴奋的消息：“崔先生，别着急！首长指示，救援工作不结束，飞机不返航。”我转身冲出办公室快步跑到停机坪，登上了飞机舷梯。我对着正在紧张备机的机长大声说了请示结果，机长会意地笑了，机组其他人员也都随之笑了！

我们乘坐兰州国际旅行社安排的车辆，前往兰州军区总医院，伤员此时都在那里接受治疗。70多公里颠簸的路程扬着沙尘，那时中川机场通往兰州市区还没有高速公路。颠簸中我梳理着从早晨到此时的每一个环节。路上，甘肃省兰州国际旅行社方美兰总经理介绍，他们是这个旅游团的接团社，事件发生的下午他们就已经投入紧张的救援活动。开始兰州市急救中心的救护车把伤员送到了一家当地的中心医院，由于医院已经下班，面对这么多的伤员，医院遇到许多难以克服的困难。此时，旅行社领导想到本地有一所驻军医院，立即决定将伤员转到了兰州军区总医院。伤员运抵医院时，院领导立即下达了进入作战程序的指令。下了班的医护人员紧急返回医院，从院值班室到各急救科室、药房、血库、放射科、手术室、重症监护室，很快都就位投入医疗抢救工作。警通连战士立即进入警戒状态，战士们帮助抬运伤员。这就体现出群死群伤重大事件发生后，军队医院的快速反应和资源调配能力都远比地方医院强，这是一条很重要的经验。

从北京出发前，亚洲国家紧急救援中心北京办事处24小时值班协调员们在南岐山总监的领导下分分秒秒与兰州国际旅行社和兰州军区总医院保持着密切的通信联系，实时掌握最新的伤亡动态信息，并且给予专业的建议。虽然救援队还没有抵达，但是救援活动已然按照一个统一的行动计划悄然展开。

“请旅行社查找所有法国游客的护照，提供游客名单和组团信息。”

“请医院注意识别伤员的姓名。”

“请对每一位伤员做全面健康体征检查，尽快提供数据。”

“注意伤员是否有RH阴性血型？请提早备血。”

“请按照清单准备国际转运使用的在途药品，包括杜冷丁、吗啡、可待因等。”

“殡仪馆特别注意暂时不要清洗和处理尸体。”

“请殡仪馆注意千万不要深度冷冻尸体，将太平柜温度调整到3~5℃。”

“建议是先处理伤员，再处理尸体。”

……

兰州当地的旅行社、医院、殡仪馆等各方机构在专业的指导下，有条不紊地行动着。

车队抵达兰州军区总医院，远远看到医院领导都在门口等候着我们，下车后我们快步走到医院会议室听取情况介绍。负责医疗工作的暴连喜副院长首先通报了从昨晚到现在的整个接诊过程，他说："昨天晚上伤员送抵医院时，身上都没有证件，5 位法国伤员的伤势很重，我们按照入院顺序给他们编了号码，现在只能够按照号码介绍每一位伤员的诊断和治疗情况。"这一情况提示了我和路易领事，必须尽快找到他们的护照和其他旅行证件，以辨识他们的身份。

暴院长还提供了一个重要的情况，据医院懂法语的医生讲，这些法国游客中有的可能是夫妻，但是相互的状况尚不清楚。此时，罹难者的尸体已经送达兰州市殡仪馆保管。

我陪同路易领事去看望伤员，在病房门前我拦住了她。我说："路易领事，如果伤员问起自己配偶的情况，您怎样回答?""我会如实告诉他们。"路易领事答道。"不行！如果他们知道自己的亲人已经死亡，精神会受到极大的刺激，加之伤情严重，可能会引起并发症。哪怕有一位伤员昏迷休克，我们明天的转运计划就会受到影响。您知道这架飞机来之不易啊!"路易领事似乎并不认同我的想法，她说："我是外交官，没有权利向伤员隐瞒真实情况，更不能说谎!"说着快步走进病房。

顿时我的心提到了嗓子眼，非常紧张！我请随行的救援协调员赵立强、兰州国际旅行社欧洲部经理崔国萍把路易领事与伤员交谈的每一句话迅速告诉我。崔国萍是一位年轻、睿智的旅行社管理人员，操着一口流利的英语，十分干练，给我的工作带来极大的方便。路易领事的随行秘书白小姐也能够操着稍带洋腔的华语与我们沟通。

在病床前，伤员见到了自己国家的外交官都如在异国他乡见到亲人，泪流满面！路易领事非常和蔼地慰问和安抚着他们。并且告诉伤员们，一定配合好医生的治疗，明天就会返回祖国。正如我所料，伤员们向路易领事问道："请你告诉我，旅游团的其他人现在怎么样?""我的丈夫怎么样?"他们都是最后才问到自己的伤情，让我十分感动！

路易领事出乎我意料地回答伤员们："放心吧，你的队友和亲人与你一样，在接受着良好的治疗。”

走出病房，我悬着的心终于放下了。我疑惑地问路易领事：“你也会说谎话呀?”她会心地一笑说：“我没有对他们说谎话，我只是为了配合你的转运计划，才把应该告诉他们的话只说了一半。等到了巴黎的医院，在他们得到良好的医疗监护后，再告诉他们队友和亲人经抢救无效，不幸离开了。”这就是外交官的语言，是善意的谎言，我由衷增添了几分对她的佩服和敬意!

作为救援队的组织者，我的责任就是做好工作流程安排，协调好各方关系。首先，我向医院介绍了我们的来意和目的，介绍了亚洲国际紧急救援中心的组织情况以及法国保险公司的授权委托，特别说明医院发生的全部医疗费用由我们担保、代理结算，由法国保险公司承担给付。随后，我请求院方向我们救援队的马遂教授和外籍医生逐一介绍5位伤员的伤情、诊断、治疗情况，并共同会诊以确认每一位伤员是否适合航空转运。4位中外籍主治医生经过会诊和讨论，达成一致的意见，所有伤员都适合转运。

午夜时分，我们通过兰州国际旅行社方美兰总经理的协调紧急约见政府有关部门的负责人，汇报我们的计划，并希望得到政府的支持和帮助。开始甘肃省政府外办主任还有些犹豫，因为按照外事规定，他需要得到外交部领事司的通知才可以安排对外国驻华总领事的接待。我及时通过兰州国际旅行社领导向外办主任转达了几点建议。首先这是一次紧急的救援活动，行前并未来得及照会外交部，因此程序上有些不合规定，而法国驻华领事亲自来本地参与救援和善后工作对我们是重要的帮助和支持，应该热情接待和礼遇。根据国际外交条约，领事的职责是保护本国侨民、签署法律文件、外交见证人、对外国人入境签发签证许可等。我们伤员转运、遗体运返、遗物移交、文件签署等都需要这位领事的支持，有她的支持和帮助，我们的工作就会减少很多的麻烦。

10日凌晨1时许，省政府副秘书长、省外办主任和省旅游局局长一起到酒店与我们见面，磋商有关善后工作的具体事宜。外办主任还主动将自己的工作用车借给我们使用，方便我们的活动。在政府各相关部门的支持下，各项工作有序进行。省公安厅连夜出具符合国际标准的外国人运送灵柩出境许可证、法国伤、死者遗留物出境证明、事故证明、死亡证明、护照遗失证明。路易总领事拿出使馆印章，当场签发护照注销证明和遗体入境证明，并对全部中国出具的文件现场签字认证。

凌晨2时30分，兰州军区总医院向亚洲国际紧急救援中心移交伤员，路易领事代表法国使馆与我共同在伤员出院移交文件上签字。

医院开始做伤员转运的准备：6辆救护车各配备一位医生和一位护士，并安排一个排的警卫战士随行协助抬担架。我指导警卫战士搬运伤员、抬担架，使担架顺利登机并进入机舱。救护车司机在车内准备足够的尿液容器，途中不可以临时停车。请兰州市交警协助从医院至机场路段的交通引导，控制车速低于60公里/小时（来时我注意到路况不好，要注意减轻车辆的颠簸和扬尘）。

此外，请医院帮助准备救援队医生所需的药品和血液清单。这时医院已经确认两位伤员是RH阴性血，医院血库没有储备；所需的部分药品医院存量不足。医院领导立即向兰州军区卫生部做出紧急报告。兰州军区卫生部指示附近驻军医院配合调配足够的药品送到兰州军区总医院。兰州军区时任司令员傅全有将军向所属部队下达命令，召集了多名RH阴性血的维吾尔族战士星夜兼程赶到医院献血。这也是一条宝贵的经验，在紧急情况下，部队战士们的血型是预知的，而且相对健康、安全，而维吾尔族RH阴性血的供血者较多，紧急情况下是迅速寻找血源的捷径。

午夜过后，战士们赶到医院。我看到一位维吾尔族小战士对取血护士说："为了抢救法国伤员，您多抽一些吧。"这场景在场的路易领事和其他人看在眼里、感动在心间！

此时的北京，卫生部医政司于宗河司长、血液处依梅处长等一些相关业务部门的工作人员也没有下班，而是紧张地为我们办理转运伤员所需血液和药品的出境手续。

早晨8时许，法律文件、伤员病历、随带药品、救护车辆、护送人员都准备完毕，救援队医生对伤员做了行前医疗处置。8时30分，伤员离开兰州军区总医院。在通往中川机场的丘陵公路上，几十辆汽车在警车的开路下缓慢行驶。车队抵达机场时，飞机已经做好了飞行准备，机舱内拆掉了几排座椅，可在地板上放置担架。机长对我说，前舱有张床可以放一位重伤员，长途飞行会舒服一些。可是没有一位伤员肯躺在床上，都表示在担架上很好。我对他们的国民素质肃然起敬！

由于昨晚指导了战士们抬担架和登机的技巧，伤员们的担架顺利地进入客舱，并被安置于中舱地板。正在忙碌的时候，有两位伤势较轻的伤员请求我帮他们在飞机前舱办公桌前拍张照。我想应该尽量满足他们的要求，便在医护人员的帮助下，扶两位伤员坐到前舱沙发椅，机组乘务员把兰州军区总医院送的鲜花摆在办公桌上，我打开随身携带的相机，为他们拍下了这张珍贵的照片，事后复制送给了路易领事。

这时，同样与我们共同忙碌了一夜的新华社记者王安走到我面前，低声说道："我们的采访何时开始呢?"哇！差一点把这事儿给忘记。"现在开始，不过您不要采访我。"此时我想到，请受益人接受记者采访更合适。可是看到医生们在忙于起飞前对伤员的检查和治疗，实在不好打扰他们。我转眼看到了身边的路易领事，对！应该请她接受采访。我尝试着征求领事的意见："新华社记者想采访您，您能够接受吗?"我担心她一口拒绝，忙追上一句话"哪怕说一句也好"！我没想到路易领事十分爽快地接受了采访。她对新华社记者说："我受法国政府授权，代表法国驻中国大使馆向善良的甘肃省人民、向中国军队表达最真诚的感谢和最崇高的敬意！"接着说呀！我心里默默地想，可是她对记者就说了这一句话，非常遗憾！

我们的救援活动和路易领事对救援活动的评价随着新华社的电波传到全世界。事后据了解，当时很多海外媒体都根据新华社发出的消息做了报道并配发了积极的评论，让世界公众及时了解空难发生后中国政府、军队、各界积极开展救援和善后的过程和细节。

在事后总结工作时，回忆到这个环节我说："当时路易领事再多说几句该多好呀！"救援协调员赵立强说："不怨路易领事，是我把您的意思理解错了。当时是我向她翻译时说崔先生只让您讲一句话！"哎！我再一次体验到语言障碍带来的苦果！

飞机起飞了，伤员们将经深圳出境，在香港转机返回法国。我与路易领事仰望着渐渐远去的飞机，心里默默祝他们一路平安、早日康复！此时我们抵达兰州已经整整过了 17 个小时。

我与路易领事和两位随行的使馆秘书返回市区，立即着手处理遗体有关事务。首先，去殡仪馆辨识尸体。我们到达殡仪馆后立即请工作人员协助查验每一具尸体。按照我们事先的要求，殡仪馆没有对尸体实施深度冷冻，皮肤弹性尚好。六男三女，尸体大部分已经面目全非、惨不忍睹。头上的伤痕、衣物上的血迹，能够想象出事故发生时他们瞬间遭受的痛苦。我习惯性地打开随身携带的相机，逐一拍照。路易领事根据旅行社提供的名单仔细辨识死者名字。可是不用护照比对，很难准确辨识 9 位遇难者。看来获得死者的护照是现在最迫切的需要，我们必须尽快会见政府有关部门，请求协助。

在当地政府的协调和帮助下，我们一行人赶赴空难现场——定西县白碌乡华家村。远远望去，飞机残骸散落在丘陵山上，随处可见散落的飞机零部件和旅客行李等物品。此时已是黄昏时分、夜色降临，我们爬上山坡时感到西北秋夜的寒风凛冽刺骨。现场值守的警卫战士们里面穿着棉大衣、外面套着雨衣，小战士的嘴唇都冻紫了。我问一位小战士：“吃饭了吗?”他点点头。“吃了什么?”我追问。“山下的老乡们把家里过冬存的土豆煮熟了，挑到山上给我们吃!”听到战士的这句话，在场的人员无不为之感动!

定西县是当时中国最贫困的地区之一，老乡们生活十分艰苦。事发后，他们救起了爬向山下村庄求救、身负重伤的机组女乘务员，并第一时间得知了飞机失事的情况，立即自发地展开救援活动。他们拿出了家里仅有的棉被，把荆条编成担架，用床单和衣服帮伤员包扎。他们为了节省后续救援时间，把伤员们抬到山下的公路边等候。现场没有任何村民哄抢伤员物品的情况，老乡们尽其所能帮助救援。

我和兰州国际旅行社的方美兰总经理、崔国萍经理不约而同地掏出身上带的钱给这些村民，他们拒绝接受，都说这是应该做的事情！村民们一张张淳朴的面孔、战士们一张张冻僵的脸颊，让现场所有的工作人员以及路易领事看在眼里、烙印在心间。

夜色降临了，我们在战士们的帮助下，凭借手电筒的光柱在周边仔细搜寻着旅客遗物，将捡拾的物品整齐排列，逐一打开行李，终于在随团导游的旅行包中找到了全部游客的护照。

又是在村民们的帮助下，我们把全部物品抬到山下，装车运回下榻的酒店。省公安厅、海关人员连夜清点造册、查验封箱；路易领事现场接收，签署遗物交接文件。

随后路易领事整理核对了全部法国游客的护照，按照旅行社提供的名单挑拣出9位遇难者的护照，我们连夜二次进入殡仪馆太平间辨识尸体。我对面前这位40多岁的女外交官肃然起敬！她一丝不苟地仔细检查死者的遗体，核对游客名单和护照，比对我拍摄的照片，认真做着标注和记录。我们在已确认的尸体小脚趾上（这个部位不易脱落）系好布条，写上姓名。

最后4具男性遗体仅通过照片与护照比对，实在不好识别，因为他们是容貌相近的兄弟。路易领事根据掌握的资料立即打电话联系他们在法国的家属，询问各自亲人的体征。此时他们的亲人焦急万分，接到路易总领事从中国打来的电话，积极配合，提供了四人的体形、体貌、疤痕、牙齿、指残等宝贵体征信息。

我们随后第三次进入太平间，根据家属提供的信息再次识别遗体，最终准确无误地确认了所有遗体。我从事国际紧急救援工作，经常会出现场、处理遗体，工作中绝不允许出现张冠李戴的识别错误，这是我们的职业责任所在。

亚洲国际紧急救援中心北京办事处此时正在紧张协调、联络转运遗体的飞机，可是各航空公司听说是运送遗体，都表示没有合适的飞机。其实我们理解他们的职业忌讳，也熟知我国航空资源的基本情况。我们向国家旅游局汇报了这个情况，最后是时任国务院秘书长陈俊生亲自做出指示，由民航总局协调调动了一架安－30观测机承担运输任务，航空公司总经理亲自驾驶飞机。

鉴于兰州市殡仪馆的条件有限，无法解决遗体防腐和用于遗体转运的防渗漏棺木缺失的问题。我们紧急请求北京八宝山殡仪馆援助，两位最优秀的殡葬师和两位北京出入境检验检疫局官员携带9具法国进口的西式防渗漏高档棺木搭乘运输机来到兰州。

时间紧迫，我们工作人员配合八宝山殡仪馆殡葬师为9具遗体进行了全身清洗，殡葬师娴熟地为死者缝合伤口、整容、化妆、做防腐处理。兰州市殡仪馆的工作人员看到此番情景诧异地说："平时我们就是将遗体面部清洗一下，再做一下整容就可以了，你们为什么要这样做？"我告诉他们："这些的遗体不会在这里火化，都要运回法国。他们都是天主教徒，一定会按照宗教习俗在教堂神父的主持下，在亲友、教友面前举行弥撒。然后在教会的墓地安葬。如果遗体运回后，他们的亲人想换一身衣服或者换一口棺木，打开一看身上伤痕累累、血迹斑斑、沾满泥土、逝者面容充满痛苦，一定会更加悲伤。虽然他们并不认识我们这里的人，但是他们会认为中国人处理得非常糟糕，从而对国家造成不好的影响。"听了我的解释，他们似乎理解了，更加一丝不苟地处理遗体。当时太平间里出奇地安静，唯一能够听到的是哗哗的流水声，那一刻我不由产生了一种幻觉，他们似乎没有死去，而是熟睡了……

在路易领事的指导下，我们凭借目测手量，按照天主教的习俗选购了衣物。男士白衬衣、黑色西服、黑色领带、黑皮鞋；女士白色长袖衬衣、灰色长裙、黑皮鞋。工作人员为每一具整容和防腐后的遗体仔细着装。这一切的目的都是希望为他们的亲属带来一份精神上的安抚和心理上的宽慰。

14 日，搭载着 9 具法国游客遗体的运输机离开了兰州，飞向北京。经北京口岸检疫出境，转搭外航运返法国。

后来据路易领事讲，遗体运返后，家属们对遗体的处理非常满意，没有再更换棺木和衣服，在教会墓地完成了下葬。很长时间过去了，中国国际旅行社副总经理何儒昌向我询问："为什么死者家属和伤员们久久没有向旅行社提出索赔的请求？我这里已经按照规定完成了保险索赔申请程序呀！"我对他说："据了解，家属和伤员对我们的善后感到非常满意，可能也就无心主动追索赔偿了吧。不过建议您还是考虑主动到法国去慰问，同时协助他们办理好有关赔偿和抚恤事务。"

10 年过去了，2002 年 9 月 26 日，时任中国国务院总理朱镕基访问法国。法国总统希拉克亲切会见朱镕基总理，他拿出一张当天的巴黎报纸递给朱总理说："您还记得 10 年前在你们国家发生过的一次空难吗？我们一些游客罹难了，也有几位游客受了重伤。"朱总理接过报纸看到头版的一幅大照片，就是我为两位伤员在专机上拍摄的那张照片。希拉克总统接着说："这些伤员今天还健在，他们听说您来访，又对媒体记者回忆起 10 年前的救援全过程，对曾经拯救他们生命的中国人念念不忘！他们感恩啊！他们对记者说第二次生命是中国人给的，他们是乘坐中国国家领导人的专机返回祖国的！”据当时外交部陪同访问的工作人员介绍，朱总理听到法国总统的赞美、看到报纸的文章，情不自禁地说道：“这件事情已经过去这么多年了，没有想到法国人民还记得。看来一起不幸事件的发生，如果我们善后工作做得好，仍然可以成为两国人民友谊的一段佳话！”

这是一次国际合作的紧急救援行动。从空难发生的那一刻、从当地村民第一时间出现在现场自发投入救援开始，越来越多的人加入救援活动。兰州国际旅行社、兰州军区总医院、兰州市殡仪馆以及当地各相关政府部门行动了起来；消息传到北京后，国家旅游局、国务院、空军、新华社、北京协和医院、北京出入境检验检疫局、海关、边防、八宝山殡仪馆、卫生部、公安部都开始密切关注救援行动，及时给予各种支持和帮助；亚洲国际紧急救援中心的北京、新加坡、香港、伦敦、巴黎各24小时服务中心紧张协调着法国驻中国使馆、法国保险公司、法国医院、航空公司、机场、教会、家属等各方关系。这次救援活动涉及的国内外机构和参与人员不计其数，难以精确统计。

可能是由于亲身经历了“10·8”空难事件的救援和善后工作，我对朱总理的一番话有着更加深刻的感受，也为自己所从事过的工作感到自豪，因为生命无价！

【案例点评】

“10·8”空难发生在我国一个比较敏感的历史时期，也是引起了世界关注的一次民航重大事故。尽管整个救援活动非常复杂，但有四点重要的经验值得总结和借鉴。

第一，国家旅游局能够在获悉事故发生的第一时间，以开放的态度向亚洲国际紧急救援中心通报，一改“政府包办”的做法，采取国际合作的方式组织、协调、开展救援活动。这一举措得到了法国驻华使馆的赞赏和积极配合，使得救援和善后工作进展得十分顺利。

第二，军队及时参与救援活动。这次空难救援活动受到国家领导人的关心和重视，调动了包括空军和兰州军区总医院的力量，体现出军队在重大公共安全事件发生时的快速反应能力和重要保障作用。在群死群伤事件发生时，军队医院有着独特的优势，警通部队的人力支援、运输车辆、供血能力、军队医疗系统的高配合度等，军队医院是各地开展紧急救援活动时不可或缺的重要资源。

第三，新华社动态地跟踪报道，主动、透明、客观地发布消息，让国内外公众及时知晓事故发生和生命拯救的全过程。尤其是对善后细节的报道，取得了较好的信息发布和舆论引导效果。

第四，运用国际保险资源。这次事故虽然发生在中国，但国际保险分担了紧急救援活动的主要费用。对医疗、伤员国际转运、遗体运返、伤亡人员理赔等发挥了重要的支持作用，也为我国涉外旅游安全管理工作提供了宝贵的经验。

整个事件的处理结果正如朱镕基同志所说的，“一起不幸事件的发生，如果我们善后工作做得好，仍然可以成为两国人民友谊的一段佳话”。当重大事故发生时，往往我们无法改变现实，但是通过努力，可以改变公众的看法。

案例二　北京建国门枪击事件（1994 年）

1994 年 9 月 20 日上午，北京建国门外大街发生了一起致多人死伤、震惊中外的枪击案。

北京通县驻军一名现役军人为报复社会，在部队驻地枪杀战友后，持枪逃出军营，劫持了一辆北京 212 吉普车前往北京市区。汽车行至建国门外路口，遇红灯，司机趁势将车撞向路边树干试图逃脱，被凶犯当场击毙。

事发后，北京市公安局、武警部队、北京卫戍区部队先后赶赴现场。

凶犯在毗邻使馆区大开杀戒，持枪扫射。公交车乘客、出租车司机、路旁行人均受到伤害，军警在交火对峙过程中也有伤亡。

此时，伊朗大使馆政务秘书尤素福・穆汗默德・皮什科纳里驾驶汽车送孩子上学由此路过，一串子弹飞来，尤素福当场身亡，三个孩子一死两伤。

最终，凶犯被部队狙击手击毙。

“9·20”事件发生后，新华社首先做出报道，随后《北京晚报》也及时发出消息。国际媒体纷纷对事件做出报道和评论，毕竟这是在中国首都发生的特别重大枪击事件。

当时我担任亚洲国家紧急救援中心总裁安努·韦西晔的顾问。外国驻华使节遇害，北京市政府非常重视。当天下午，市政府领导打来电话向我咨询该如何处理善后。我说：“当然应该由北京市政府牵头处理。”“你的意见怎么与外交部的态度是一致的？是不是外交部联系过你了？”领导追问。“您这是第一个电话，此前没有任何人与我联系。属地事件理应由属地政府出面处理，这是基本的工作原则。”我回答道。“我们没有遇过这样的事件，也没有相关的处理经验。下一步我们该怎样处理善后事务呢？”领导继续问道。我说：“暂时不要行动，待我们以国际救援组织的身份接触一下使馆，先了解一下他们的态度再做安排。”“好主意！我等你的消息。”领导接受了我的建议。

当天下午，亚洲国际紧急救援中心北京办事处首席代表严晓晴紧急约见了伊朗驻华大使。大使对事件的发生感到震惊和遗憾，他说：“我们伊朗外交官在世界各地经常会遇到类似事件，我们认为到中国赴任是最安全的，万万没有想到，今天我们的外交官在北京也遇到了这样不幸的事情，是我们的运气不好！”严小姐是一位英国籍华裔，她首先对伊朗外交官和一个孩子的遇难深表哀悼，对两个受伤孩子表示慰问。她介绍了亚洲国际紧急救援中心的组织情况和服务，表示愿意帮助协调有关各方，妥善处理善后事宜。伊朗驻华大使当即表示感谢，因为他们在中国也是第一次遇到这样的事情，不知如何是好。“您对善后工作有何要求？对死伤者的赔偿是怎样考虑呢？”严小姐提示大使要考虑的问题。大使说：“谁赔偿？政府吗？这次事件不是政府行为导致，不该由政府承担赔偿责任，该赔偿的人已经死了！”“那您就没有考虑要求中国政府承担什么责任吗？家属没有提出条件吗？”严小姐追问道。大使沉思了片刻答道：“作为大使，我会就此事件照会中国外交部，以表示我们的高度关切，但伊中两国是友好国家，不会因为这次意外事件影响到两国的友好关系。而且这不是政府行为造成的伤害事件，我们不准备主动提出赔偿要求。”“要说条件，我想通过你们向中国政府方面转达我的一些要求。首先尤素福先生是穆斯林，我知道在中国，遗体一般都要火化，我想把他和 9 岁儿子的遗体运回家乡安葬。并且转运前，希望能够按照穆斯林的习俗妥善保管和处理好遗体。”大使用低沉的语气表达了自己的愿望。“受伤的孩子您有什么考虑吗?”严小姐问道。大使说：“我们已经把消息告诉了他们在德黑兰的妈妈，她很悲痛和焦急，想立即来华。我们考虑到两国文化差异很大，语言不通，她如果来华，会给中国政府带来接待麻烦，而且也不利于尽快处理好善后工作，因此我们劝她暂时不要来华。不过这是暂时的，因此我们希望对两个受伤的孩子加强治疗，千万不要再死亡了！而且如果条件许可，尽快安排把受伤的孩子和两具遗体送回伊朗。”

了解到伊朗大使的态度，我随即向市政府领导做了汇报。市领导准备到使馆去吊唁和慰问，我建议由时任北京市副市长何鲁丽前往使馆，因为她不仅是分管科教文卫的市领导，同时也是北京市红十字会会长，无论从职责还是身份都是最恰当的人选。

市领导十分关心大使对善后工作的意见，急切地问道：“他们有没有提到赔偿要求?”我说：“提到了，不过大使认为该赔偿的人已经死了，事件不是政府行为导致，鉴于两国的友好关系，他们不提出这个要求。”领导打断我的话说：“事件发生在北京市，人家受到这么大的伤害，我们市政府也要表示一下呀！国际惯例是怎样处理的呢? 有什么标准吗?”“据我所知，国际上没有这类事件的处理惯例，更没有什么标准。”我随口答道。“不要跟我兜圈子了，根据你的工作经验给我一个建议好吗?”领导急切地问我。我说：“我个人的看法，向死者家属和伤员支付一些慰问金以表示关怀是可以的，但不是赔偿金。数额可多可少，都是政府的善意。”我在领导的追问下，提出了死者与伤者有所区别的建议，领导当即采纳。我考虑两个受伤的孩子年龄还小，今后治疗、生活、学习、工作都会遇到很多难以想象的困难和后果，他们应该得到更多的帮助和支持。

同时，我也向市领导转达了大使对善后工作的请求，并给领导提出建议：第一，要求中日友好医院加强对受伤孩子的救治，争取不要再发生死亡；第二，中日友好医院立即成立护送医疗组，做好国际航空转运伤员的准备；第三，请东四清真寺的阿訇到八宝山殡仪馆，指导殡葬师按照穆斯林习俗做好遗体处理工作，并请伊朗驻华使馆总领事见证；第四，请八宝山殡仪馆做好遗体防腐处理，并会同北京市出入境卫生检疫局做好遗体出境手续；第五，准备一架专机，待孩子伤情稳定时，将伤员和遗体护送回伊朗。

市领导对我提出的建议，一一做出安排，各部门工作配合得有条不紊。此时，我到中日友好医院向时任院长陈绍武介绍了情况和转运伤员的计划。分管医疗的副院长邓开叔亲自组织、指挥 ICU 等重症医疗部门对伤者抢救，并组建护送医疗小组。

几天后，在医护人员们的努力下，两个孩子脱离生命危险，伤情基本稳定了。正在准备实施航空转运计划时，我们得到消息，伊朗空军派遣了一架运输机和一支医疗队来北京。暮色下，在首都国际机场专机坪，两位受伤的孩子被担架抬上了飞机，两具西式灵柩也被安放在货舱内，中国有关部门与伊朗驻华使馆在机场办理了交接手续，飞机顺利返航。

望着逐渐远去的机影，我在心中默默地为伤者祈福，愿孩子们早日康复，也为死者祈祷，愿他们回归故里，入土为安。

【案例点评】

“9・20”北京建国门枪击事件是一起震惊中外的刑事犯罪案件，面对突如其来的事件，许多无辜生命惨遭涂炭。

对于外国驻华使节及家属遇险后的伤亡善后处理工作，北京市政府重视发挥国际救援组织的作用，主动征询建议，积极组织救援，尊重宗教民俗，妥善处理善后。北京市红十字会积极参与事件受害方的慰问、安抚、协调、善后工作，履行了城市公共安全事件的人道主义援助职责。

一起突发涉外公共安全事件由于善后工作做得好，没有转变成外交事件，有效引导了国内外舆情，获得国内外公众的认同。

这次事件的善后处理工作让我们再一次认识到，意外事件的发生往往是我们无法预知和控制的，但是我们能够通过努力去影响公众的认知和看法，避免意外事件转变为社会事件乃至更严重的外交事件。

案例三　救援新加坡游客（1996 年）

1996 年 9 月 11 日，由新加坡大运旅行社组团，中国青年旅行社接待的“丝路之旅”新加坡旅游团一行 24 人，抵达新疆巴音布鲁克的天鹅湖。晚餐后，游客们走出餐馆散步回住地，漆黑的夜晚没有路灯照明，她们持手电筒走在小镇的街道上。夜晚大约 22 时（乌鲁木齐时间），一辆迎面而来的吉普车将其中 5 位游客撞伤。

5 位伤者都是新加坡陈笃生医院的工作人员，其中伤势最严重的是医院的护士长，除脑震荡外，脊椎也受重伤，处于深度昏迷状态。还有一位护士伤势严重，头盖骨破裂，但神志还清醒。其他较轻伤者也是头部或肢体受伤。

面对突如其来的事故，游客中不乏经验丰富、训练有素的专业医护人员，她们第一时间开展现场救治，随后将伤员护送到不远的蒙古包小医院。无独有偶，当时刚好有一支下乡服务的医疗队驻守在那里，医生们为她们提供了非常及时的医疗救治。

车祸发生后，旅游团的团员们非常团结，其中一名团员与旅行社司机及导游在黑暗中驱车到一百多公里外的小镇打电话求援。那位新加坡游客打电话给新加坡驻中国大使馆报告了事故情况。同时，当地政府的主要负责人也给予大力的协助。小镇镇长也加入了救援行列，手持照明灯，为医生们的抢救提供支持和帮助。平日寂静的小镇顿时喧哗起来。

次日凌晨，新加坡驻北京大使馆叶高运领事将事故通报了亚洲国际紧急救援中心北京办事处，随后紧张的跨国救援活动迅速展开。

在境外，亚洲国际紧急救援中心设在新加坡的总部立即开始制订伤员治疗和国际转运计划，联系新加坡陈笃生医院和中央医院做好创伤伤员的接收和治疗准备。紧急查询、检索伤员们的保险信息，并与其投保的多家保险公司和信用卡公司取得联系，及时将事故信息告诉伤员的家属。

在境内，亚洲国际紧急救援中心迅速将事故上报中国国家旅游局。中国国家旅游局驻新加坡办事处李铁非主任也立即配合亚洲国际紧急救援中心总部展开社会各方协调及对媒体滚动发布信息的工作。新加坡最具影响力的华文报纸《联合早报》的旅游专题资深记者余经仁先生在9月13日发出关于事故和救援进展情况的报道《我国五名护士在新疆旅游遇车祸 亚急中心正与中国联合开展救援工作》，引起新加坡其他媒体和社会公众的普遍关注。一时间，旅游安全成为当地媒体和公众普遍关注和热议的话题。

在中国国家旅游局的及时介入和支持下，中国政府派出人民解放军陆军航空兵执行航空转运伤员任务。9月12日午后时分，一架黑鹰直升机盘旋在巴音布鲁克大草原的上空，吸引了众多牧民们聚集围观。尤其是一些牧民骑在马背上高举着套马杆，对直升机的降落构成安全隐患。百里之外驱车赶来的民警们紧张地疏导着围观的群众，地方政府的干部们都被动员起来维持现场秩序。随着轰鸣声和旋翼掀起的气流，直升机平稳地降落在大草原上。当地医生迅速将伤员用担架抬上直升机。经过一个多小时、300多公里的航程，伤员顺利抵达乌鲁木齐基地，5辆装甲战地救护车将伤员们迅速护送到驻军医院，进行进一步的伤情诊断和精心治疗。

亚洲国际紧急救援中心也在协调中国南方航空公司、新加坡航空公司，为伤员的跨国转运紧张地做着准备。9月14日傍晚，两名重伤员先行搭乘新加坡航空公司航班安全返回新加坡。15日，另外3位伤员也搭乘南方航空公司航班陆续抵达新加坡，分别入住陈笃生医院和中央医院。仅仅4天时间，中国和新加坡两国政府、外交机构、军队、医疗机构、保险公司、国际救援组织多方联手行动，成功拯救了在中国偏远地区遇险的5位新加坡游客，让关注这一事件的社会公众松了一口气，新加坡公众纷纷为伤者祈福，祝愿他们早日康复！

然而，《联合早报》资深记者余经仁先生并没有就此停笔、结束对这一事件的连续报道，而是话锋一转，提出了旅游安全的话题，并且连发分析和评论文章，引导舆论——《能省则省 新加坡人虽频频出国 购旅游险者不足三成》。一石激起千层浪，新加坡中英文报纸、电视、广播都在热议着《联合早报》发起的这个论题。各家媒体通过采访保险公司、旅行社、游客、医疗机构等，采集了大量的数据和案例信息。虽然新加坡各旅行社都在积极鼓励游客们购买旅游安全保险，但是以华人为多数的新加坡游客们却认为“出门买保险不吉利”“能省则省，不要额外增加旅游消费”。大多数新加坡游客缺乏保险和旅游安全风险意识，暴露出国民的安全教育不足。新加坡媒体借此案例向公众公布了 5 位伤员的医疗、救治、交通、航空转运等费用，总开支高达每人 17.5 万新元。这还不算政府、军队的公共资源投入。然而这次救援活动，5 位伤员不会为这高昂的费用付一分钱，因为这个旅行团全体团员在出国前都购买了旅游安全保险，成为保险的真正受益人。

中国国家旅游局新加坡办事处李铁非主任接受新加坡媒体采访时说："为了旅客的安全，中国国家旅游局要求所有接待外国旅客的旅行社，必须要把旅客保险列为服务项目之一。"借此机会，李主任介绍了中国的旅游安全管理政策，取得了非常好的宣传效果。

新加坡职总英康保险公司向媒体透露，这次事件中有的伤员仅投保 65 新元，而得到了 10 万新元的理赔。

仅仅一年后，余经仁先生又发表了题为《国人出国旅游　逾六成买保险——比去年同时期增长显著》的调查评论文章。余经仁先生通过采访多家旅行社和保险公司，获得大量翔实数据，列举了近年来一系列涉及新加坡游客在国外的旅游安全事件，得出结论——新加坡公众的旅行安全风险意识在迅速提升，随着保险观念的转变，做好出行前的旅行安全保险已逐渐成为越来越多游客的消费习惯。

总结以上案例，再次印证了公共关系学理论——意外事件的发生不以我们的主观意识为转移，关键在于我们有没有快速反应的能力，有没有行之有效的紧急救援措施，有没有秉承国际认同的原则处理好善后，有没有以开放的心态把发生的事件和我们所采取的措施及时地告诉给关注事件的社会公众，这标志着我们是否成熟。新加坡《联合早报》等媒体对事件的报道也应该引起我们的思考，媒体不要仅把公共安全事件作为新闻传播，而是从偶发事件中发现共性的社会问题，通过对事件的深入报道，加强分析和舆论引领，从而达到教育公众的目的，提高国民素质，这也是媒体的社会责任及贡献！

这次紧急救援活动再一次验证了，事故发生后的信息，与其别人说不如自己说，与其外行说不如内行说，与其被动说不如主动说。主动驾驭信息传播的主导权这一应急措施，具有重要意义。

【案例点评】

这一案例最具价值的亮点体现在两方面：一是游客，二是媒体人。鉴于这次遇险游客都是医护人员，事故发生的第一时间具有较强的自救能力。遇险后能够及时采取自救、互救措施，其后立即到一百多公里外打电话向新加坡驻中国使馆报告，说明他们在旅游前做好了准备。自救和报告是旅游者在遇到事故时最有效的两个重要措施。

案例的另一个亮点——新加坡《联合早报》的余经仁记者。通过对事故持续一年的调查和深入报道，他不仅对事故做出纪实报道，而且敏锐地提出问题、抛给读者。他以这次事故的伤员受益于保险而得到及时、优质的跨国救援为契机，进行了当地保险业调查，披露新加坡人的投保数据，指出了新加坡公众忽视旅行安全保险的普遍性问题。难能可贵的是，他持续追踪报道新加坡人民的保险意识转变过程，并且在一年后发出新的调查报道。这体现了余记者具有很高的新闻价值判断能力和职业素质，从个案中提出具有普遍影响的命题，引起公众的思考。新加坡《联合早报》通过持续报道引导公众关注的不仅仅是事件本身，而是与读者自身旅行安全相关的深层思考，从而改变对保险的认识。这一案例对中国媒体报道公共安全事故、事件的视角、深度都具有很好的学习和借鉴价值。

案例四　新加坡航空公司两起空难（1997年、2000年）

本篇通过回顾新加坡航空公司历史上曾经发生的两起重大空难事件，分析政府组织、事故责任者、国际组织、司法机构、紧急救援组织、宗教组织、保险公司、罹难者家属、新闻媒体以及与社会公众之间的相互影响、相互作用和因此产生的结果。

新加坡航空公司一直是国际民航业知名度最高、绩效最好的航空公司之一，也是世界航空业内创建品牌并且努力使品牌保持生机和活力的航空公司之一。新加坡航空公司曾多次获得世界“最佳航空公司”殊荣，更在2005年9月12日获得了香港旅行杂志《商务旅客（亚太版）》颁发的6项航空业大奖。然而值得关注的是，在这显赫的荣誉背后，新加坡航空公司曾在1997年12月19日发生“MI185航班印尼巨港空难”、在2000年10月31日发生“SQ006航班台北中正机场空难”。

3年时间内相继发生两起重大空难事件，为何没有动摇新加坡航空公司在国际市场的地位？新加坡航空公司在面对突发事件时，采取了怎样的应对措施？本文收集并整理了当时与事件相关的大量信息，并且按照突发事件、紧急救援、政府角色、大众传播、事件调查、善后事务、法律行动、公众反应八个角度分类描述，以方便读者选取所需信息阅读。本案例尤其为我国民航行政管理部门和航空业者提供了参考角度。

两起事件发生时，作者正在国际SOS紧急救援中心新加坡总部任职，从多角度亲身经历并感受了当地社会对两起事件的反应。

（一）“12·19”MI185航班印尼巨港空难

1. 突发事件

1997年12月19日，新加坡胜安航空MI185航班（波音737－300型）于北京时间16时23分从雅加达苏加诺－哈达国际机场起飞，原定傍晚18时05分抵达新加坡樟宜国际机场。然而该航班却在17时25分左右突然坠毁在距苏门答腊巨港以北56公里的马卡迪查耶的穆西河三角洲，机上97名旅客和7名机组人员全部罹难。罹难者分别是46名新加坡人、23名印尼人、10名马来西亚人、5名美国人、5名法国人、4名德国人、3名英国人、2名日本人。此外，还有新西兰人、波斯尼亚人、奥地利人、印度人、中国台湾人和澳大利亚人各1名。

2. 紧急救援

空难拯救队伍主要是由印度尼西亚和新加坡的海陆空军人员组成，印尼军队主导，新加坡军队支援。两国搜救人员共有400余人，包括20名海军潜水员、12名警方潜水员、100名军方人员和近300名志愿人员。拯救行动总指挥是印尼军方的哈林托将军。新加坡政府派出卫生部下属的10人医疗队、两组紧急事故心理应变专业人员以及国防部紧急事故心理辅导专家等。在当天的搜寻和拯救行动中，印尼军方出动了5架直升机、4艘海军舰艇。新加坡出动了一架C－130运输机、一架福克50海事飞机、两架“美洲狮”直升机和3艘海军舰艇。此外，印尼当地警察局、行政当局、巨港港务局和海军都派遣了工作小组到客机坠毁现场参与救援。

据印尼官员和目击者介绍，飞机坠毁在一片沼泽地，坠毁前曾发生爆炸，残骸散落范围很大。一名在苏门答腊海岸值勤的警员说：“机身已被撞得四分五裂，一部分还陷入沼泽，坠毁时发出巨响。”

穆西河的沼泽地，占地约8平方海里（27.45平方公里）。除了寻获客机的两片较大的残骸，包括一侧机翼和部分方向舵，拯救队人员只发现了一些触目惊心的断肢残体和罹难者个人物件，如身份证、手表、鞋子和首饰。混浊的沼泽与急流使搜寻与救援行动受到一定程度的阻碍。当地居民，尤其是渔民们三五成群、热心地协助营救及搜索工作，用渔网打捞残肢断臂。救援队伍的负责人透露，拯救人员没有发现任何生还者。由现场的迹象看，大多数的罹难者可能因机舱门在出事时无法打开而被困在机舱内，无法逃生。拯救人员已经把打捞到的断肢残体送到巨港的中央医院，以便进行查验及辨认罹难者的身份。地面搜寻指挥官安苏里陆军上校介绍，当局共出动了1 000多名人员，进行地面及沼泽地的搜救工作，他们没有见到一具尸体是完整、容易辨认的。

在救援活动中，印、加两国部队分四个阶段展开行动。第一阶段，坠机后立即派遣军机和军舰前往现场，并在事发地设立指挥部，同时调派海军蛙人在附近的沼泽地带、沿海地区和水域搜寻。第二阶段，拯救人员搜寻生还者和罹难者的尸体。第三阶段，把罹难者尸体运返新加坡。最后一个阶段，搜集打捞的飞机残骸，这需要较长的时间。

12月27日，印尼潜水员在水下寻觅到飞行记录器（黑匣子）；12月31日，开始使用6艘挖泥船继续进行打捞工作；1998年1月4日，挖泥船将座舱记录器打捞出水面。最终寻找到约200多段细小的人骨，所搜集到的人骨大多无法用于确认罹难者的身份，因为缺少有利于辨认尸体的牙齿和指纹。根据印、加法医专家的报告，寻获能辨认遗体的希望微乎其微。1998年1月5日，空难现场的罹难者遗体和飞机残骸打捞工作结束，历时

18天。

3. 政府角色

以下按照时间顺序列出印、加两国政府在空难事件发生后的活动。

• 1997年12月19日，印尼交通部部长在空难发生后立即从雅加达赶往空难现场，并与新加坡交通部部长马宝山保持联络。

新加坡武装部队接到空难消息，立即派出一架福克50飞机飞往出事地点。此外，空军部队也在当晚派出一架C－130“大力神”运输机、两架“美洲狮”直升机与当地救援人员合力展开搜寻和拯救行动。

印尼警察局、行政当局、巨港港务局和海军都派遣了工作小组到客机坠毁现场。

由各政府单位组成的危机处理小组、警察部队、民防部队、社会发展部等负责人都赶到樟宜国际机场部署紧急救援活动方案。

新加坡民航局在樟宜国际机场第二候机大厦设立家属接待中心，供乘客家属了解最新情况。警方人员则封锁了附近区域，严禁媒体进行访问。

晚24时许，新加坡交通部部长马宝山在樟宜国际机场举行的记者会上透露，他在与乘客亲属会谈时，向他们保证与印尼有关的政府部门会竭尽全力寻找和拯救胜安航空MI185航班的乘客。

新加坡民航局人事与公关司陈益司长出席新加坡航空公司在樟宜机场举行的空难事件介绍会，并回答记者提问。

午夜，新加坡民航局发表政府文告，公布事件情况并立即开设民航局、外交部的24小时热线电话号码，供社会各界查询信息。

• 12月20日，新加坡总理吴作栋通过媒体发表总理公署文告，表达对空难罹难者家属的慰问。

• 12月21日，印度尼西亚总统苏哈托致函新加坡总理吴作栋，表达慰问并表达印尼方积极参与救援善后工作的意愿。

• 12月22日，新加坡交通部部长马宝山在巨港一酒店会见乘客亲属，再次向他们保证当局正尽全力进行搜寻工作，过后他与家属一起前往出事现场。

• 12月23日，中国、马来西亚、法国及文莱政府分别致唁文，对胜安客机空难罹难者家属表示深切哀悼和慰问。中国驻新加坡大使陈宝鋆致电新加坡律政部部长兼外交部部长贾古玛："胜安 MI185 客机惨剧使我大感震惊！我及大使馆的全体职员希望向你，并通过你，向贵国政府及罹难者家属表达我们深切的哀悼。"

• 吴作栋总理圣诞节当天在交通部部长马宝山、新航主席丹那巴南和新航副主席兼总裁张松光博士的陪同下视察设在樟宜国际机场第二候机大厦的危机处理中心，听取危机处理小组汇报搜寻与拯救工作的最新进展情况。吴作栋总理表示对胜安航空 MI185 班机的残骸和罹难者尸体的搜寻工作进展感到不满意，尤其是搜寻尸体和黑匣子的进度更令他感到十分沮丧。

• 12 月 28 日，新加坡社会发展部乐龄人士与社会服务处负责人吁请罹难者的亲友在发现罹难者家属情绪不稳定时，与社会发展部联络。他们将为家属提供经济上或心理上的援助。他还表示，社会发展部也可为失去经济支柱的家庭或父母罹难的儿童做出特别安排，最重要的是劝请这些亲属与他们联系。"我们要传达的信息是，他们（罹难者亲属）不是孤立无援的，在他们的周围有很多关心他们的人，与他们分忧，也随时会伸出援手协助他们渡过难关。"

• 12 月 30 日，新加坡交通部部长马宝山第三次到印尼巨港，并同印尼交通部部长哈严托再次会谈，商讨为罹难者举行集体葬礼的事宜。

12 月 30 日下午，新加坡内阁资政李光耀率全体国会议员、政府部长出席为空难罹难者举行的 9 000 名公众悼念活动。

• 2000 年 12 月 15 日，新加坡交通及资讯科技部发表声明表示："尽管经过 3 年锲而不舍和艰苦的调查，但是因为空难事发现场的特殊环境因素，搜集到的资料只有一小部分能够用于空难的调查，使得空难调查团无法确切地掌握导致空难的主要原因。"对于调查团因为复杂的因素而无法找出空难的原因，交通及资讯科技部遗憾地表示："希望调查团继续做出透彻、客观和锲而不舍的努力，以抚平家属的情绪。"

• 2001 年 3 月 12 日，交通及资讯科技部发表声明指出，尽管政府了解胜安空难罹难者家属对无法得出 MI185 航班飞机失事原因的结论感到失望，但由于缺乏新证据，政府必须接受这样的调查结果。

4. 大众传播

•1997 年 12 月 19 日晚，胜安航空公司发表文告，向媒体介绍空难信息。

新加坡民航局立即在樟宜国际机场第一候机大厦设立新闻中心，接待媒体采访。

•胜安客机坠毁原因虽仍是个谜，但目击者一致指出飞机发生爆炸后才坠毁。靠近坠机地点的双埃西木村村长雅辛说，飞机坠毁前曾发生爆炸。

•鉴于印尼报章及电视等媒体纷纷报道胜安客机坠毁在南苏门答腊的穆西河口之前曾经发生多次爆炸，引起人们对该空难原因的种种猜疑，其中包括被放置炸弹的可能性问题。印尼交通部部长回答媒体记者询问时，呼吁所有各方勿对失事原因做出无谓的猜测，他说："让我们等待政府设立的专案小组调查结果吧！"

•2000 年 12 月 16 日，新加坡《联合早报》发表社论《胜安空难疑团未解》。胜安 MI185 客机空难事件的调查报告，终于在这个事件发生的三周年前夕发表。调查报告对失事原因所做的总结，应该不会使人感到意外，罹难者家属亲友对这样的调查结果感到失望、不满，也是完全可以理解的。……最重要的当然是如何防止类似惨剧再次发生。新加坡人在不到三年时间内，看见我们拥有的航空公司客机两度失事，对我们的整体打击不能说不重。让我们痛定思痛，从这两次事件中认真吸取教训，彻底检讨，把飞行安全与防范不测的工作做得更加完善。

5. 事件调查

•1997 年 12 月 20 日，新加坡、印尼、波音公司以及美国国家运输安全委员会的代表开始合作调查，以找出飞机失事的原因，从而避免类似悲剧重演。

•12 月 21 日，印尼当局出动一架直升机，载着新加坡民航局调查人员沿坠毁的胜安 MI185 当天的航线飞行，希望可以从中发现蛛丝马迹，追查出飞机坠毁的真相。美国波音公司的一组调查人员也飞经新加坡，赶到坠机地点加入调查工作。

出事的坠毁客机有优秀的安全飞行记录和维修安全记录。自 1997 年 2 月飞行，10 个月以来没有发生任何故障。这架飞了 2400 多个小时的客机，前后进行过 3 次“C－检查”，即“平衡检查”。最后一次的“C－检查”是在坠毁的 10 天前。

新加坡专案与事故调查小组的 14 名成员中，11 名来自警方，2 名来自卫生部，1 名来自民防部队。小组中的 8 人负责辨认罹难者身份并进行事故调查，其余的人负责协助。

•12 月 31 日，共捞起 46 件罹难者的个人证件，包括驾驶执照、信用卡、俱乐部会员证、身份证、护照等。除此之外，搜寻队也捞起了很多钞票，包括 600 万印尼盾、6 000 零吉和 2 000 新台币。这些捞起的飞机残骸、个人证件和钞票都已经被送到巨港，作为调查飞机失事原因的证物。

•1998 年 1 月 7 日，飞机两个黑匣子都已寻获，但调查团仍旧无法查获任何有价值或结论性的证据。因此，调查委员会决定开展另一轮新的调查，把客机的重要部分复原成形，进行研究。

一名不愿公开姓名的印尼调查员透露：“我们现在相信，胜安空难事件几乎是一项自杀行动。”有报道说虽然调查人员还在验证胜安空难的出事原因，不过已有多个迹象显示机师朱卫民可能要以坠机的方式自杀。这些迹象包括：飞行记录器和飞机驾驶座舱录音器在空难发生前已停止操作；机师在事发前几个月因不适当的飞行着陆被降职，错过被提升到新航的机会；有消息说机师因玩股票损失了 200 万～300 万美元，事发前几天他买下了数百万美元的人寿保险。

•1998 年 12 月 19 日，针对胜安 MI185 客机坠毁事件，印尼客机失事调查团排除了航空交通控制、天气、飞机维修、恐怖分子行为或危险物质等失事原因。

•1999 年 8 月 25 日，经过长达约 20 个月的调查，印尼空难调查署发出的最新一份调查报告指出，罹难机长朱卫民在事发时面临经济困难，并且曾数次遭公司纪律处分。此外，报告也指出在座舱录音器停止操作的最后几秒有迹象显示朱卫民正打算离开驾驶舱。另一方面，新加坡交通及资讯科技部的文告指出，印尼交通部部长写信给新加坡交通及资讯科技部部长姚照东：“有一些迹象导致他们怀疑有人为的非法干预，可能是这起意外的一个原因。”印尼和新加坡政府已基于这种怀疑，将事件交由两国警方展开进一步调查。

美国航空诉讼律师杰拉得·斯特恩丝认为胜安坠机事件不可能是机长自杀导致。他认为，以上说法只是一些猜测，并没有真凭实据。根据他处理坠机案件多年的经验，他相信波音 737 型客机的机件设计缺陷很可能是导致胜安客机出事的原因。对胜安航空公司来讲坠机事件是第一次，但是对于客机制造商波音公司来说在近年来已经发生过数次 737 型客机坠毁的事件，而有两起案件和胜安事件一样，至今还是疑云重重。斯特恩丝律师在专门代表空难罹难者家属处理坠机案件方面已有 20 多年的经验。

• 1999 年 10 月 27 日，美国和澳大利亚的航空专家虽已着手对胜安 MI185 空难进行调查，但他们却基于国际条约的限制，无法对外公布调查结果。胜安 MI185 亲属联会相信，国际民用航空组织为空难调查工作列出的“国际标准和推荐规范”，导致胜安空难调查的有效性大打折扣。根据这一规定，参与胜安空难调查的印尼空难调查署、美国国家安全局、澳大利亚航空安全调查局和新加坡民航局都得遵照国际民航组织条例，只能有一个总发言人。

• 2000 年 12 月 14 日，经过近 3 年的多方调查，胜安 MI185 客机空难的总结报告终于公布，结论是“调查团无法取得任何证据来解释坠机原因”。空难调查团主席迪南在总结报告中称：“由于客机已成为碎片，有助于调查的数据、资料和证据几乎等于零，印尼国家交通安全委员会（前称空难调查署）唯有在没有查获任何证据来说明意外原因的情况下做出总结。”与此同时，新加坡警方也发表了调查报告，在仔细调查和分析所有资料后，警方专案调查小组没有找到证据来证明机师、副机师或任何机组人员有自杀倾向，或有动机蓄意导致 MI185 客机坠毁。

• 2000 年 12 月 14 日，美国国家交通安全局表示不同意印尼国家交通安全委员会在调查报告中所做的多个关键性结论，认为胜安航空公司 MI185 航班飞机空难是由“机师刻意的行动”所导致的，而不是由飞机的机械故障或失灵所导致的。美国国家交通安全局指出，印尼提交的调查报告暗示座舱录音器中断录音是因为这个设备失灵，但是各种证据显示客机失事前飞机座舱的电流供应正常，因为其他的飞行器材比如飞行记录器都还正常地工作。鉴于此，可以判断录音中断不是电流故障导致。从各种证据看来，最有可能的原因是机长朱卫民故意切断座舱录音器，因为这名机长曾在过去一次的飞行中用手拉动座舱录音器的电路截断器。

6. 善后事务

• 1997 年 12 月 19 日晚 21 时许，胜安航空和新航联合设立家属热线电话接受乘客的家属查询。

新航副主席兼总裁张松光博士与非执行主席丹那巴南当晚到家属安置中心慰问家属。

• 12 月 20 日，新加坡罹难者的二百多名家属分三批乘搭胜安航空公司安排的两次专机飞往印尼巨港等候亲人的音讯。

• 胜安航空公司公布 MI185 航班机上人员名单。

• 12 月 21 日，在罹难者亲属要求下，民航局及胜安航空公司安排了两艘船载送亲属到 MI185 客机的出事地点，让他们现场观察搜寻工作的进展。两艘船在印尼时间下午 3 时左右从巨港出发到飞机坠落地点，船程大约两小时。胜安航空公司公共事务部高级经理里克 · 克莱门斯在胜安与民航局的联合记者会上说，他们确保有足够的船位让全部亲属都能到坠机现场，陪同亲属的除了工作人员，也有社会发展部的辅导员及卫生部的医生。不过，只有 199 名亲属决定到现场观察，有少部分亲属决定留在巨港。

• 12 月 22 日，美国一个辨认罹难者身份的 18 人专家团受新加坡政府邀请，到达巨港参与协助辨认工作。这个专家团包括法医、病理学家和牙医，他们擅长利用科学方法从断肢残体中辨别死难者的身份，特别是处理空难事件。

近百名罹难者家属怀着悲痛的心情乘坐胜安航空公司包租的快艇到达坠机地点。他们眼含泪水，手拿香枝、蜡烛及鲜花为遇难的亲人默哀。也有家属请道士到现场敲钟诵经为死者招魂，道士手中摇晃的钟铃，“叮、叮”声在河面上空回响着，似乎敲击着罹难者家属的心坎，宛如一阵悲凄的哀钟。

• 12 月 23 日，丹那巴南第一次以新航集团主席的身份，通过媒体公开向罹难者的亲属致以最真诚的道歉。他说：“我对所发生的一切感到深切的悲哀，我知道在这个时候，任何抱歉、同情、哀悼，都丝毫减轻不了罹难者家属的悲痛和虚空，我深深感受到他们的悲伤。”

• 12 月 29 日，新加坡方面派出的一个 4 人小组到巨港，寻找适合罹难者集体安葬的地点。

• 12 月 30 日，新加坡体育馆隆重举行“胜安 MI185 客机罹难者追悼会”。吴作栋总理怀着沉重的心情在演讲中表达了对罹难者的追思和哀悼。他完全理解死者家属的心情，怀着同样的悲伤说：“我们能够接受死亡，但不是突如其来的道别；我们能够接受死亡，但不能接受无法解释的死亡；我们能够接受死亡，但不能接受无法为我们所爱的人举行临终仪式和正式的道别。这一创伤加深了不幸家属的哀伤与痛苦!”新加坡九大宗教领袖走上台，按照各自宗教仪规轮流为这一百多位逝去的生命祷告诵经。

• 胜安 MI185 航班失事后，新加坡职总英康保险公司将为罹难的保户发出约 300 万元的赔偿金。英康保险公司发出的文告说，根据航空公司所提供的乘客与机组人员的名单，它需在人寿以及个人意外、团体保单下为总共 42 项索偿申请发出总额 290 万元的赔偿金。个人保户中最高的索偿额是 50 万元，最低为 3 500 元。但这笔赔偿金并不包括他在工会为会员投保的集体保险下所付出的意外赔偿。

各保险公司所发出赔偿额各有不同。美国友邦保险的最高和最低赔偿额分别是 100 万元和 5 000 元，24 项赔偿投保人不详；英康保险是 50 万元和 3 500 元，42 项赔偿 25 位投保人；保诚保险是 31. 6 万元和 61 000 元，10 项赔偿 7 位投保人；大东方人寿保险是 10 万元和 5 000 元，16 项赔偿 16 位投保人。华侨保险一项赔偿一位投保人。

• 1998 年 1 月 19 日，在印尼巨港花园公墓举行胜安空难罹难者集体合葬礼，约 50 名罹难者的亲属乘搭胜安专机提前抵达巨港。他们把亲人的衣服、用品、玩具等遗物放入棺木一起埋葬。1 500 人出席葬礼，九大宗教领袖也列席祷告诵经。新加坡交通部部长、印尼交通部部长、新航集团主席、各国外交使节代表和印尼代表等出席了隆重肃穆的合葬礼。

7. 法律行动

• 根据 1929 年签署的《华沙公约》，航空公司对空难罹难者家属的赔偿是有最高限额的，目前这个最高限额是 75 000 美元。

• 1998 年 4 月 23 日，美国航空诉讼律师斯特恩斯建议胜安航空公司

MI185 航班空难的罹难者家属在考虑选择接受胜安的赔偿之前也应该考虑到美国起诉出事客机制造商波音公司。斯特恩斯表示，如果证据显示空难发生的原因是客机的设计有问题，在美国的法律制度下，罹难者家属将会获得比按照新加坡法律制度裁决高出许多的赔偿金，不过他表示，罹难者家属也需视各自的情形选择适当的索偿途径。他说："对于某些人来说与胜安和解或许是比较好的解决办法，如果损失惨重，则可以考虑起诉波音公司。""除非有办法证明空难发生是航空公司有意识的不正当行为所致，这样根据公约，赔偿额就不会限制在 75 000 美元内，但这样的行为往往很难被证明。在胜安空难中客机突然坠毁，要证明这样的行为似乎是不可能的事情。"

• 1998 年 12 月底，胜安航空公司发出赔偿给罹难者家属，赔偿额介于 25 000 美元至 75 000 美元。一些罹难者亲属对赔偿数额不满，有些又担心获得赔偿后整件事情便完结。结果仅有 5 名罹难者的家属接受胜安提出的赔偿额，而且都是外国人。

• 1999 年，由于调查工作进展缓慢导致许多罹难者家属不满，一些家属在美国起诉多家制造商和波音公司，他们指出这些公司所提供的飞机部件有问题导致胜安 MI185 飞机坠毁。根据洛杉矶高庭的控状，104 名罹难者的家属指控制造商提供有缺陷的飞机部件导致这架飞机在升空后仅 67 分钟便坠毁。起诉书说胜安 MI185 飞机从雅加达的机场起飞后约一小时，一个压力传感器和其他相关的系统明显出现故障。除起诉以西雅图为总部的波音公司外，家属也起诉纽达因（ITT Neodyne）、派克汉尼汾（Parker Hannifin Corpl）等公司。

• 1999 年 1 月 22 日，胜安提高了赔偿额，从原本的 75 000 美元增至 14 万美元。不过许多罹难者亲属仍不接受，选择继续等待调查结果。亲属的顾虑是一旦签署了胜安航空公司的赔偿同意书日后将受到某些法律限制。根据胜安航空公司提出的同意书，接受赔偿的亲属以后不能针对空难事件向该公司提出任何法律诉讼。此外，亲属更希望能早日知道客机坠毁原因。

• 1999 年 4 月 30 日，罹难者亲属联名发出请愿信，希望能与吴作栋总理会面。

• 1999 年 11 月 16 日，胜安航空公司答应把赔偿额从原本的 14 万美元调高至 20 万美元。约 70 名罹难者亲属，放弃对胜安航空公司的诉讼权接受了 20 万美元的赔偿。

• 根据《华沙公约》，亲属须在空难发生后的两年内决定是否接受有关赔偿或起诉涉及的航空公司。亲属若打算继续等待调查结果，便得在 1999 年 12 月 19 日前入禀本地法庭保留起诉权及延长期限；若亲属没办理这个法律程序，现有的赔偿配套将失效。在距胜安空难两周年仅剩 4 天时，约 70 位罹难者的亲属选择放弃对胜安的诉讼权。数个月后还保留起诉权的罹难者家属共 9 位。

• 2000 年 4 月 30 日，胜安空难 9 位罹难者家属起诉美国波音公司的案件有可能在美国西雅图开审。根据美联社的报道，这起诉讼案的审前程序已交由西雅图的联邦法官处理。在美国的法律制度下罹难者家属将可获得比新加坡法律制度的裁决更高的赔偿金。根据美国过去的案例，一个家庭主要收入来源者的死亡赔偿金，可轻易达到七位数。

8. 公众反应

• 胜安航空 MI185 班机在印尼巨港附近坠毁的悲剧已经成为互联网上讨论的焦点话题。网友特别建立了一个吊唁网页，让人们在网上为罹难者致哀，公众通过互联网表达哀悼心情十分踊跃。

• 新加坡佛教总会宣布将在文殊中学为胜安航空 MI185 班机失事的罹难者举行超度大法会。佛教总会文告说，超度大法会将动员全国佛教人士参加，从当天上午 8 时开始到晚上 9 时结束。佛教总会呼吁罹难者的亲属前往拜祭。祭品应使用清香、鲜花、水果及素菜，而不要燃点蜡烛、焚烧金银冥纸或以酒拜祭。文告指出，这项法会纯出于慈悲与同情，对象不分国籍、种族和信仰。佛教总会呼吁罹难人士的家属，即日起携带罹难者的资料及护照照片一张，到菩提学校内的佛教总会办事处报名，一切服务全部免费。

• 为满足坠机罹难者家属当中的道教徒需求，道教总会将在 1 月 8 日（农历十二月初十）上午 9 时到晚上 10 时，免费为罹难者主持三七超度大法会，地点是乌美一道韭菜芭城隍庙后面的空地。

• 公祭活动后许多公众受访时表示："那一幕实在太感人了，社会公众聚集在一起为罹难者哀悼，不同的宗教领袖为罹难者祈祷。我想起在其他地方还有宗教战争在进行着，这确实是难以想象的。”“不论是什么种族、肤色、宗教都如此融洽，那一幕真的很凄美。追悼会上没有政治、没有争论。这是世界上其他角落都无法看到的，也使我更加确信新加坡是一个好地方。”“总理、部长们和公众都表现了他们的关怀，那也都是显而易见的，让人深受感动。”

（二）“10·31”SQ006航班台北中正机场空难

1. 突发事件

2000年10月31日，新加坡航空公司SQ006航班（波音747－400型）于23时18分，在台湾桃园国际机场失事，机上载有159名乘客和20名机组人员。这架即将飞往美国洛杉矶的珍宝型客机在强风暴雨中驶入了正在施工并已被关闭的05右跑道，而非正确的05左跑道。客机在起飞滑行中撞到跑道上的挖掘机，机体断成几截并起火燃烧，机上83人罹难、71人受伤。罹难者中有11名新加坡人、25名美国人、26名中国台湾人、10名印度人、4名马来西亚人、2名英国人。此外还有印尼人、日本人、菲律宾人、越南人、墨西哥人各1名。

2. 紧急救援

10月31日晚，客机出事后桃园国际机场立即关闭并出动了100多辆救护车和消防车进行抢救。直到午夜24时30分左右，失事客机的火势基本被扑灭。

新航SQ006班机发生爆炸后，第一时间赶赴现场救援的王姓消防员表示，飞机断成了三截，消防人员由机尾往机头方向一边救人一边灭火。该消防员说当他到达现场时已是一片火海，机头及机身中段早就被熊熊大火吞食，剩下机尾处陆续有生还者逃出舱门。消防人员随即从机尾进入机舱救人，先后救出66人。越靠近机身中段及机首部位焦味越重。救难人员在黑暗中寻找生还者，踩在脚底的物体无法判别是座椅或是尸体，只能凭着触感及微弱的光线寻找机上人员。

新加坡航空公司空服员曾晓芬协助旅客逃出机舱，不慎跌落导致右小腿骨折，自己最后才离开机舱。面对生死一线，曾晓芬丝毫没有畏惧，她从飞机发生坠落的那一刻起一直都是清醒的，一心只想到如何协助乘客尽快离开机舱。

11月1日，新航派出一支特别支援小组飞往台北。驻台北的新加坡贸易办事处在新航客机撞毁后已经奉命全面戒备。办事处同台北的新航分公司和台湾民航行政管理当局保持密切联系。

林口长庚医院在急诊室大门前挂了一块白板，以记载伤者的姓名及检伤分类，但重度烧伤昏迷者因无法说话只能将姓名栏空白。一位林姓家属淋了一身雨，赶到医院时看到白板上家人伤势属第一级，大声庆幸还好没事，可是旁边医生告诉他，第一级是最严重的，让他立即从欣喜转为痛哭。

美国在台协会人员也赶抵林口长庚医院，他们表示在空难发生后数分钟内已向美国国务院报告这起意外，国务院指示他们尽量协助伤者、罹难者的后续事宜。

台湾卫生行政部门负责人李明亮在凌晨1时许，赶到林口长庚医院。他指示医院腾出非急症的烧烫伤及加护病房床位，并且动员医护人员全力为伤患救治。李明亮说："经由调度后，即使所有的空难伤员都涌进林口长庚医院，床位也一定够。"

经过一夜搜救，生还者被陆续送往医院救治，台军警人员进入飞机机体内寻找罹难者的遗体。直至清晨7时，已经找到近70具遗体，均送至桃园国际机场国内航站大厦大厅暂放。大多数遗体经过烈火烧灼已经焦黑，难以辨识，甚至有些还扭曲变形，仅有一具尸体可以辨清面貌，另一具戴着一只手表家属可以辨认。

从一发生事故就立刻赶到现场的慈济功德会协助布置整个灵堂，并为往生者助念。台军警陆续运进一具具棺木和罹难者的遗体。覆盖着白布的遇难者遗体，映着简陋的灵堂，占据机场航站大厅的一角，在轻声的诵经声中，现场气氛越显哀戚。由于需要等待验尸官现场验尸以确定罹难者死因并进行DNA比对，所以警方和新航工作人员封闭整个灵堂不让家属入内认尸。焦急的家属彻夜未眠，既得不到新航完整的说明，又无法进入灵堂寻找家人，家属对于台警方和新航的处理态度怨声载道。

原本要去美国参加汽车零件展的中国台湾乘客李龙寿在医院床榻上向

记者们表示，他非常感谢机组的服务人员，她们当时能够冷静地提醒乘客不要慌张并帮助自己逃生！虽然过了一夜，但夜里的景象让他永生难忘。在一片漆黑中，新加坡航空的空服员一边叫他们不要慌张，一边试图打开逃生门，为了怕外面的火花伤及里面的乘客，空服员还叫他们退后一点，充分地展现了空服员的冷静和应变能力。

3. 政府角色

• 2000 年 11 月 1 日，美国国家运输安全委员会派专家前往台北协助调查出事原因。美国国务院表示新加坡航空公司班机事故发生后，美国政府正设法了解机上是否有美国籍乘客。此外，有报道说美国国家运输安全委员会将派遣一支 8 人的调查团与联邦航空局的代表一起飞往台北协助调查新航客机失事的原因。

• 坠机事件发生后，新加坡民航局马上动员属下的专家迅速组织起一支约 10 人的特别调查小组，包机于 11 月 1 日清晨 6 时 30 分左右出发飞往台北。另外还有大约 100 名来自新加坡航空公司各部门、新加坡民航局、新加坡空乘人员工会的人员也随专机启程前往台北参与救援活动。

• 台民航行政管理部门接获失事消息后，立即成立紧急应变小组，台行政部门领导人张俊雄和交通部门负责人叶菊兰随后先赶往民航管理部门了解状况，再赶往桃园国际机场；负责失事调查的航空器飞行安全委员会也派人前往现场。

• 由于新航班机失事的乘客中有很多外籍人士，台外事部门等相关单位为方便失事飞机的乘客家属来台，要求新加坡航空公司尽快联络并采取落地方式办理手续，方便家属到台照顾伤者或处理亲人后事。

• 11 月 1 日上午 8 时 50 分，新加坡交通及资讯科技部部长姚照东到新加坡樟宜国际机场第二候机大厦听取有关坠机的汇报，并会见乘客家属、接受记者访问。

• 11 月 1 日下午，新加坡总理吴作栋针对新航 SQ006 客机坠落跑道的惨祸发表声明，表示对空难感到震惊及难过，并向罹难者家属致以最深切的慰问。吴作栋总理说："我是在昨天午夜后获知新航客机 SQ006 坠落的消息，我感到震惊，也十分的难过。我要向罹难者的家属致以最深切的慰问。我也希望在这场意外中受伤的人士能早日康复。""我已经指示新航、交通及资讯科技部、外交部和所有有关的政府机构给予受影响乘客的家属一切必要的协助。交通及资讯科技部部长和他的官员将在今天飞往台北以给予台湾当局和受影响的乘客必要的协助。”“我要向台湾当局致谢，他们迅速地采取各项应急行动，并且尽力协助受影响的乘客和新加坡官员。我们将与台湾当局以及所有有关的机构通力合作，以对这起意外展开调查，并且为受影响的家庭提供必要的协助。”

• 中国国家主席致电新加坡总统，对新航空难的遇难者亲属表示深切慰问。中国国务院台湾事务办公室和海峡两岸关系协会也分别对在空难中死伤的台湾同胞表示哀悼和慰问。

• 11 月 1 日，台湾当局领导人以及国民党和亲民党领袖先后前往林口长庚医院探视受伤者。

• 11 月 1 日 20 时 04 分，新加坡交通及资讯科技部部长姚照东乘搭编号同样为 SQ006 的新航特别班机前往台北实地了解 SQ006 客机坠毁的情况。

• 11 月 2 日，台湾行政主管部门的新航 SQ006 班机善后联合服务中心成立。当天 14 时起，该联合服务中心将协助家属办理 DNA 检验及身份比对、户籍注销、财产、遗产税查询、法律咨询服务、心理辅导等事宜。联合善后服务中心由叶菊兰担任召集人，民航行政管理部门负责人张有恒担任执行秘书。成员包括交通、外事、财政、法务、内政、军方、卫生、教育等部门的代表。各部门派人员轮流值勤，及时处理和解决罹难者家属所提出的问题或要求。

• 11 月 3 日，马来西亚副首相拿督斯里阿都拉 · 巴达威对新航 SQ006 班机空难罹难者感到伤心，并向罹难者致哀。

• 11 月 3 日，交通及资讯科技部发表文告说，新加坡政府非常认真看待这项调查结果，并表明将采取调查团所建议的所有可能行动，防止空难再次发生。

• 11 月 3 日，在新加坡国家奖章颁授仪式上，纳丹总统、吴作栋总理、李光耀资政和多位内阁部长、国会议员与 317 名荣获国家奖章的有功人士在仪式前全体肃立，默哀一分钟，为新航 SQ006 号班机空难罹难者致哀。

●11 月 4 日，新加坡交通及资讯科技部部长姚照东表示，外界将会以新加坡接受这起空难发生原因的态度开放到什么程度、我们从空难中吸取多少教训以及我们实行什么制度确保不再发生类似事件来评价新加坡政府。

●11 月 5 日，自新加坡航空公司 SQ006 航班客机失事后，德国总理施罗德、日本首相森喜朗、文莱苏丹波基亚、柬埔寨总理洪森以及美国加利福尼亚州州长戴维斯都发出慰问函给吴作栋总理，向在这起意外中罹难的乘客家属表达他们的哀伤和悲痛之情。中国香港特别行政区政府领导人致函李显龙副总理表达他对这起空难惨祸的悲伤。

●11 月 6 日，新加坡内阁资政李光耀称赞新加坡航空公司处理 SQ006 号班机失事事件时表现良好，而新航副主席兼总裁张松光博士表示公司将承担空难的一切责任。

●11 月 7 日，外交部文告说新加坡政府接到博茨瓦纳、文莱、柬埔寨、法 国、德国、日本、马来西亚、马尔代夫、蒙古、中国、俄罗斯、塞舌尔和中国香港特别行政区政府的慰唁信。

4. 大众传播

●11 月 1 日凌晨 2 时 45 分，新航国际公共事务经理威洛斯（Innes Wiuillox）在新加坡樟宜国际机场召开第一次记者会公布空难消息。

●11 月 1 日清晨 5 时，新航公共事务副总裁克莱门斯（Rick Clements）在新加坡樟宜国际机场召开第二次记者会。公布信息包括：公布受伤人数，16 名乘客未受伤，75 名乘客情况不明，机长与二副机师未受伤，8 名机组人员受伤，1 名机组人员未受伤，8 名机组人员情况不明；失事客机的资料与最后例行检查日期；确定机上人数、各等级客舱的乘客人数；确定乘客与机组人员国籍；公布机长姓名；确认失事客机是在台北经停过境，并非全部乘客都是在新加坡登机；机师报告说客机曾经撞击某物件，但无法确定为何物。

●11 月 1 日早 7 时，新航主席范佑安于新加坡樟宜国际机场召开第三次记者会。他在会上表示哀伤，但认为这次意外不会对公司造成负面影响，也不会影响乘客与投资者对新航的信心。克莱门斯表示将不会取消任何航班，也不会对所有新航客机进行检查。公布信息包括：66 人死亡；死者家属将获救助金25 000美元；客机的载客量；事发时天气情况合乎起飞标准，起飞的决定权在于机长；两人送医院后死亡；机长与副手的年龄、飞行经验；机长与副手的情况一旦确定良好便马上回国；二副机师的姓名。

• 11月1日上午9时30分，克莱门斯召开第四次记者会，公布信息包括：新航SQ988航机载送37名乘客家属飞往台北；到9时30分止，没有受伤的乘客和机组人员为31人，受伤人数为71人，68人死亡。

• 11月1日中午12时40分，克莱门斯在第五次记者会上透露原定早上6时30分运载新航人员飞往台北的SQ182班机因台北气候恶劣中途滞留香港。原定11时起飞运载家属和新航支援人员的SQ988班机也还未起飞。到第四次记者会为止，没有任何新航支援人员和家属抵达台北。

• 11月1日下午1时15分，克莱门斯在第六次记者会上披露，失事现场确定SQ006班机上载有159名乘客和20名机组人员。目前确定有68人死亡和12人下落不明（76名乘客、4名机组人员），51人受伤入院（48名乘客、3名机组人员），48人接受治疗后出院（35名乘客、10名机舱人员、3名机师）。发布会上首次公布乘客和机组人员的国籍，全机179人来自19个国家，其中中国台湾55人、美国47人。失事飞机上的28名新加坡人中，11人是乘客、17人是机组人员。

• 11月1日下午5时10分，克莱门斯在第七次记者会上公布最新的失事客机生还与死亡人员的最新数字。截至16时30分，99名乘客和机组人员接受治疗后出院或留医，79人死亡以及1人下落不明。

• 10月31日晚11时至11月1日晚11时成了人类航空史上灾难性的24小时。这段时间，世界各地共有6架飞机发生了或大或小的事故。台北时间31日23时18分，一架新航波音747飞机在桃园国际机场失事，目前已确认有79人丧生。安哥拉当地时间11月1日19时30分，一架俄制安－26型客机在东北部城市索里莫起飞后不久发生爆炸，机上48人全部丧生。相比之下较为幸运的是中国东方航空公司，一架空客班机在澳大利亚悉尼机场降落时冲出跑道，机上190人没有受伤。另外，还有一架希腊空军喷气式战斗轰炸机在训练中坠毁，飞行员跳伞逃生；一架韩国F－5E型战斗机在训练中失踪；一架意大利直升机坠毁，7名军警人员和1名犯人丧生。

•11 月 2 日凌晨 2 时，新航副主席兼总裁张松光在桃园国际机场宾馆会议厅举行记者会，强调："媒体在空难事件中扮演了重要的角色，据实报道尤其重要。所有关于空难的实情和资讯，必须由有关的调查单位来发表，靠推测和道听途说在现阶段是没有帮助的。我们做出声明是由于空难刚刚发生不久。"而不满新航迟迟不通知亲人下落的亲属大闹记者会，站到张松光面前说："我和新加坡的亲人要当着大家的面问你几个问题！"面对公开质询，张松光解释道，新航并没有主控权公布罹难者名单，这是由台湾当局掌握的。对新航来说，他们需要确保消息是经过证实的才能对外公布。因此，他们也希望能先通知家属再对外公布，但是在时间的压力下，一些信息还是会从其他渠道流出来，这使他们陷入尴尬之中。他认为，其实应该多等些时候，等情况弄清楚后再发出文告、做论断。他指出面对时间压力要应付满足资讯需求，同时又要确保给予的资讯是正确无误这点不容易平衡。新加坡航空公司保证，它所收集到的有关 SQ006 失事客机的最新伤亡和调查资料都是台湾当局提供的。

•11 月 2 日，失事的新加坡航空公司 SQ006 号班机的罹难乘客谈寅冬的哥哥谈寅量和嫂嫂蔡玉芳对弟弟之死万分悲痛，他们公开在新加坡现场直播的记者会上对新航没有及时提供罹难者名单表示强烈不满。在台北举行记者会的新航副主席兼总裁张松光博士和在新加坡举行记者会的公共事务副总裁克莱门斯对他们的悲愤表示体谅，也让他们尽述心中的不满。由于家属情绪十分激动，家属当众打了克莱门斯一个耳光，在场的保安人员一度尝试把他们带离会场，但是克莱门斯立即阻止保安人员这么做，他一只手捂住被打的脸颊，一手拉住保安人员说："先生请你放开他，他迟迟得不到自己亲人的消息，我们要理解他们的心情，他无意是为了打我！"会场上新航人员让这些乘客家属尽情发泄心中的不满，在谈寅量的情绪稍微冷静下来之后，克莱门斯上前拥抱了他，加以安抚。感人的这一幕迅速被现场电视直播映入到广大社会公众的眼帘。谈寅量过后受访时虽然言语中仍对新航的处理方式非常不满，但是他在责怪之余也承认新航的确已做出最大的努力去安抚失事客机的乘客家属。

•11 月 2 日，新加坡《联合早报》发表题为《彻查真相，做好善后》的社论。社论表示："噩耗传来，我们除了对罹难者家属表示最深切的同情与慰问外，并且希望：一是遇难者家属身心得到悉心照顾；二是尽快查出空难真相；三是细致而妥善地处理善后工作，并确保航空公司的完好声誉。”社论最后说：“当然，在这起悲剧中，令国人同时关心的是新航保持了28年的崇高声誉。意外的发生确有各种不可意料的原因，悲剧带来的遗憾是深远的。但航空公司维护声誉的态度与决心，恐怕也只能通过处理意外事件所付出的努力才能体现。谁也不愿意看到悲剧的发生，但彻底查明真相、认真善后，应该都是对抚平创伤不可或缺的心意。”

•11月2日，新加坡航空公司在台湾各大报章刊登了半版广告，表达公司对遇难乘客和他们家属的哀悼与歉意。这则广告以《深深的哀悼与歉意》为题，全文如下：

新加坡航空公司由台北飞往洛杉矶编号SQ006班机，（略）10月31日晚上11时18分，因故失事于桃园中正国际机场。

新加坡航空公司对于此一事件的发生深表歉意，此刻正全力投入善后相关事宜，尤其对因此而不幸罹难或受伤住院者及其家属，本公司特别在此更表达最深哀悼与关怀之意。本公司将全力配合（略）进行相关调查工作。在此，新加坡航空公司感谢（略）及社会各界及时的援助与协助，更感谢许多在台风夜里默默投入救难工作的朋友们！

让我们为亡者致上最诚挚的哀悼之意！也为伤者及平安者表达慰问之意！

新加坡航空公司　敬启

•11月6日，新加坡《联合早报》就SQ006客机失事事件第二次发出社论，题为《新航勇于承担责任》。社论指出：“台湾飞行安全委员会初步调查的结论指SQ006班机是从一条错误的跑道起飞，换句话说是人为的疏失或错误酿成了这场伤亡惨重的大悲剧。虽然如此，台湾飞行安全委员会的初步调查结果并没有解答所有明显存在的问题，比如SQ006究竟是在怎样情况下进入错误跑道的；一条关闭的跑道怎么会让飞机进入，机场当局当时怎么会完全不知其事？看到SQ006进入错误跑道的另外两架班机的机师，怎么会没有马上通知控制台，眼巴巴看着悲剧发生？”

●11月6日，新航指出台湾一些新闻工作者歪曲事实的能力实在是令人惊讶。11月5日下午4时20分，桃园检调部门在桃园殡仪馆召开记者会，发言人襄阅和主任检察官宋国业在回答有关这次空难责任的问题时，清清楚楚地说："飞航事故，飞航责任的问题我们要等飞行安全委员会的鉴定报告出来后再做定论。我们还是以参考飞行安全委员会的报告为主。""飞行刑事责任的问题还在调查中。"可是台湾一家主要报章的电子版稍后发布了这样的消息："检方认为这次空难责任在3名机师，他们将被控过失导致死亡的罪名。"

●11月6日，"关闭着的跑道，不应该开灯，要关闭某条跑道，就要完全关闭它，不能半开半闭，否则很容易误导机师做出错误的判断!"英国民航专家安德鲁·布雷克接受《亚洲新闻台》访问时提出上述看法。他说："你必须在05右跑道的开端打个巨大的'×'，把所有的灯都关掉!"

●11月6日，台飞行安全委员会主任委员刘维琪公开表示，不同意负责调查空难刑责的桃园检调部门的检察人员拟起诉新航3名机师的做法。刘维琪首次抨击检察人员阻挠空难调查，创国际航空飞行安全事件调查之先例。

●2002年4月26日，交通部兼新闻、通讯及艺术部高级政务部部长许文远表示，台飞行安全委员会在对SQ006失事的总结报告中没有充分重视机场的设施与系统的不足，令人感到遗憾。许文远在回答记者的询问时说："SQ006的悲剧已经发生了，我们不能改变历史，但应该从空难事件中吸取教训，希望历史不会重演。"

●4月27日，尽管新航SQ006失事调查报告已经出炉，但这不意味这起空难就此结束。新加坡交通部将把本身的调查报告提呈给国际民航组织，让该组织评估其中的意义和建议。交通部兼新闻、通讯及艺术部高级政务部部长许文远也表示对调查报告"非常失望"。他虽然称赞对方搜集资料的工作非常详尽，但也说"可惜的是他们的分析、结论只着重在机师的错误，而不把所有导致机师犯错的因素考虑在内。若对方的报告是公平的，将有助于提高他们的声望"。

5. 事件调查

●出事的客机是在1997年1月出产，机龄不超过4年，2000年9月16日进行过例行维修。新航官员指出出事客机的机师经验丰富，飞行时间超过5 000小时。新航公关负责人在回答记者的提问时表示出事班机可以满载300人，不过坠毁时并没有客满，这并不一定是客机发生事故的原因。

• 11月1日，台民航行政管理部门指出失事的飞机是掉在桃园国际机场05R跑道2 000公尺处，05R跑道全长3 660公尺。由飞机出事的地点判断，飞机当时机头应该拉起，不知何故坠下，机身受重创而起火燃烧，而且因飞机准备做越洋飞行，满载油料，导致火势相当猛烈。新航飞机出事前的气象资料显示，桃园机场最大阵风56公里、平均风速36公里，风向廿度，因跑道角度为50度，与当时风向仅为30度夹角，初判应该没有出现过大侧风，初步资料还看不出有风切。台湾民航局表示，发生空难时，机场能见度和风速，皆合标准，是否起降由机长决定。

• 新航失事班机正驾驶称起飞时撞到异物。新加坡航空公司11月1日凌晨表示失事班机的3名机员（两名机师及一名机械员）都平安无事，根据正驾驶员向新航总公司报告，飞机起飞时在跑道上撞到不明异物造成这次意外。新航SQ006班机出事后，台航空器飞行安全委员会前往现场展开调查，空难原因则初步排除机械和天气因素。不过跑道上两部挖掘机曾经被撞。对于这项原因，有人质疑05R跑道有施工围栏和两部挖掘机，加上当时风向和飞机偏离方向不同是否机长在大雨中看错跑道，实际是在05R跑道起飞才会撞及在跑道上施工的障碍物。飞行安全委员会表示，注意到这个信息，但不做评论，且不排除各种因素，一切等黑匣子判读和后续调查结果出来后再说。

• 台飞行安全委员会派人在空难现场设法搜寻俗称“黑匣子”的座舱语音记录器（CVR）及飞航数据记录器（FDR）。根据国际惯例，飞行安全事故由发生所在地负责调查，而这也将是台飞行安全委员会成立两年多来首次调查外国航空公司在当地的空难事件。

• 11月1日下午，台飞行安全委员会代执行长周光灿指出，坠毁的新航SQ006的两个“黑匣子”已经在下午寻获并送实验室进行分析，初步判读座舱通话记录器两小时的纪录相当完整，音质良好；而飞航数据记录器参数也完成初步分析。周光灿披露，目前已收集到包括座舱通话及飞航资料记录器、航管通话录音带及抄件、飞航计划书、组员资料、飞行记录、相关飞航公告、天气资料、燃油记录等，并对残骸做初步摄影存证。

•新航SQ006班机在桃园国际机场起飞后坠毁导致死伤惨重。据初步了解，死者大多数是坐在机舱前座的乘客，受伤或侥幸生还的乘客多数是坐在机舱中部和后部的座位。至于只受一点伤的机长和两名副机师，因为是坐在前舱上段，并非底层，因此逃过此劫。

•11月2日上午，新加坡交通及资讯科技部部长姚照东对记者表示，客机失事原因相信很快就能查出，乘客和他们的家属无须如胜安MI185客机空难一样，要等上3年才获得最后的调查结果。

•11月3日，来自美国、新加坡、澳大利亚以及中国台湾地区的调查人员展开分组调查，而3名机师也将协助调查。

•11月3日，出事班机的后面有两架华航CI004飞往旧金山和CI051飞往悉尼的班机等待起飞，一位机师就目击了新航班机转错跑道，把5R当成5L，从5R起飞不久即爆炸起火。而根据当天的情况，塔台和机长的通话录音都表示飞机在正常的5L。不过塔台和飞机起飞的位置至少距离1公里以上，在当天气候如此恶劣下，恐怕也不易以目视辨认。能确认飞机位置的平面雷达桃园机场也没有装置。

•11月3日，桃园检调部门经审慎研判后，推定事故原因与人为疏失有关，请3位机师包括马来西亚籍机长和另两位新加坡籍副机师协助调查，谕令三人限制出境。

•11月3日，调查显示跑道灯是一项重要因素，因桃园机场5L的跑道中线灯与边线灯都是黄白色；5R的中线灯是绿色，边线灯也是黄白色。虽然飞行安全公告5R跑道是施工关闭，但因5R中线灯与滑行道是同一开关，而且滑行道也是绿灯，所以确定5R中线灯也是亮的。但不确定5R的边线灯是否也是亮的，这在未来调查中是很重要的线索。

•11月3日晚，新加坡交通及资讯科技部发表文告说，新加坡政府非常认真看待台飞航安全委员会的初步调查，即新航SQ006客机进入错误跑道。

•11月3日，台民航行政管理部门负责人张国政指出，新航出事班机当时起飞时，桃园机场的跑道上所有灯号都是正常的，且全由控制塔控制，不过没有任何记录可查证或留底，这一番说辞使得整个调查工作的客观性受到挑战。桃园机场是否对停在地面或滑行中的飞机，有专属的近场雷达予以监控？民航行政管理部门答复，桃园机场只在飞行中半径60公里内设有空中监控雷达，而没有近场雷达，要到2002年才会装置妥当。

• 11月3日晚，新加坡航空公司完全接受台飞行安全委员会的初步调查结果，承认新航SQ006班机是从错误跑道起飞以致酿成至今81人丧命的重大意外。新航副主席兼总裁张松光博士表示，新航将对乘客、机组人员和他们的家属负起全部责任，并对发生如此惨重的悲剧表示深切的歉意。他誓言新航将与调查人员充分配合，同时公司也会自行细查导致客机进入错误跑道的所有因素。他以极为沉重的语气念出新航针对客机进入错误跑道的回应声明。他说："当初认为极不可能是事实的已成事实，客机是在错误的跑道起飞。我们接受这项调查结果。"

• 11月4日，检方调查显示新航坠机意外死亡的乘客大部分被烧得难以辨认，尤其是坐在商务舱的乘客烧损的情况最为严重，部分乘客不仅烧得全身焦黑，甚至连全身最坚硬的珐琅质都被烧坏。因此法医判断坠机起火的那一瞬间大火的温度应该超过1 500℃才会破坏人体牙齿的珐琅质。检方相验后发现这次空难死亡的旅客大多数为在中段的商务舱乘客，主要是因为商务舱接近机翼，而机翼附近是飞机的油箱所在。所以飞机坠地时油箱起火助燃，乘客在飞机起飞时几乎都系着安全带根本没有机会逃生。

• 11月4日，在桃园国际机场坠毁的新航SQ006班机已证实是飞机从错误的跑道起飞，酿成重大惨祸。飞机误上跑道是不是机师的错？记者提出五大推论，以判断导致机师进入错误跑道的可能原因：

（1）空难发生前桃园机场的天气恶劣，风大雨大，视线模糊，机师是否因此看错跑道？

（2）桃园国际机场没有地面雷达系统，而地面雷达系统这在天气恶劣时是非常重要的一环，因为通过雷达系统就能知道飞机的确实位置，如果控制塔人员单靠肉眼等到发现有误时已经太迟了。

（3）一名资深的机师认为机师可能是被跑道上的指示灯所误导，正在进行工程的跑道既然已经关闭，就不应该亮起指示灯，而且应该整条跑道关闭。

（4）塔台人员在整个过程中没有发现飞机上错跑道，并做出提醒。

（5）据一名熟悉桃园国际机场的机师说，在SQ006班机错误进入5R

跑道之前有一条让空军战斗机起落的短跑道，新航机师是否把这条短跑道当成5R跑道，以致来到5R跑道时，错把它当成5L跑道？

•11月4日，台检调人员对塔台人员的说词和有无尽力制止事故发生仍然有疑惑，并对新航经常飞的6跑道灯与5R跑道相同分析，当时5R的跑道灯很可能开启，致使机师驾驶飞机误入施工中的跑道，所以检方仍未排除塔台人员疏失，将持续调查真相、追究责任。检方怀疑班机驾驶员有十多年的经验，误入航道与引导的塔台可能有关，尤其是跑道识别灯有无开启是关键，而塔台也应有判别航机误入航道的仪器才对，因此把塔台有无疏失一并纳入调查范围。

•11月5日，台民航行政管理部门负责人张有恒表示，新航SQ006航班客机失事确实是人为疏失，3名机师要负起完全责任。当被问到中正机场是否装备地面雷达时，张有恒说地面雷达不是机场必备设施，许多欧洲机场也没有装备这种雷达，而美国旧金山市机场也还在试验阶段。不过他说台民航行政管理部门在2002年度将编列预算，在机场南北跑道各装设一套地面雷达。

•11月6日，台航空器飞行安全委员会指出，“国际民用航空组织”制定的《国际民用航空公约》第13号附约写得很清楚，航空器失事或意外调查的根本目的在于预防失事或意外事件的发生，不在追究过失或责任。任何一个国家在空难发生后，都是由飞行安全委员会或是国家安全运输委员会先行调查。调查过程中若发现涉及刑事部分，例如飞机是被人放置爆炸物，才会移交刑事单位调查。台湾检查机构宣布可能起诉新航3名机师，引起航空界哗然。调查未证实有刑事责任，检方就介入调查恐怕会引起国际舆论抨击，令台湾遭到国际民航机师抵制。

•2002年4月28日，针对新航SQ006空难的两份报告书，国际民航组织不会从中取舍，而是把它们一起收集到资料库内。虽然台湾不是该组织成员但国际民航组织还是会接受和收藏他们的报告。

6. 善后事务

•10月31日坠机意外发生后午夜24时左右，桃园国际机场的新航柜台即陆续有家属赶到，家属急于了解自己的亲人或友人是否生还。但由于新航一直以现场未传出有人死亡、受伤人数和名单也尚在查证中为由，不愿向家属说明。凌晨1时左右，家属的不安和不满情绪逐渐升高，现场旅客家属忍不住激动大骂，要新航人员给家属一个交代。由于事发突然，新航人员也措手不及令家属相当激愤，纷纷指责新航毫无危机处理意识，并进入办公室内拍打桌子，搅乱桌上的资料，使得警方不得不派员加强保护新航员工的安危。直至凌晨2时多新航才出面安抚家属，并用巴士将十多位家属载至过境宾馆；另有20多位慈济功德会志愿者在现场安抚家属情绪。

• 11月1日，台民航行政管理部门公布SQ006航班登机旅客名单。

• 11月1日晨，新航主席范佑安在新加坡樟宜国际机场召开记者会，宣布新航将首先发放25 000美元给罹难者家属，目前的首要任务是照顾罹难者家属及他们的家庭。

• 11月1日，新航为外籍受难者安排酒店住宿共订了130个房间，另安排由新加坡出发的班机接送外籍旅客家属到台北。另一方面，台湾当局也投入200多辆消防车和救护车，以及2 000多名人力展开救援行动。为了协助新航空难罹难者尸体身份鉴定，台湾卫生署紧急调集20多名牙医前往桃园国际机场罹难事故现场，协助罹难者家属认尸。

• 11月1日傍晚，新航公布坠机86位伤者名单。

• 11月2日凌晨1时，新航公布79位罹难者和1位下落不明者名单。

• 11月2日，新航宣布先行发放急难救助金，罹难者家属可获得25 000美元，受伤者及平安者可获得5 000美元以协助他们进行善后事宜。

• 11月2日，新加坡职总英康保险合作社宣布正在核对该公司的投保人名单，如发现当中包括新航空难中的乘客，合作社乐意向有关家属提供援助。职总英康保险合作社发表文告表示，合作社已经收到这次空难中28名新加坡乘客的名单正展开调查，以确定当中是否包括曾向合作社投保的人士，并表示可以在收到死亡证书前向死者家属发出保险赔偿金。

• 11月3日，新航安排空难死伤者的家属到事发跑道现场祭奠亲人。

• 11月4日，新加坡宗教界的代表在桃园国际机场新航SQ006空难现场为罹难者举行宗教仪式。在短短的半个小时内，他们有的在现场为死者招魂，有的诵经、有的祈祷，还有一些在旁安慰家属。另有工作人员四处分发点好的香，供家属祭拜。在场的新加坡宗教代表包括佛教、基督教、回教、天主教、兴都教、道教和锡克教的教士。此外，台湾的一些修女和尼姑也在场为当地的罹难者祷告和念经。

•11 月 5 日，在空难发生后不到 4 天的时间，新加坡航空公司就立即公布了罹难者的赔偿标准。据了解，这是因为新航未曾发生过空难，保险纪录良好，所以容易获得保险公司的支持，提供较高金额的事故赔偿。

•11 月 15 日，新航在空难发生后的半个月内让 SQ006 航班号码走入历史，改用 SQ030 航班号码，新加坡民航局即日起更换有关航班号码。除了从新加坡飞往洛杉矶的航班号码更换外，回程的航班号码也已从 SQ005 改为 SQ029。3 年前胜安 MI185 空难后的 10 天，胜安航空公司便把所有往来新加坡和雅加达之间的航班号码更换，从原本的 MI185 号一律换成 MI205 号，从新加坡飞往雅加达的 MI186 则改成 MI206。

•11 月 18 日，台湾桃园县为新航 SQ006 班机罹难者举办追悼会。早 7 时 30 分在桃园巨蛋室内体育馆举行。40 多名罹难者的 400 名家属应邀参加，场面肃穆，气氛哀伤，许多旁观者受到哀伤情绪感染，潸然泪下。仪式分家祭和公祭进行，上午 7 时 30 分至 10 时举行的是家祭，只让家属参加。在新加坡宗教顾问团一行 9 人的带领下，在公祭开始前依照佛教、道教、基督教、天主教、印度教、回教、犹太教的仪式举行告别仪式，以慰丧生亲人在天之灵。只见数百名信徒绕着会场为罹难者助念、祈福，钟鸣声、诵经声不绝于耳，愿亡魂安息。10 时，当地政要如台湾行政部门负责人张俊雄、交通部门负责人叶菊兰、民航部门负责人黄文亮以及新加坡交通及资讯科技部部长姚照东、新航副主席兼总裁张松光博士等陆续抵达，体育场开始奏起哀乐，公祭仪式正式开始。

7. 法律行动

•11 月 3 日晚，台飞行安全委员会公布初步调查结果，确定新航机长误判跑道。台民航界人士指出，依照台湾地区的有关规定在执行业务时应注意而未注意以致灾害发生，须负业务过失责任；依照目前的调查进度研判，新航机长很有可能要为这起意外负起大部分的责任。

•11 月 5 日，对于在 SQ006 空难中罹难的每个乘客或机组人员，新加坡航空公司将给予家属 40 万美元的赔偿，这并不包括新航初期发出的 25 000 美元补助金。另外新航也会承担受伤乘客和机员的所有医药费用，并将与个别伤者讨论赔偿条件。新航在发表的文告中表示："这是一个非常惨痛的局面，新航希望尽快给予赔偿，协助家属渡过这艰难时期。"新航将不分罹难者的国籍、年龄、职业背景等，给予划一的赔偿。新航公共关系事务副总裁克莱门斯在回答媒体询问时指出，罹难者家属一旦接受了这笔赔偿就等于放弃日后对新航采取法律行动的权利。作为一家国际航空公司，这笔数额远远超出国际航空运输协会在航空协约下的16万美元赔偿顶限。

• 11月5日，台湾法律界人士指出，3名新航机师难以逃脱刑事责任的追诉，很可能要在台湾执行徒刑，并负担民事赔偿责任。根据台湾刑法规定，业务过失导致人命死亡，最高可判坐牢五年。不过因为正、副机师的责任分担不同，日后在量刑上会有轻重程度的差异。台湾地方法院指出三名机师都是外籍人士，如果与家属和解有可能宣告缓刑，并在宣告的同时依保安处分执行法被驱逐出境。如果调查显示，桃园国际机场航站人员负责对机场跑道设施的管理和维护，以及机场控制塔的值班人员，都对新航SQ006班机空难有相关责任，这些人也可能连同机师和副机师一起被控。检方表示，新航和台湾民航管理部门目前的争执点也就是目前侦办的重点。检方不排除航站人员在这起事故上也有过失。

• 11月5日，新航班机事故造成重大伤亡，如最终飞行安全调查认定3位机师有疏失，3位机师虽是外国籍，依国际法领域管辖原则台湾享有刑事管辖权，3位机师必须接受台湾司法的审判。按台湾已签署《东京公约》规定，飞机登记国虽有管辖飞机上所犯罪行及行为之权，但该公约并不排除依本国法行使的刑事管辖权。另依国际法领域管辖原则，国家对领域内的人、物或发生事件除国际法或另有条约规定外，该国享有排他管辖权。

• 11月5日，新航决定赔偿罹难者每人40万美元，这个赔偿额可以说是创下了世界空难赔偿额的新记录。据台湾民航界人士分析，新航提出赔偿的影响因素有五个：

（1）新航在事故发生后，由于迟迟交不出乘客名单颇受各方严厉批评，为避免在赔偿额的问题上再同罹难者家属争执，影响新航的国际声誉，而情愿提出比国际规定更高的赔偿。

（2）新航副主席兼总裁张松光博士在事发后24小时内赶抵台湾后曾

很负责地表示，新航绝对是很有诚意地面对赔偿，一定会对家属有满意的交代。

（3）出事地点在台湾，且过去华航大园空难时对罹难者赔偿金为990万台币，若新航的赔偿比华航的低肯定会面对台籍乘客家属的抗争。

（4）华航1994年在日本名古屋空难时，当时对台籍旅客赔偿400多万台币（依国际空难赔偿标准15万美元），但日本籍乘客家属不满意，提出诉讼至今可能要面临每名赔偿100万美元的结果。六年的官司影响华航声誉甚大，新航不得不考虑一旦赔偿发生纷争，可能引发对公司商誉伤害之严重后果。

（5）一般航空公司在飞行安全意外发生失事原因不明时不会立即进行赔偿，理由是必须等待调查，但这次新航空难已知是人为因素占主要原因，因此新航为表示对乘客的诚意，在赔偿方面不能吝啬。

同时他们也认为，新航的赔偿额这么高将遭受同行业相当大的压力，因为新航是国际知名航空公司具有指标性意义，对其他航空公司将形成经营上的压力。

•11月7日，国际法律界评论新航在很短的时间内就宣布赔偿数额是一种聪明的做法。但在国际上尤其是美国许多专打空难官司的律师正要争取这次新航空难的赔偿官司，因为从官司立场看，新航当然“输定了”，所余的问题只是赔偿金额而已。因此普遍认为新航将来面临的将是受害人“漫天要价”，新航“就地还钱”旷日持久的官司。

究竟国际空难赔偿根据什么法律和什么原则？有媒体新闻评论员综合分析空难的赔偿会分为两部分：第一部分是乘客上机前由自己或航空公司、旅行社代买的商业保险，这种保险属契约性质，保额、保费都有明文规定，若发生空难依约赔偿，很少会发生纠纷。另一部分是空难责任的追究和赔偿。乘客一搭上飞机他和航空公司之间即发生权利与义务的契约，航空公司就需负担无限的责任和义务，小至乘客被咖啡烫伤，被空姐不小心踩伤，都可能被要求赔偿。赔偿的数额要看当时航空公司的责任成分以及乘客本人的年纪、财力、赚钱能力、健康状况、亲属依赖程度。有时候空难事件责任并不完全在航空公司，有时机场塔台、机场管理，甚至飞机制造公司都可能有责任，在赔偿时当然也有义务承担部分责任。

•12 月 8 日，台湾桃园检调部门决定让新加坡驻台商务办事处办理手续，等于把 3 位机师的责任交付给新加坡政府，由新加坡政府以公信力做担保，再解除对 3 名机师的出境限制。

•12 月 13 日，台湾桃园检调部门决定要求新航也签署责任交付书，由于这项手续无法在当天完成，3 名新航机师回返新加坡的日期延后。新加坡驻台商务办事处代表许国丰拜访桃园检调部门，双方协商后达成四项协议：

（1）3 名机师对新航承诺，返新后把护照交给公司。除了重返台湾接受司法调查，暂时不得离开新加坡到其他国家。

（2）新航对新加坡交通部承诺，配合台湾司法调查需要，命令 3 名机师赴台接受调查。

（3）新加坡驻台商务办事处对台湾承诺，配合台湾司法调查。

（4）3 名机师对新加坡驻台商务办事处承诺，随时配合台湾司法单位的传唤调查。

•12 月 21 日，马来西亚籍机长方志刚、两名新加坡籍副机师黄庆龙和拉迪夫下午两点穿着轻便的 T 恤与外套，在新航工作人员与新加坡驻台商务办事处官员的陪同下，前往桃园检调部门办理手续。经过一个多小时的再度侦讯与办理相关事宜后，负责侦办全案的桃园检调部门负责人黄谋信立刻宣布解除对 3 名机师的出境限制。3 名机师在晚 5 时 30 分离开台湾，并在当晚 10 时 30 分飞抵新加坡樟宜国际机场。

•12 月 23 日，台航空器飞行安全委员会指出，机师误以为进入正确的跑道以及机场的部分标示和灯光设施不符合国际民航组织（ICAO）的规格，造成新航 SQ006 航班客机发生空难。飞行安全委员会召开记者会，公布一份近 400 页的调查报告书，并分成机师访谈、座舱录音资料、乘员伤亡分布情况及桃园机场设施等部分逐点说明。

•2001 年 3 月 2 日，新航空难事件造成重大伤亡中有 40 多名生还者和罹难者家属已经委托美国芝加哥诺兰法律事务所（Nolan Law Firm）要求赔偿。控告对象除了新航和波音公司之外，还包括台湾桃园国际机场航管站，原因是根据台航空器飞行安全委员会所公布的最新调查报告，机场设施不符合国际标准间接造成空难。

●2001 年 10 月 11 日，新加坡交通及资讯科技部证实已在日前接获台飞行安全委员会针对新航 SQ006 空难事件草拟的调查报告书，最后的报告书便有可能在今年底或明年初公布。根据国际民航组织的条例，台湾（调查地区）必须将报告草案送到新加坡（失事客机的注册国家）和美国（生产客机的国家）。

●2002 年 4 月 22 日，台飞行安全委员会表示，有关新航 SQ006 航班失事调查报告的结论部分将不再直接陈述事故的可能肇事原因及间接因素，而以“调查结果”取代，以彰显改善飞行安全的宗旨。飞行安全委员会指出，该单位经过第 39 次委员会议决议，为了彰显改善飞行安全的宗旨，不以处分或追究责任为目的决定在调查报告的结论部分不再直接陈述“事故可能肇因及间接因素”，而以“调查结果”代替。调查结果又可分成与可能肇因相关的调查结果、与风险相关之调查结果、其他调查结果三类。

●2002 年 4 月 26 日，台民航行政管理部门负责人张国政指出，桃园国际机场的设施并非造成新航空难的因素。该局将针对新航空难导致桃园国际机场的硬体及声誉损失向新加坡航空公司提出赔偿要求。另外，对于新航质疑空难发生原因是桃园国际机场导航设施不完全，对此前美国运输安全委员会主席贺尔以及国际飞行安全顾问肯纳斯强森两位飞行安全专家指出，人为失误导致的空难事件占所有事件比例的 85%，而在这次事件中，新航 3 名肇事的机师则是因为做了错误的判断才酿成惨剧。

8. 公众反应

●10 月 31 日，台湾慈济功德会在新航 SQ006 班机空难发生后的 12 个小时内，主动投入关怀与援助的志愿者人数超过 1 000 人次。空难在深夜 23 时 18 分发生，桃园县的慈济志愿者立即动员展开救灾工作。23 时 40 分，慈济桃园支会成立空难联络中心。23 时 50 分，五十多名志愿者赶到失事现场，并分别被派到各医院、饭店、过境宾馆关怀伤者及安慰家属。

●11 月 4 日，新加坡佛教总会将为新航 SQ006 班机罹难者举行超度追悼会以及为伤患人士消灾，并为新航祈福。

●11 月 4 日，“胜安 MI185 亲属联会”表示愿向新航客机遇难者的家属伸出援手，给予他们各方面包括如何使心绪平静的援助。联会在文告中表示："在我们仍然对三年前失去亲人感到悲痛时刻，完全能理解和同情罹难者与生还者家属的震惊和痛苦。在为那些有待康复的伤者和因事件引起创伤的人祈祷的同时，联会也希望能为痛失亲人的家属提供各方面援助。"他们通过媒体向新航遇难者的家属表示："如果有什么是联会可以帮忙或协助的，我们将毫不推辞地援助。"

• 11 月 5 日，新加坡佛光山在世界贸易中心第三展览厅为新航 SQ006 航班罹难者举行"瑜伽焰口大法会"。国际佛光会新加坡协会发出文告说，为了安抚罹难者家属与亲友的哀伤情绪，他们特别恭请来自台湾的 60 位法师为死难者举行追荐仪式。佛光山将设立一个牌位向新航空难者致哀，他们也乐意特别为个别罹难者设立牌位，无需任何费用。

• 11 月 4 日，在桃园国际机场坠毁的新航客机是因进入了错误跑道的说法，导致新航股价重挫 5.7%，全天共有 408 万股转手，成交量比前天多出一倍。分析员指出保险公司是否会向新航要求更高的保费取决于坠机原因，不过保费在新航的经营开支中所占的比例并不高。分析员说现在评估使用错误跑道的说法对新航的影响还言之过早，机师为何使用错误跑道、机场控制塔人员为何没有及时发出警告等都是还未解开的谜团。

• 11 月 5 日，新航在桃园国际机场失事坠毁的消息传开后，震惊了台湾民众，当地的志愿团体也立刻动员数百名志愿者连夜赶到机场及临时设置的灵堂，协助生还者、伤者及罹难者家属。他们到了现场，虽然属于不同的宗教团体组织，不过他们协助受难者时不分种族、不分信仰，都尽一切力量来协助。他们大部分人都有自己的工作，为了协助受难者，他们都暂时放下工作，轮替协助受难者及他们的家属。

• 11 月 8 日，新加坡航空公司处理 SQ006 号班机起飞失事事件的方式在国际上深获赞赏。《亚洲华尔街日报》在报道和评论文章中对新航处理危机的方式做出颇高的评价。新航副主席兼总裁张松光博士在记者会上立即为新航机长和副机师在台湾桃园国际机场误入起飞跑道造成这起意外表示负责和认错，让国内外人士包括航空界人士留下深刻印象，并对新航坦诚的行为表示赞赏。新加坡国际事务学院一位研究员在称赞张博士的处理手法之余，也针对他表明新航将为这起空难负起一切责任这一点指出，他其实是在冒个人风险，因为这起空难所可能带来的不良后果会使他成为代罪羔羊。

•11 月 8 日，新加坡输血服务处顾问张丽珍医生说："血液中心平时每天有约一百多人来捐血，前天共有 310 人来，比平时多出了两倍。不过由于有些人不符合条件，最后共收集到 225 包血，其中 80% 属于 O 型和 A 型。"虽然是周日，许多热心人士却依然放下工作或学业前来捐血，有些还是特意请假来。他们多数是从媒体的报道中获知新航空难的三名伤者需要大量血液来进行手术和其他治疗。

•2002 年 4 月 26 日，虽然台湾发表的新航 SQ006 班机空难总结报告声称，天气恶劣和机师的失误是造成飞机在桃园国际机场出事的主因，但新加坡航空公司的股票很快得到恢复，并没有因此长期受到重创。

注：本文根据新加坡《联合早报》《海峡时报》，印度尼西亚、美国以及中国台湾和香港地区媒体报道、专家评论和政府发布的文告综合整理编撰。两起空难发生后，国际 SOS 紧急救援中心也投入到对伤员和遇难者的国际医疗护送和遗体善后处理等的救援活动中。

【案例点评】

新加坡航空公司三年内发生的两起空难事件的案例对我国业界有重要的研究价值。主要关注点提示如下：

•熟悉和了解新加坡、印度尼西亚以及中国台湾地区处理航空事故的法律依据、管理系统、处理程序、运作方式、工作策略等情况。

•分析、比较新加坡、印度尼西亚以及中国台湾地区在处理同类事故时的工作异同，以备未来的沟通与合作需要。

•新加坡在事故发生后政府的角色和作用。特别是在信息发布、救援组织、善后处理、媒体沟通、责任承担方面的经验，主要是由企业作为责任主体人去面对。政府与企业间角色分明，而非政府事必躬亲。"外界将会以新加坡接受这起空难发生原因的态度开放到什么程度、我们从空难中吸取多少教训以及我们实行什么制度确保不再发生类似事件来评价新加坡政府。"这是新加坡政府面对两起空难事件所秉承的基本立场和态度。

●重大公共危机事件发生后，政府部门、慈善组织、宗教团体成为安抚遇难者家属，开展人道关怀、凝聚社会团结、体现社会文明的主要引领者和力量。

●新加坡航空公司出色的公共关系表现、舆论引导和危机处理能力，在重大事故发生时如何化解各方矛盾，避免冲突，迅速恢复企业形象等方面的经验值得认真研究和学习。

●在两起事件的调查过程中，国际业界对错综复杂的案情如何从法律、技术、决策、推理、判断等细节进行研究分析，甚至不同关系人的博弈表现策略都具有宝贵的研究价值。

最重要的是新加坡航空公司两起空难事故的教训再一次提醒我们，无论过去取得了怎样的安全飞行业绩，获得怎样的业界殊荣，都不意味着未来就不会发生事故。一切可能发生的事情都一定会发生，只不过无法预知会在何时、何地发生。我们能够做到的就是时刻保持警惕，居安思危，做好准备，防患未然。

除此之外，我建议业内专家就1997年发生在印度尼西亚巨港的“12·19”MI185空难事件与1992年发生在我国广西桂林阳朔白马山的“11·24”空难事件做一个仔细比较，不难发现很多近乎相同的蛛丝马迹，这或许能够成为解开“12·19”空难之谜的一个思路。

案例五　复兴航空公司台湾空难事件（2015年）

2015年2月4日上午10时55分，台湾复兴航空公司①一架ATR－72型飞机235航班原定从台北松山机场飞往金门机场。起飞后不久，因正驾驶员错将正常运作的一号发动机关闭，导致飞机失去动力，坠毁于台北市南港区、内湖区与新北市汐止区交界的基隆河。

机上载有乘客53人，其中31人来自大陆，机组人员5人。本次事故造成43人死亡，机上15人生还，其中大陆乘客3人。此外，还造成地面

① 台湾复兴航空公司于2016年11月22日停业解散。

计程车乘客两人轻伤。此事件为台湾民航史上首次飞机坠毁在本土内河的事故。

“2·4”空难发生后，台北市消防部门于10时56分首先接获报警，立即派遣消防队员前往救援，随后新北市、基隆市消防部门也紧急调派大量消防队员前往现场救援。

台湾行政部门此时紧急动员社会力量参加现场救援活动，调动了大型吊车、挖掘机和运输车辆协助救援人员打捞伤员和遗体。用大型机械破坏障碍物，打捞飞机残骸。当日16时15分，飞行记录器被寻获。2月7日，打捞工作基本结束。12日下午，最后一名失踪乘客的遗体在下游3公里处被发现并被打捞上岸。遇难者遗体被送至台北市第二殡仪馆存放。

2月4日15时30分，台湾复兴航空公司举行了首次新闻发布会，复兴航空执行长首先率领其他公司高层管理者向失事飞机的乘客、家属以及社会大众鞠躬道歉，并宣布航空公司已经成立了紧急应变中心负责善后处理事务。

事故发生后的当日，中央领导人要求“尽快准确掌握相关情况，积极协助开展伤员救治，做好家属安抚、善后处理等工作”。国务院领导做出重要批示，要求有关部门与台湾有关方面加强沟通联系，尽快核实机上乘客伤亡情况，根据需要提供必要帮助。同时，会同福建省等有关地方及时做好大陆乘客家属信息通报、安抚和善后等工作。

在台湾海基会、大陆海协会和台湾海峡两岸观光旅游协会、大陆海峡两岸旅游交流协会的积极合作安排下简化了大陆旅客家属赴台手续，首批大陆旅客的17位家属，在9位大陆旅行社工作人员的陪同下于2月5日下午从厦门搭机飞抵台湾桃园国际机场。来自台湾慈济功德会、佛光山、法鼓山等慈善和宗教团体的四十多位法师和志愿者早已等候在机场候机大厅。2月5日下午5时30分左右，首批大陆旅客家属走出桃园国际机场，他们面色凝重，戴着口罩，不发一语地匆匆而过。现场的志愿者们快步跟上，主动帮助打理行李，或搀扶老弱。慈济功德会的志愿者送来了面条和热汤。他们一对一地对大陆旅客家属进行陪伴、关怀和抚慰。他们热情地向大陆旅客家属表示“在台湾期间如有任何需要帮忙的事，请尽管提出，我们一定会尽力提供协助”。

在松山机场，台湾一些宗教公益团体的志愿者和法师也在守候，迎接另一批大陆旅客的家属，并陪伴和帮助他们。佛光山的一位法师对中新社记者表示，对于尚处于失踪状态旅客的家属，无法确定的消息让他们焦虑不已。“最重要的事就是疗愈他们的心灵，让他们的心安定下来，远离恐惧与悲痛。”

61 位大陆旅客家属和陪同人员陆续抵达后，首先安排他们去医院看望伤员或到殡仪馆确认亲人的遗体。傍晚时分，在台北市第二殡仪馆辨识和确认罹难者遗体的大陆旅客家属们面对与亲人的永别悲痛难言。志愿者们始终陪护在他们左右轻声抚慰，或给他们一个无言的拥抱，体现着两岸同胞患难与共的手足情！

对于失踪人员的家属，接待部门安排他们直接到救援现场，众多台湾佛教界的法师们在岸边现场咏经为亡者超度，为生者祈福。场面非常壮观，令大陆旅客家属们深受感动！此时最令家属们担心的莫过于自己的亲人还未找到，一位救援人员对家属们说：“就是把水抽干也要找到你们的亲人！”

67 岁的兰阳潜水协会总干事钟陆基，在飞机失事后连续三天参与水下搜救行动，返家时腹部感觉剧痛，被紧急送医后诊断出患髂动脉瘤，由于劳累过度髂动脉瘤破裂不治离世，他的事迹在所有大陆来台人员中被传为感人的一段佳话。

台北市第二殡仪馆内专为此次空难罹难者设立了灵堂，数百位志愿者伫立两侧，已连续几天为往生者助念安魂。据了解，这次空难事故台湾的慈善、宗教、公益团体大约有数千人次积极参与到善后工作中。

台湾当局在这次空难发生后除了快速调动消防、军队和其他社会力量投入到搜救活动中，还举行了公祭活动，全岛下半旗致哀。公祭日时任台湾当局领导人马英九亲赴公祭活动现场，当他进入会场看到大陆家属们纷纷起立时，连忙走到一位阿婆身边紧握她的双手，连声说道：“阿婆请坐，阿婆请坐！”随后自己单膝跪地，安抚着泪流满面的老人家，并且逐一慰问了遇难者家属。公祭典礼上马英九双膝跪地沉痛地诵读悼文，场面肃穆、悲壮、感人！

这次空难事故大陆有关部门派出工作小组协助台湾当局处理大陆伤亡旅客善后工作并参与了事故调查，这在台湾涉及大陆同胞的旅行安全事故中尚属首次。

2015 年 2 月 11 日上午，复兴航空举行空难赔偿协调会，公布赔偿方案。每名遇难者发放 20 万元新台币慰问金、120 万元新台币生活补助费和 1 350 万元新台币和解金，总计 1 490 万元新台币（约合 295 万元人民币），赔偿总额超过 6 亿元新台币（约合 1.19 亿元人民币）。责任方台湾复兴航空公司与伤亡旅客家属最终以和解方式结案。

【案例点评】

发生在 2015 年台湾复兴航空公司的“2・4”空难事件造成大陆旅客多人伤亡。在这起突发航空事故中，在救援及善后方面有如下几个要点值得总结和研究：

1. 快速反应。事故发生后仅一分钟消防部门就接到第一个报警电话，几分钟后台北市三个消防部门接警后立即出动赶赴事故现场，救援行动迅速展开，当地救援组织工作反应迅速。

2. 全力搜救。卓有成效地表现出台湾各界的社会动员、协调与保障能力，社会组织的自发行动发挥了重要的作用。

3. 信息公开。空难信息公开、透明，并且台行政部门能够主动邀请大陆参与善后和事故调查工作，两岸携手应对突发公共安全事故、事件，成为一次面对突发公共安全事故积极合作的范例。大陆有关部门在善后工作中发挥了重要作用，促成罹难者家属与责任方的和解。

4. 跪慰家属。台湾当局领导人动之以情的举止塑造了很好的公众形象，无论是对台湾还是大陆罹难者家属都是最好的精神安抚，媒体传播效果极佳。

5. 尊重民俗。鉴于机上旅客多是台湾本地和大陆福建省人士，善后工作基本是按照闽南传统习俗操办。

6. 举行公祭。这是台湾行政部门主持的公共祭奠活动，把一次偶发的灾难事件转化为全体社会公众对罹难者的追思、悼念，凝聚和传递人们之间的大爱之心。

7. 下降半旗。这是一种对逝者的最高致哀礼仪，即便这次空难的罹难者都是普通的百姓，并且其中不乏大陆同胞。

8. 同机同赔。中国台湾和大陆罹难旅客的赔偿一视同仁，同命同价，善后不留尾巴。

两岸有关部门合作开展公共安全事故善后和调查工作，无论是在罹难者家属接待和安抚方面，还是在秉承客观公正开展事故调查，厘清责任方面，都发挥了积极的作用。台湾当局采取的以上开放、主动的态度促使责任方与受害方在很短时间内达成责任纠纷和解，从而使得善后工作得以顺利完成，这起事故没有对两岸关系造成伤害，其经验值得总结和借鉴。

后 记

在完成这本书的写作之际，我如释重负。撰写这本书的想法已经在我的脑海中酝酿了多年，只是受教学和其他工作影响，迟迟未能静下心来整理繁多的史料，提笔写作。新冠肺炎疫情似乎让很多工作都“停摆”了，宅居期间恰恰让我得以抓紧时间了此心愿，趁着现在头脑还清楚，记忆还清晰，思维还敏捷，一气呵成完成写作。唯一留下的遗憾是感到有些晚了，如果能够早几年完成这本书的写作可能更有意义。

以铜为镜，可正衣冠；以古为镜，可知兴替；以人为镜，可明得失。历史的经验值得珍惜，前人教诲不可忘怀。我国处于一个社会、经济大发展的转型时期，社会财富与利益的矛盾，社会发展与稳定的矛盾，社会民主与法制的矛盾，社会公权与民权的矛盾已成为常态。工业化和城镇化的快速发展又凸显出生产关系的矛盾，构成了中国现阶段高度不确定的社会风险。本书根据公共危机管理学的理论，针对公共安全管理的命题做了较为广泛的分析，提出了一些对现存问题的思考和管理改进的建议。

曾几何时，中国历史上也出现过长期的繁荣昌盛时代，那就是太平盛世的唐朝。唐朝的崛起和强大始于唐太宗李世民在位的贞观年间（公元627～649年），史称贞观之治时期。而达到鼎盛，并由盛变衰则是唐玄宗李隆基执政的开元年间（公元713～741年），亦称开元盛世年代。当代史学家认为唐朝并非是中国历史上经济最发达的时期，而随后的宋朝GDP占世界的80%，国家经济无比强大。

但是，后人认为国家强大不仅是表现在经济增长速度和增长率方面，而是在政治、经济、军事、文化、教育以及对外交流等诸多方面的综合表现。由此，唐代被史学界公认为是中国历史上最鼎盛的辉煌时期。

唐朝是怎样由弱变强，逐步走向辉煌的？又是怎样由强变衰，最终走向灭亡的？这是具有跨时代意义的课题，是各级国家机关工作人员和企业领导者需要学习和熟悉的一段历史。

本书也是一部回忆录，我通过对诸多亲历的历史事件回忆和披露，把真实的史实记录下来，供读者考证。历史的经验值得借鉴，这些经验是以高昂的代价换取来的，弥足珍贵。重视历史案例的研究能够让后人获取可借鉴的经验，对历史事件的回忆与思考有助于发现其中的规律性，以史为鉴可知兴替。善于总结历史的经验和汲取历史的教训，可以让人面对未来危机更具智慧，更具驾驭能力。加上坚定的信念和有效的行动，而所向披靡。

本书亦是一部培训教材，通过学习让学员们在面对突发公共安全事故、事件发生时能够熟练运用快速决策和协调指挥的有效方法从容应对，切实提高学员们的公共安全管理意识和实际应对能力。实施组织全面风险管理是各级组织有效提升社会治理能力的使命、责任与手段，也是各级领导者驾驭风险能力的重要手段。

公共安全治理是一个外延非常大的命题。本书从宏观分析、理论概念、管理方法等方面试图做出较为系统的论述。但是，碍于作者所涉及的工作领域和实践经验存在局限性，成为本书的一大遗憾。读者会不难感觉到，书中列举的诸多案例都是源于本人的亲身工作经历，而我的事业生涯在浩瀚的社会中也仅仅是沧海一粟。公共安全无处不在，读者在阅读此书时可结合自己的职业和经历、经验进行思考、分析，从而在具有共性的理论和认识中找到对自己有用的知识，学有所获。

风险管理与危机防范理论研究是近年来才开始受到政府、理论界重视的社会课题。我们处在一个充满风险的时代，危机四伏，险象丛生。我们随时都可能面临各种灾难！

世界各国从各自国情和利益出发都在思考着一个共同的问题：如何面对日益恶化的安全环境和政府应该做些什么？怎样做？通过国际对比可以看到自己做到了而别人还没有做到的事情，那就是我们的优势。哪些别人做到的事情而我们还未曾想到，那是我们的劣势。不同的思维方法、管理模式、法律环境、政策体制、治理手段所取得的不同效果比较，也会在决策力、管理力、竞争力方面以更加客观和理性的思考做出最佳评估和选择。

这个世界上没有任何一个国家能够确保不发生事故、事件、灾难、灾害，而在于事故发生后有没有快速反应的能力，有没有行之有效的紧急救援措施，有没有秉承国际认同的原则处理好善后，有没有以一种开放的心态把所做的一切及时地、透明度极大地告诉给广大社会公众，这标志着我们的社会治理体系和治理能力是否成熟。要建立起这样的共识，理由只有一个，那就是生命无价！

时光飞逝，生命对于每个人都是非常短暂且珍贵的。把带不走的知识和经验都留给社会，留给有需要的人们，留给爱书的您，就是我的写作初衷。

本书也引用了此前我的另一本新作《公关艺术》中的部分相关内容，以不同视角形成与本书主题相衬的完整性。在应对公共安全事故、事件的紧急救援及善后工作过程也是公共关系的行为艺术体现。

在本书的写作过程中得到了许多朋友的热心支持和鼓励，其中不乏书中实名提及历史事件的亲历者，在公共危机管理学研究领域的学者，国际公共安全专家以及媒体界的朋友们，为此我向大家真诚致谢！

与此同时，也要向在第七章、附录写作过程中给予我重要帮助的新加坡各界朋友们表示衷心的感谢！

我还要借此机会表达由衷敬意的就是在殡葬行业工作岗位上工作的朋友们！13 年的国际紧急救援工作生涯让我时常接触到各地的殡葬师，最多的当属北京八宝山殡仪馆的殡葬师。在许多群死群伤事故中面对大量的遗体，都是这些爱岗敬业的殡葬师为每一位逝者送最后的一程。在炎热的夏季，我曾目睹着殡葬师额头的汗水滴落在逝者的脸颊上，我也曾与他们一起为逝者悉心勘验、搬运、清洗遗体。他们凭借超凡匠心为逝者整容、化妆、防腐、着装、入殓、火化，一丝不苟。他们用自己的双手细心抹去逝者脸上的痛苦，留给亲友们一丝安详的抚慰和记忆。他们当中不乏“五一劳动奖章”获得者，不乏风华正茂的年轻人，不乏以此为终身职业平凡而伟大的普通人。在我的心中他们的灵魂最圣洁，他们的人格最高尚，他们是我最敬畏的人！

在本书脱稿之际，我十分荣幸地获得了资深外交官张九桓题写的书名。他曾担任外交部亚洲司司长，中国驻尼泊尔、新加坡、泰国特命全权大使。我对张大使为本书出版的热心支持表示由衷的感谢！

最后，我还要借此机会向信任我、支持我的国家行政学院出版社领导和编辑、发行人员致敬！是你们给了我勇气、信心、机会和条件，并帮助我顺利完成写作和出版。谨向你们的辛勤付出表示最衷心的感谢！

统筹发展和安全，建设更高水平的平安中国，是我们为之努力的奋斗目标！

崔和平